URBAN DIGITAL
TRANSFORMATION ROADMAP

城市数字化
转型之路

楚天骄◎著

中共中央党校出版社

图书在版编目（CIP）数据

城市数字化转型之路 / 楚天骄著. -- 北京 : 中共中央党校出版社, 2024.9. -- ISBN 978-7-5035-7727-7

Ⅰ. F291-39

中国国家版本馆CIP数据核字第2024XJ2196号

城市数字化转型之路

责任编辑	曾忆梦　席　鑫
责任印制	陈梦楠
责任校对	魏学静
出版发行	中共中央党校出版社
地　　址	北京市海淀区长春桥路6号
电　　话	（010）68922815（总编室）　　（010）68922233（发行部）
传　　真	（010）68922814
经　　销	全国新华书店
印　　刷	中煤（北京）印务有限公司
开　　本	710毫米×1000毫米　1/16
字　　数	218千字
印　　张	16.5
版　　次	2024年9月第1版　　2024年9月第1次印刷
定　　价	57.00元

微 信 ID：中共中央党校出版社　　邮　　箱：zydxcbs2018@163.com

版权所有·侵权必究

如有印装质量问题，请与本社发行部联系调换

前　言

作为一名专职教师，我自 2011 年开始在中国浦东干部学院讲授智慧城市和数字化转型方面的课程。中国浦东干部学院是一所专门从事中高级干部教育培训的国家级干部院校。我在讲课和跟学员交流的过程中，发现学员对现代信息技术的进展情况及其在经济社会方面的最新应用非常感兴趣，但不少学员尚未形成数字化的思维，对于什么是数字化转型，为什么要进行数字化转型，如何推动数字化转型，通过数字化转型能实现哪些目标，诸如这些基本的理论问题都缺乏清晰的认识。我自己在研究和备课的过程中也发现，关于城市数字化转型方面的理论和实践研究的书籍也较为匮乏，现有出版物主要有三个突出问题。

一是强调了数字化的重要性，但对如何从更长的历史时期和更大的空间范围理解数字化的重要性缺少交代，容易让读者认为数字化就是一项日常工作，而忽视了其对经济社会发展的战略意义。

二是大多从信息技术的视角切入，讲述数字化转型的技术逻辑和基本框架，容易让读者认为数字化是信息技术专业人士的工作范畴，而忽视了从自身工作需要的角度思考数字化转型，也不清楚从公共管理的角度如何促进数字化转型。

三是数字化转型案例主要体现某个区域在某个具体领域的数字化建设成果，容易让读者认为数字化转型就是若干信息化项目的集合，而意识不到数字化转型是一种思维方式的变革，是区域或组织层面的整体性转变。

因此，笔者希望从一个城市研究者的视角开展城市数字化转型的理论和实践研究。在理论研究方面，笔者将城市数字化转型放在现代城市转型的历程中加以分析，明确其历史必然性，考察贯穿于城市发展历程的技术理性思想和人本主义思想在城市数字化转型阶段的指导意义，并廓清城市数字化转型的逻辑起点和内涵特征，在此基础上构建城市数字化转型的方法框架。在实践研究方面，笔者从世界城市、一般城市和城区三个层面选择典型城市（区），基于对这些典型城市（区）的长期跟踪研究，以及对这些城市的主要决策者和参与具体工作人员的现场调研访谈的成果，从城市整体转型层面进行分析，真实记录了这些城市的转型过程，详细描述这些城市转型的背景、过程和做法，总结不同性质、不同基础条件、期望实现不同目标的城市（区）是怎样开展数字化转型的，分别有哪些经验和教训。这些成果是根据本研究的第一部分理论研究形成的框架和观点展开的，也希望通过后面的实践研究加以验证。

据国际数据公司（IDC）预测，全球对数字转型的投资将以每年17.1%的复合速度增长，2023年，这类投资达到惊人的2.3万亿美元。这意味着数字化转型的时代已经到来。在数字化转型作为当前中国式现代化重要驱动力量的大背景下，也已经成为2023年各地方政府工作的重要部署内容。2023年全国31个省（市、自治区）在政府工作报告中都部署了数字化相关内容。例如，北京市提出加快建设全球数字经济标杆城市，加快智慧城市建设；上海市提出着力推动城市数字化转型，加快建设具有世界影响力的国际数字之都；重庆市提出大力发展数字经济，推进数字化变革；河北省提出数字赋能行动；广东省提出推进网络强省、数字广东建设……尽管各个省市都在主动布局，加快数字化转型步伐，但在笔者看来，城市数字化转型绝不是"一时一事"的工作部署，而是现代城市发展的历史必然，顺应历史大势，积极应变，主动求变，才是政府部门的正确选择。

前　言

作为有机生命体，城市这个复杂巨系统始终处于转型和演化过程中：城市的体量从小到大，功能从简单到复杂，内部组织从混杂到分区再到有机融合，产业类型从商业为主到工业为主再到服务业为主，与其他城市的关系从线状连接到形成复杂网络。现代城市是工业革命的产物，技术进步是推动城市转型的重要力量，每次重大的技术进步都带来城市各个方面的变化，在发展的同时也出现了新的矛盾和问题。这些新矛盾和新问题又为孕育新的技术进步创造了新需求。

进入 21 世纪以来，物联网、云计算、大数据、人工智能等现代信息技术的快速发展正在引发新一轮的城市转型。现代信息技术的广泛应用使城市具备了像人一样的神经网络，能够实时感知环境的变化。有些城市正在建设城市大脑，帮助城市能够像人一样接收神经网络传输过来的信息，汇总和处理这些信息，并自动进行决策，派发出行动指令。可见，现代信息技术的应用已经对城市形成显著的经济社会影响，即推动着城市数字化转型。

城市的数字化转型，一方面是因为现代信息技术提供了必要的技术手段，另一方面则是城市主动应对一系列严峻挑战的战略选择。

第一个挑战来自城市化，政府不得不努力提高城市管理水平。

城市在人类未来经济社会发展中的作用越来越重要。1950 年，全世界大约 65% 的人口居住在农村地区，35% 的人口居住在城市；到 2050 年，这一比例关系刚好翻转过来。按照联合国经济和社会事务部发布的《世界城镇化展望报告》（2021）的预测，到 2050 年，有多达 70 亿人居住在城镇地区。

人口在城市的集中，使得城市在国民经济中的地位不断提高，经营、管理好城市成为一个国家保持国民经济持续增长的重要手段。但是，城市消耗了大量的资源，集中产生大量的废物，对环境造成了更大的压力。城市占地球陆地面积的 5%，却消耗了全球能源的 60%～

80%，并贡献了70%的温室气体排放量。在城市化的过程中，城市对水、土地、建筑材料、食物、污染控制措施和废物管理的需求无休无止地增加，城市必须为新增加的人口提供更多的能源、水、交通等基础设施，以及医疗、教育等公共服务，并满足市民提高生活品质的需要。此外，大量人口在城市的高度集中，使得城市安全变得更加脆弱，对于那些人口超过2000万的特大城市，保证城市安全的难度进一步增大。

因此，城市有必要引入新的信息技术，以更"智慧"的方式对资源进行更高效的利用，以满足城市化的需要。例如，工业革命以来的技术进步带来碳排放增加，近年来虽然产业界也采取了开发清洁能源、提高能源转化效率、碳捕捉及存储等技术来减少碳排放，但这些技术大多只能做到在资源消耗绝对值增加的条件下降低碳排放量，距实现碳中和的目标还有较大距离。通过云计算等数字化技术的使用，有望在不增加资源消耗的条件下帮助城市创造所需要的社会价值，从而降低碳排放的绝对值，最终实现碳中和。此外，城市还需要寻找新的方法去应对新的挑战。例如，综合使用数字技术改进公共服务质量，提高公共服务效率，创新城市管理方式，将城市经济发展需求与促进当地就业联系起来等，从而创造更加"智慧"的城市，促进城市发展。

第二个挑战来自信息化，城市公共管理部门不得不从管理向治理转变。

信息化的发展给城市公共管理部门转型带来了压力。随着移动互联网、物联网、人工智能等新一代信息技术的发展，电子商务的效率大幅度提高，越来越多的人通过智能终端获取信息、购物、支付、娱乐、社交等，社会生活数字化程度不断加深。随着越来越多的市民习惯于通过网站和App便捷地获得更加丰富、更加及时、更加个性化的商品和服务，他们越来越不满意政府按照传统方式提供公共服务，办理行政事务需要跑到政府部门或者办事大厅去排队、拿表格、挨个部门或窗口盖章、长时间地等待相关部门的反馈，他们希望政府也能像企业一样提供相对便利的公共服务。企业则希望即时获取公共法规信息并随时获得行政程序的支持和许可。政府部门转变城市公共管理方式成为国际潮流。

城市管理方式转型也是城市政府自身的需要。面对充满不确定性的世界，城市政府需要应对更为复杂的局面，各种资源的流动性更强，资源保护压力更大，提高社会包容性的呼声更高，对公共服务水平的要求更高，等等。随着人口规模的扩大，城市政府越来越需要智能技术来帮助公共部门去应对城市的复杂性和不确定性。

信息化技术的应用为市民参与城市治理提供了可能。传统的城市管理是政府部门内部的事务，需要庞大的城市管理队伍去发现城市中时时刻刻发生的非正常事件和部件故障，并通过政府内部的管理平台派发给相关责任部门处理。智能手机的普及为市民参与发现城市问题并上报城市管理部门提供了极大的便利，通过城市管理信息化平台向市民的开放和建立市民举报事件的处理情况反馈机制，可以大大提高市民参与城市治理的积极性，提高城市治理的效率和效果。

信息技术的发展也让市民更多地参与城市规划和决策成为可能。利用信息技术促进市民参与城市规划和决策，欧洲城市在这方面进行了积极的探索。很多欧洲城市通过生活实验室等模式让用户参与城市公共服务产品的设计、生产、供给及决策的全过程，通过用户服务DIY，提升用户体验，不断优化公共产品与服务。譬如阿姆斯特丹的生活实验室可持续发展实验区、巴塞罗那从Fab Lab到Fab City的实践，都在积极尝试通过新一代信息技术应用让用户更好地参与创新进程，成为服务设计与创新的主体，消弭需求与技术实现的鸿沟。信息技术的应用有助于城市从市民需求出发，并通过新一代信息技术、社交媒体来加强用户的参与，汇聚公众智慧，不断推动用户创新、开放创新、大众创新、协同创新，以人为本实现经济、社会、环境的可持续发展。

第三个挑战来自市场化，城市不得不增加数据资源和计算能力。

企业是应用现代信息技术进行数字化转型的先行者。很多大型IT企业由于具有云计算、大数据、人工智能等技术优势，率先进行了数字化转型。20世纪末至21世纪初，搜索引擎、电子商务和社交网络等领域快速崛起若干商业巨头，这些企业最早应用云计算、大数据和人工智能等技术优化业务流程、提升服务能力、提高经营效益、扩展业务领域，它们不仅积累了海量的数据资源，而且在数字化技术方面具有领先优势，因而，它们也在进入智慧城市建设领域，尝试将自己的技术优势、企业整合的数据与城市汇集的数据结合起来，打造更加"智慧"的城市。谷歌就曾经中标加拿大多伦多的滨水区城市更新项目，致力于利用谷歌的技术优势打造"智慧城市"样板。杭州"城市大脑"建设也是阿里巴巴等企业利用云计算和人工智能技术，优化交通、医疗、旅游等城市公共服务的创新实践。

越来越多的传统企业也在加快数字化转型步伐。主要大型企业都在推进数字化转型，大力开展智能工厂建设，在研发、生产、管理、服务各个环节进行数字化改造，大幅度提高智能化水平。中小企业也在借助工业互联网进行数字化转型，以最大限度地挖掘可以利用的生产资源，提高生产效率，降低生产成本，拓展更大的市场。

不管地方政府是否主观上在推动城市的数字化转型，越来越多的企业在通过市场开展数据采集、存储、使用等活动，并将应用领域扩展到城市及更大的地域范围。早在2006年，英国著名公共管理专家帕特里克·邓利维就做出过一个基本判断："当今政府如果不及时推进数字化政府治理，就有可能落入技术脱节、组织孤立和权威崩溃的境地。"近期还有学者用"数字鸿沟"来描述政府与企业之间在应用数字技术能力和水平之间的差距。如果政府部门的数字化思维和能力与企业相比差距过大，就难以做好服务企业和加强市场监管的工作。面对市场化的挑战，政府必须主动做好城市数字化转型的顶层设计，建设数字政府，加强与企业、社会组织、居民等的多元合作，引导企业将自身行为与政府的规划意图结合起来，共同推动城市数字化转型。

第四个挑战来自全球化，城市不得不打造城市创新生态圈。

世界城市化历程已经进入后半场，城市人口增长放缓，城市之间人口的竞争在加剧。2009年全球城市化率首次超过50%，城镇人口达到34.2亿。由于生育率下降和人口老龄化加剧，全球人口增长在放缓，在很多地区，从农村到城市的人口迁移步伐在变慢。据麦肯锡全球研究院的报告，从2015年到2025年，预计发达地区的大城市人口将减少17%，全球大城市人口减少8%。在发达地区，61%的大城市15~29岁的年轻人将减少；在发展中地区，47%的大城市年轻人会减少。

为了应对人口变化，保持城市经济持续繁荣，绝大多数城市需要设计发展战略以吸引特定的人口群体。全球化时代，创新型人才和企业的竞争是全球性的。人类已经进入互联网时代，创新型企业的成长速度远远快于传统企业。近年来，基于新一代信息技术的创新型企业的快速发展越来越得到人们的关注。投资界将创立不超过10年、市值超过10亿美元的企业称为"独角兽企业"。按照创新指南针发布的《2023全球独角兽创业公司分析报告》，截至2023年5月31日，全球共有1215家"独角兽"创业公司，分布于49个国家的283个城市。这些"独角兽"企业的空间分布高度集中于少数创新生态系统发育程度高的城市，旧金山、纽约、北京、上海、伦敦等10个城市集中了46%的"独角兽"企业。这些代表新产业、新技术、新商业模式发展方向的创新型企业在城市的聚集，能够进一步促进城市创新生态系统的完善，吸引更多的创新型要素聚集。这些创新型要素一般只会在全球同量级的城市之间流动，因此，即使是那些具有全球影响力的城市，也必须努力加强创新生态系统建设。

打造城市创新生态圈是吸引高素质人口和成功企业的关键。城市必须努力针对高素质人口和成功企业的需要，不断提高城市基础设施和政府服务水平，塑造开放、包容、创新的城市环境，为创新型人才和创新型企业的不断涌现创造条件。只有这样，在全球化时代，城市才能在同其他城市竞争全球高素质人口时赢得一席之地。因而，真正有远见的城市政府必然会将打造城市创新生态系统作为城市数字化转型的内核加以重视。

城市数字化转型，往大里说，是全世界都在关注的重要命题；往小里说，是生活在城市中的我们在每天的工作和生活中都能感受到的点点滴滴的变化。"不识庐山真面目，只缘身在此山中"，笔者试图号准数字时代城市转型的脉搏，但难免挂一漏万，不当之处，还请方家批评指正。

目　录

第一章　现代城市发展进入数字化转型阶段 …………………… 1
　一、城市发展的四次转型 …………………………………………… 1
　二、贯穿现代城市转型过程的两种导向 ………………………… 18
　三、不同导向下城市数字化转型的三种模式 …………………… 29

第二章　城市数字化转型的基本概念和技术背景 …………… 41
　一、城市数字化转型的逻辑起点、内涵和特征 ………………… 41
　二、城市数字化转型的技术背景 ………………………………… 63

第三章　城市数字化转型方法 ……………………………………… 81
　一、建立用户网络 ………………………………………………… 81
　二、打造城市数字平台 …………………………………………… 91
　三、挖掘数据价值 ………………………………………………… 99
　四、促进实验创新 ………………………………………………… 121

第四章　伦敦和上海数字化转型：在不确定性中提高韧性 ………… 133
　一、伦敦数字化转型的背景、过程、做法和成效 ……………… 134
　二、上海数字化转型的背景、过程、做法和成效 ……………… 157
　三、伦敦和上海数字化转型的阶段和经验 ……………………… 168

第五章　海口数字化转型：走向国际自贸港……………… 182
　一、转型背景：探索建设中国特色自由贸易港……………… 182
　二、起步：致力于做成"全国第一、全国唯一"的城市
　　　大脑…………………………………………………………… 184
　三、建设全国第一个综合性城市大脑标杆…………………… 186
　四、向打造全球自由贸易港智慧新标杆迈进………………… 197
　五、经验：实现从项目建设到生态营造的跃升……………… 205

**第六章　郑州数字化转型：探索政府治理能力与产业发展水平
　　　　双提升**………………………………………………… 208
　一、转型背景：欠发达城市寻求数字化发展契机…………… 209
　二、主要做法…………………………………………………… 210
　三、主要经验…………………………………………………… 221

第七章　浦东新区城市大脑建设：勇当实验创新急先锋…… 225
　一、建设背景：开放先行者面临更高城市治理新要求……… 225
　二、主要做法…………………………………………………… 228
　三、主要经验…………………………………………………… 240

参考文献…………………………………………………………… 243

第一章 现代城市发展进入数字化转型阶段

现代城市是工业革命的产物,始终跟随技术进步而不断转型。但正如美国历史学家斯塔夫里阿诺斯所说的那样,虽然人类正在获得越来越多的知识,变得越来越能依照自己的意愿去改造环境,但却不能使自己所处的环境变得更适合于居住。技术至上与以人为本这两种城市发展思想的此消彼长始终贯穿于城市转型发展历程中。不论是城市发展的历史,还是正在发生的现实,都在提醒人们,科学是一个用来为了"生命的利益和价值"[①]的工具,"城市必须体现的,……是它市民的个人和全体的意志,目的在于能自知自觉,自治自制,自我实现。"[②]

一、城市发展的四次转型

习近平总书记指出:"纵观世界文明史,人类先后经历了农业革命、工业革命、信息革命。每一次产业技术革命,都给人类生产生活带来巨大而深刻的影响。"[③] 19 世纪的工业革命是现代城市形成和发展的最直

[①] 〔美〕斯塔夫里阿诺斯著,吴象婴等译:《全球通史——从史前史到 21 世纪》,北京大学出版社 2009 年版,第 668 页。
[②] 〔美〕刘易斯·芒福德著,宋俊岭、倪文彦译:《城市发展史——起源、演变和前景》,中国建筑工业出版社 2005 年版,第 586 页。
[③] 习近平:《在第二届世界互联网大会开幕式上的讲话》(2015 年 12 月 16 日),《人民日报》2015 年 12 月 17 日。

接动力,后面三次工业革命带来了现代城市三波转型发展(图1—1)。

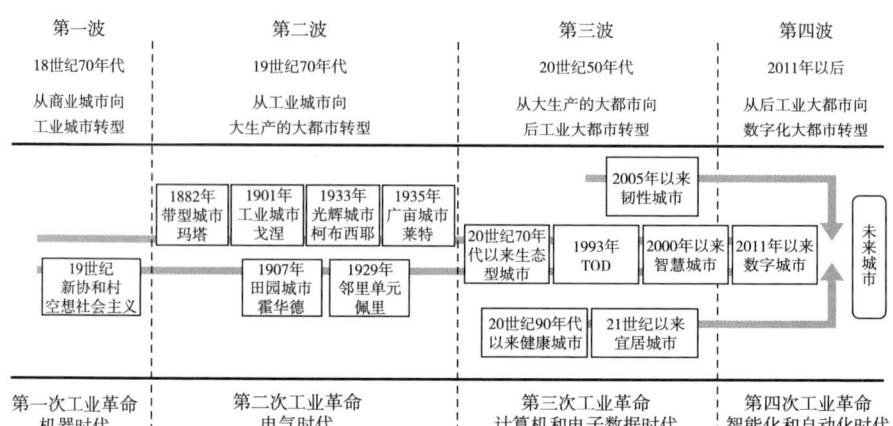

图1—1 城市转型历程示意图①

(一)从商业城市向工业城市转型(18世纪70年代—19世纪70年代)

18世纪60年代,西方出现了第一次工业革命,人类进入以蒸汽机为首的机器取代人力生产的机器时代。工业成为城市发展的主要动力,城市人口快速增加,城市从商业城市向工业城市转型,形成了现代意义的城市。

工业革命在1759年左右已经开始。1769年,英国人瓦特改良蒸汽机之后,由一系列技术革命引起了从手工劳动向动力机器生产转变的重大飞跃。在瓦特改良蒸汽机之前,整个生产所需动力依靠人力、畜力、水力和风力。伴随蒸汽机的发明和改进,工厂不再依河或溪流而建,很多以前依赖人力与手工完成的工作,在蒸汽机发明后被机械化生产取代。蒸汽机成为主要动力源,使工业和人口有可能大规模集中。当工厂

---

① 资料来源:参考张京祥等:《未来城市及其规划探索的"杭州样本"》,《城市规划》2020年第2期图1绘制。

的各个部门在动力中心 1/4 英里（约 0.4 公里）以内分布时，蒸汽机能发挥的效率最高。以纺织工业为例，每座纺纱机或织布机必须由中央蒸汽机的轴和皮带传动。在一定范围内，集中的纺织机越多，动力使用的效率越高，工厂就越趋向大型化。多个工厂的集中分布，再加上它们的附属配件车间和服务设施，就形成了一个相当规模的城镇的核心[①]。

18 世纪时，欧洲本土贸易蓬勃发展，商人累积了大量财富。为了获得更丰厚的利润，他们便致力于投资开设工厂、购置原料和发明新机器。加上随着各类型机器的发明及应用，旧有以人力为主的生产工序逐渐被由蒸汽推动的机器取代。生产工序的机械化，提高了工农业的产量。

18 世纪中后期，伴随工业革命而来的是城市化的飞速发展。1750 年后，英国人口重心开始向城市移动，这一时期涌现出许多大的工业城市。其中，伦敦人口从 1700 年的 35 万人增加到 1800 年的 100 万人，成为世界第二大城市。英格兰和威尔士城市人口占总人口的比例在 1751 年为 22.7%，1851 年上升到 54%，1901 年进一步上升到 78%[②]。

西方国家现代城市逐渐成形。韦伯敏锐地发现了 19 世纪西方世界人口的变化情况，于 1899 年出版的《19 世纪城市的成长》写道："当前最为显著的社会变化是人口在城市的集聚……在西方世界，向心或者集聚现象成为普遍的趋势。"[③] 紧跟英国的脚步，19 世纪 20 年代以后美国城市人口快速增长。到 1860 年，人口大于 1 万的城市超过 100 座，其中人口超过 10 万的有 8 座，人口最多的城市纽约人口超过 100 万，

[①] 〔美〕刘易斯·芒福德著，宋俊岭、倪文彦译：《城市发展史——起源、演变和前景》，中国建筑工业出版社 2005 年版，第 470 页。

[②] 黄少安、谢冬水：《"圈地运动"的历史进步性及其经济学解释》，《当代财经》2010 年第 12 期。

[③] Weber, Adna Ferrin. 1963. The Growth of Cities in the Nineteenth Century: A Study in Statistics. N. Y: Cornell University Press.

全美国城市化水平达到 19.8%[①]。西蒙·库兹涅茨（Simon Kuznets）分析了韦伯发现的现象，认为 19 世纪西方最显著的特征是伴随着人口的实质性增长（每 10 年的增长率超过 10%），人均产值增长加快（每 10 年增长率从 15% 递增到 30%）。这就意味着伴随总产值的高速增长和自然资源的高消耗，不同经济和社会团体的差异性扩大。经济增长很大程度是缘于生产技术的改善，仅有很小部分是由于劳动力、资本和自然资源的投入。不同生产部门的生产效率增幅不同，其相应的重要性也在变化，农业部门地位下降，制造业和公共服务业地位上升；一些服务业部门的份额上升，如个人服务、专业服务和政府，而其他部门则有所下降，如家政服务。从企业组织方面看，产品和劳动从小公司和组织向大的公司和组织进行快速转移，导致生产单位的平均规模增加。

伴随着生产力的不断发展，劳动分工和专业化程度日益增加，必然成为人口聚集的驱动力。过去从事农业及原始手工业生产的非熟练工人，转向了技术型的白领职业或高层次的职业，这些职业绝大部分在城市集聚区。社会和经济因素在城市的高度集聚，使得更高效率的生产成为可能，现代体制变得更为有效。

现代城市的扩张也导致了一系列新问题。韦伯分析了新城市的人口结构，发现乡村地区死亡率最低，伴随着城市规模的扩大死亡率会上升，主要是因为婴儿的高死亡率。以纽约为例，1810 年婴儿死亡率是出生婴儿的 120%～145%，到 1850 年上升为 180%，1860 年时为 200%，1870 年时为 240%[②]。城市过高的死亡率是由于缺少清洁的空气、水和充足阳光，以及不清洁的生活习惯。在美国，直到 1870 年，

[①] Blake McKelvey, American Urbanization: A Comparative History (Glenview IL, 1973), p.37.

[②] 〔美〕刘易斯·芒福德著，宋俊岭、倪文彦译：《城市发展史——起源、演变和前景》，中国建筑工业出版社 2005 年版，第 480 页。

城市里各类设施仍是混在一起的，炼油厂、屠宰场与从事银行、保险、律师业务的办公楼毗邻而居，居住区与工业区在空间上也没有分开，甚至居住区就是制鞋工场或制衣工场的所在地①。人口与工业的集中、城市规模的急剧扩大、城市卫生条件的恶化、居民生活环境的肮脏、贫民窟的增多、人们精神生活的匮乏，引起很多有识之士对城市化负面作用的思考。英国小说家狄更斯（Charles Dickens）在他的小说《艰难时世》（*Hard Times*）中将这个时期的城市称为焦炭城（Coketown），认为工业革命产生了迄今从未有过的极端恶化的城市环境，即使是统治阶级的聚居区也逃不脱污染，而且也非常拥挤②。

（二）从单中心工业城市向大都市转型（19世纪70年代—20世纪50年代）

19世纪最后30年和20世纪初以电气工业的发展为标志的第二次工业革命将世界由"蒸汽时代"带入"电气时代"，城市产业和人口集中程度不断提高，城市规模急剧扩大，城市由单中心工业城市向大都市转型。两次工业革命不仅改变了城市社会结构、法律制度和价值观，而且在资本主义大生产的冲击下，引发了西方城市在组织制度、社会结构、空间布局、生活形态等方面的全面深刻变化。

第二次工业革命尤其以电器的广泛应用最为显著。例如，从19世纪六七十年代开始出现了一系列重大发明。1866年，德国西门子公司研制出了发电机；到70年代，投入使用的发电机成为补充和取代蒸汽机的新能源。随后，电灯、电车、电影放映机相继问世，人类进入了

---

① 王旭：《美国城市发展模式：从城市化到大都市区化》，清华大学出版社2006年版，第36页。
② 〔美〕刘易斯·芒福德著，宋俊岭、倪文彦译：《城市发展史——起源、演变和前景》，中国建筑工业出版社2005年版，第462页。

"电气时代"。

第二次工业革命中，科学技术应用于工业生产的另一项重大成就，是内燃机的发明和使用。19世纪七八十年代，以煤气和汽油为燃料的内燃机相继诞生，90年代柴油机创制成功。内燃机的发明解决了交通工具的发动机问题。到了80年代，德国人卡尔·弗里特立奇·本茨等人成功地制造出由内燃机驱动的汽车，内燃汽车、远洋轮船、飞机等也得到了迅速发展，内燃机的发明推动了石油开采业的发展和石油化工工业的生产。

19世纪70年代美国人贝尔发明了电话，90年代意大利人马可尼试验无线电报取得了成功，世界各国的经济、政治和文化联系进一步加强。

19世纪70年代，在第二次工业革命的推动下，资本主义经济开始发生重大变化，资本主义生产社会化的趋势加强，推动企业间竞争加剧，生产和资本进一步集中，少数采用新技术的企业挤垮大量技术落后的企业。生产和资本集中到一定程度便产生了垄断。在竞争中壮大起来的少数规模较大的企业之间，就产量、产品价格和市场范围达成协议，形成垄断组织。垄断最初产生在流通领域，如卡特尔、辛迪加等垄断组织，后来又深入到生产领域，产生托拉斯等垄断组织。大量的社会财富也日益集中在少数大资本家手里，到19世纪晚期，主要资本主义国家都出现垄断组织。

19世纪70年代，垄断组织的出现是生产力发展的结果，初期也在一定程度上促进了生产的发展。在第二次工业革命中出现的新兴工业如电力工业、化学工业、石油工业和汽车工业等，都要求实行大规模的集中生产，垄断组织在这些部门中便应运而生。垄断组织的出现，使企业的规模进一步扩大，劳动生产率进一步提高。托拉斯等高级形式的垄断组织，更有利于改善企业经营管理，降低成本，提高劳动生产率。垄断组织的出现，实际上是资本主义生产关系的局部调整，此后，资本主义经济发展的速度加快。

这个时期西方国家城市规模进一步扩大。在美国，1870—1900年，新建的工厂规模很大，其中许多已经有厂区内部专用铁路线、街道、发电站等，快速的工业化进一步吸引了更多的农村人口和欧洲移民进入美国的城市。1890年时，全美国平均每三个人中就有一个居住在城市，在工业发达的东北部，每两个人就有一个居住在城市。中西部地区充分利用了第二次工业革命带来的契机和煤铁矿等自然资源，建立起以大机器生产为基础的工业体系，成为美国城市化的主要力量。截至1900年，全美国10个20万人口以上的大城市中，中西部有4个：芝加哥、圣路易斯、克利夫兰和底特律。以芝加哥为例。芝加哥工业企业的特点是规模大。1870年时，芝加哥钢铁业平均雇佣工人数量相当于纽约同类行业的6倍，大规模肉类加工业相当于后者的23倍。1884年，芝加哥国际收割机公司产量高达54841台。除了规模大之外，芝加哥的工业门类齐全，钢铁、机械架构、石油冶炼等产业都很发达，成为重要的综合性制造业中心[1]。1870年以后，由于工业技术革命发展得比美国这样的新兴国家还快，德国的城市发展也很快[2]。

城市的迅速发展，加剧了交通、住房、卫生等一系列工业革命以来就一直存在的问题。刘易斯·芒福德（Lewis Mumford）曾经描述了这个时期工业城镇的普遍图景：一个街区挨着一个街区，排列的都是一个模样；街道也全是一个样子，单调而沉闷；胡同也全是阴沉沉的，到处是垃圾；到处都没有供孩子游戏的场地和公园；当地的居住区也都没有各自的特色和内聚力[3]。有人也描述了匹兹堡的情况："好的时候，它

---

[1] 王旭：《美国城市发展模式：从城市化到大都市区化》，清华大学出版社2006年版，第66—68页。
[2] 〔美〕刘易斯·芒福德著，宋俊岭、倪文彦译：《城市发展史——起源、演变和前景》，中国建筑工业出版社2005年版，第464页。
[3] 〔美〕刘易斯·芒福德著，宋俊岭、倪文彦译：《城市发展史——起源、演变和前景》，中国建筑工业出版社2005年版，第478页。

是一个烟雾弥漫、阴沉沉的城市；糟糕的时候，几乎想象不出还有什么地方比它更肮脏、更混乱、更令人沮丧。"[1] 工业城市的这种混乱集中表现在贫民窟。很多贫民窟集中区既缺少排水系统，又无污物处理设备，恶劣的环境导致疾病流行，霍乱、伤寒、白喉等流行病四处蔓延，威胁着人们的生命安全。1873 年，美国孟菲斯的贫民窟暴发了一场流行病并在全市扩散，致使该市人口减少了 10%。

为了改变城市无序发展带来的种种弊端，人们从不同角度进行了多种多样的探索。英国人埃比尼泽·霍华德（Ebenezer Howard）提出了"田园城市"的倡议，认为只有改变集中的趋势，才能建立一种新的秩序。19 世纪末在美国推出的城市美化运动，在 1902 年的华盛顿规划中首次得到尽情发挥，并推广到多个城市规划中去。克拉伦斯·佩里（Clarence Perry）提出了"邻里单元"概念，认为设计良好的邻里可以加强社会凝聚力和邻里和睦，凸显大城市内部小社区的优点。这些理论和实践方面的探索影响到后来的城市规划和城市发展理论，人们希望重新认识城市的价值，重新认识人在城市中的角色。

（三）从大生产的大都市向后工业大都市转型（20 世纪 50 年代—2011 年）

20 世纪四五十年代以计算机普及为代表的第三次工业革命引起现代城市的第三波转型——从大生产的大都市向后工业大都市转型。汽车、卡车和电话的普遍应用促进了制造业工厂向郊区迁移，信息和通讯技术的发展可以使公司布局到成本较低、生活质量较高的地区。西方发达国家跨国公司生产环节甚至研发环节向全球扩散，大都市成为主要的

---

[1] 王旭：《美国城市发展模式：从城市化到大都市区化》，清华大学出版社 2006 年版，第 236 页。

经济活动中心，不仅参与国内经济竞争，也参与国际经济竞争。在国家内部，城市之间出现功能分化和水平整合，城市群快速发展；在全球层面，城市体系逐渐成形，居于控制地位的全球城市出现。这一阶段城市面临的主要问题有：城市蔓延；去工业化和经济重构导致城市衰退，部分城市出现财政危机；城市人口受资本主义经济国际化不均衡的影响，社会两极分化加剧等。

第三次科技革命是人类文明史上继蒸汽技术革命和电力技术革命之后科技领域里的又一次重大飞跃。所谓"第三次科技革命"，是从20世纪四五十年代开始的新科学技术革命，以原子能技术、航天技术、电子计算机技术的应用为代表，还包括人工合成材料、分子生物学和遗传工程等高新技术。

第三次科技革命推动了社会生产力的发展。以往，人们主要是依靠提高劳动强度来提高劳动生产率。在第三次科技革命条件下，主要是通过生产技术的不断进步、劳动者素质和技能的不断提高，劳动手段的不断改进，来提高劳动生产率。第三次科技革命还促进了社会经济结构和社会生活结构的重大变化。第三次科技革命造成第一产业、第二产业在国民经济中比重下降，第三产业的比重上升。为了适应科技的发展，资本主义国家普遍加强对科学领域研究的支持，大大增加了对科学技术的资金投入。随着科技的不断进步，人类的衣、食、住、行、用等日常生活的各个方面也在发生重大的变革。

第三次工业革命对城市发展同样影响巨大。这一时期以美国为代表的西方国家城市发展主要经历了三个阶段。

第一个阶段是郊区化阶段。现代交通和通信工具的发展使人们可以居住得更远并能获得遥远地方的信息，空间上的分散化和人口密度降低成为这个时期最主要的空间过程。1908年福特汽车公司开始大力推销"T"型汽车，由于采用了大规模流水线的生产方式，每辆车价格降到了大多数美国人能够接受的水平。从1919年到1929年，洛杉矶的人口增加了一倍，但汽车拥有量增加了4倍，成为美国第一个"车轮上的城市"。汽车的大发展大大扩大了城市的地域范围，美国城市开始了郊区化进程。大量的住宅在郊区建设起来，超级市场跟着迁移到了郊区，中上层收入者率先向郊区搬迁。从1950年到1970年的20年间，美国所有城市化地区的平均人口密度从每平方英里5408人下降到3376人。1960年人口超过150万的21个中心城市中，有15个在1960—1970年期间出现人口流失现象[①]。在美国，郊区化趋势一直延续到70年代。

第二个阶段是多中心分散型大都市区阶段。美国在1910年人口统计中首次使用了大都市区概念。所谓大都市区是指人口在10万及10万以上的城市，及其周围10英里（约16公里）范围内的郊区人口或中心城连绵不断、人口密度达150人/平方英里的地区，均可合计为大都市区人口。后来根据统计的需要，对大都市区的定义又做过多次修改，但反映了大城市及其辐射区域在美国经济社会生活中地位不断增长的事实。从20世纪70年代晚期到20世纪90年代早期，传统的单一中心主导的大都市被多中心分散型都市区取代。1970年，美国郊区人口超过中心城市人口。1990年，人口在百万以上的大型大都市区人口占当时大都市区总人口的比例达到68%，占美国总人口的比例为53.4%，也就是说："全国人口有半数以上居住在大型大都市区！"[②]

郊区和中心城市都是大都市区的有机组成部分。中心城市在大都市区中仍居核心地位。19世纪后期，中心城市是制造业的大本营。从20世纪二三十年代开始，城市出现了制造业外迁的苗头，一些大公司率先

---

① 〔美〕布赖恩·贝利著，顾朝林译：《比较城市化——20世纪的不同道路》，商务印书馆2014年版，第54页。

② Richard L., Forstall and James D. Fitzsimmons, "Metropolitan Growth and Expansion in the 1980s", US Census Bureau, Population Division, Working Paper, March 26, 1999.

将制造业工厂搬到大城市外围的卫星城，并引发金融、管理、专业服务等机构的外迁。慢慢地，制造业和部分服务机构外迁后留下的空间逐渐被新的商业设施取代，中心城市开始具有金融、管理和信息中心的功能，到20世纪七八十年代，城市的主要职能完成了转变。中心城市的"生产性服务业成为大都市区经济的驱动器"[①]，进一步强化了中心城市在大都市区中经济中心作用。

第三个阶段是全球城市体系阶段。20世纪90年代后期，信息通信技术的发展，大大降低了远距离联系的成本。越来越多的企业把生产环节、电话中心等部分服务环节，甚至研发环节外包到其他国家，以降低企业成本和占领当地市场。中心城市的功能再次发生变化，部分城市由于吸引了较多的跨国公司总部、高水平的金融保险财务等服务机构而成为对全球资本具有更高控制能力的全球城市，那些具有区域意义的则成为区域中心城市。这样，由于企业在全球寻找合适的区位布局生产链的不同环节，在全世界形成了全球生产网络。在全球生产网络中，全球总部职能或者区域总部职能要求所在城市能提供更先进的基础设施条件、更高水平的生产性服务业机构、更充足的国际化人才、更舒适的居住和生活环境、法治化程度更高的营商环境。同时具备这些条件的城市数量很少，因此，跨国公司总部在少数几个城市的集中程度会更高。如果全世界参与全球经济的城市组成一个全球城市体系的话，那这几座城市就占据着塔尖的位置。其他城市根据吸引到的跨国公司全球生产网络的环节不同和数量不同，而在全球城市体系中占据不同的位置。在经济全球化时代，大都市仍是主要的经济活动中心，不仅参与国内经济的竞争，而且参与国际经济竞争。城市成为全球重构的基本单元。

---

① Richaord Vioth. City and Duburban Growth: Substitutes or Complements? Business Review, Sep./Octo., 1992.

第三次工业革命令全球信息和资源交流变得更为迅速，大多数国家和地区都被卷入到全球化进程之中，世界政治经济格局进一步确立。但是，城市第三次转型中也出现了一系列新的问题。

一是城市蔓延。郊区化的推进，侵蚀了越来越多的良田、绿地和风景胜地，人们开始担心蔓延城市化会对自然环境造成无法挽回的损伤，影响下一代人的生活。保护环境的呼声四起，"生态""环境""可持续发展"成为人们普遍关注的问题。在郊区化最早的洛杉矶，交通拥堵、烟尘、水源短缺、犯罪、种族冲突等纠缠在一起，成为这座城市难以负担的灾难[1]。

二是中心城区衰落。高收入人群从中心城区大量迁出，使得中心城区留下的大多是低收入群体。中心城市居民收入低，纳税能力差，财政收入远远不能满足财政支出。例如，波士顿市人口占马萨诸塞州总人口的14%，却有全州32%的社会福利领用者[2]。另外，城市基础设施老化也需要大量的更换和维修资金。这些问题综合在一起，造成城市的财政危机。

三是一批在第二次工业革命中得到迅速发展的工业城市走向衰落。1973年，美国社会学家贝尔出版了《后工业社会的到来》一书。他把人类社会的发展进程区分为前工业社会（即农业社会）、工业社会和后工业社会三大阶段。在前工业社会里，占压倒多数的劳动力从事包括农业、林业、渔业、矿业在内的采集作业，面临的主要是自然的挑战。工业社会以经济增长为中心，竞争的焦点是经过加工的自然界，机器是资源，企业主是社会的统治人物。随着电子信息技术的广泛应用，人类进入后工业社会，其特点是以理论知识为中心，竞争的焦点是人与人之间知识的竞争，科技精英成为社会的统治人物。后工业经济的这些特征使

---

[1] 王旭：《美国城市发展模式：从城市化到大都市区化》，清华大学出版社2006年版，第231页。
[2] 王旭：《美国城市发展模式：从城市化到大都市区化》，清华大学出版社2006年版，第230页。

得原先传统的交通导向，或者原材料导向，或者市场导向的经济模式变得过时。作为新的经济形势，后工业经济雇用高技术、高工资的高级人才。这类群体是新思维的源泉，能孵化出未来的企业，但这类人更愿意选择生活舒适的居住地点。在美国，后工业社会经济形态带来了经济重心的持续西移，曾经象征着美国工业文明的汽车、钢铁等工业聚集的环五大湖区域出现了经济萧条、大批企业倒闭、工人失业，人口外流、治安混乱，为了形容这些区域的经济衰败，人们将其称为"铁锈地带"。

四是收入差距两极分化加剧。在中心城市，尤其是全球城市，由于大量汇集了高收入的跨国公司高管、高端生产性服务业的专业人士，以及为这些高收入群体提供生活性服务的低收入群体，使得中心城市中生活的人们收入水平两极分化现象更加严重，并带来更加尖锐的社会矛盾甚至社会冲突。

（四）从后工业大都市向数字化大都市转型（2011年以来）

2011年以来，以大数据、人工智能、移动互联网和云计算、传感网与物联网、机器人与自动化系统等科技实现智能化和自动化的第四次工业革命正在引发城市的第四波转型——从后工业大都市向数字化大都市转型。2008年金融危机标志着金融资本黄金时期的结束，科技产业正在成长为经济增长的最主要的贡献者，并彻底改变经济结构、经济制度和经济组织，推动世界范围内的从经济主导科技到科技主导经济的"大转型"。理查德·佛罗里达（Richard Florida）在《创意阶层的崛起》一书中提出，知识经济时代企业是追逐着人才而选址，而人才则追逐有质量的城市地点[1]。在数字化大都市时代，科技人才成为城市竞争

---

[1] 〔美〕理查德·佛罗里达著，司徒爱勤译：《创意阶层的崛起》，中信出版社2010年版，第355—358页。

的焦点。城市一方面要大力吸引科技创新人才和科技金融投资,另一方面也要实现产业、金融和科技部门的均衡发展,增加公共产品的供给,缓和加剧的社会不平等。随着超大规模城市数量的增加,城市面临的不确定性明显加大,城市治理难度急遽增大。因而,在这个阶段,城市的核心价值回归以人为本[①],城市发展的重点是在现代信息技术融合应用的支撑下,提高城市系统适应不确定环境的能力,并努力实现自然、文化和科技的和谐交融。

发展中国家成为世界城市化的主体。1950 年,全球城市人口仅有 7.5 亿,占世界人口的 1/3,其中 4.5 亿居住在发达国家。1950 年以后,发达国家城市人口增长速度快速下降,发展中国家的城市人口增长速度虽然也在下降,但仍大大高于发展中国家。1970 年,发展中国家的城市人口 6.8 亿,已经超过了发达国家。预计到 2030 年,发展中国家城市人口将达到 41.2 亿,而发达国家城市人口为 10.5 亿。到 2050 年,城市人口占世界人口的 2/3,新增加的城市人口主要来自于发展中国家(见图 1—2)。

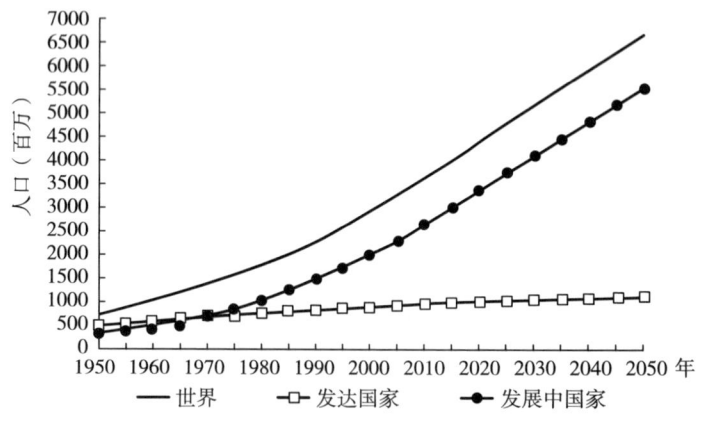

图 1—2 世界城市人口增长,1950—2050 年[②]

---

① 张京祥等:《未来城市及其规划探索的"杭州样本"》,《城市规划》2020 年第 2 期。
② 资料来源:United Nations:"World Urbanization prospects:The 2018 Revision",New York,2019. https://population.un.org/wup/Publications/Files/WUP2018-Report.pdf.

发展中国家将出现更多的超大城市，城市治理面临新的挑战。在1990年，全世界有10个人口上千万的超大城市。2018年，全球超大城市增加到33座，集中于20个国家，其中只有日本和美国两个发达国家，其他18个都是发展中国家。估计到2030年超大城市会增加到43座，新增加的10座基本都来自发展中国家（见图1—3）。随着城市规模的扩大，城市管理的难度会迅速增加。由于发达国家城市化进程完成得早，城市规模相对较小，不具有做好超大型城市治理的经验。如何将现代信息技术应用于超大型城市管理，将是发展中国家的城市政府需要积极探索的重要问题。

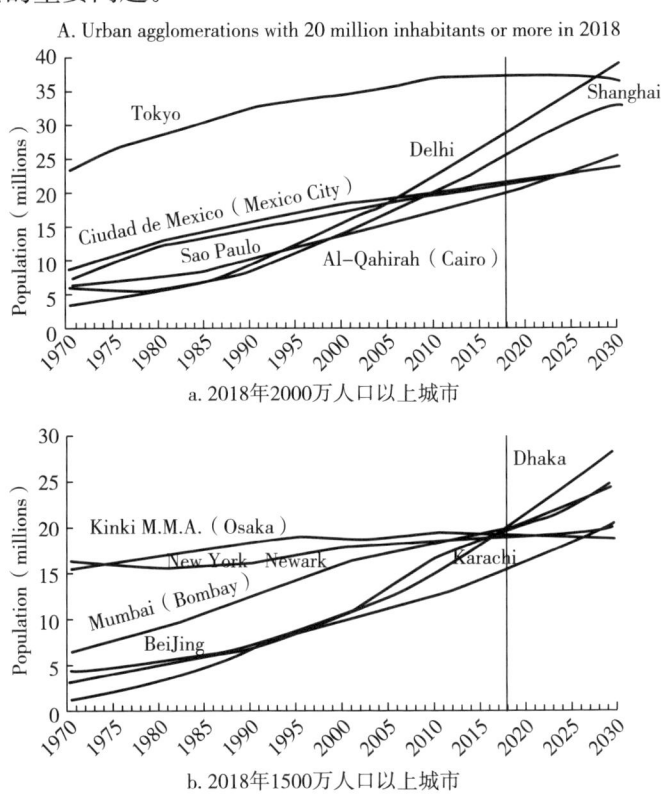

图1—3 2018年人口超过1500万的城市1970—2030年人口变化情况①

---

① 资料来源：United Nations："World Urbanization prospects：The 2018 Revision"，New York，2019. https：//population. un. org/wup/Publications/Files/WUP2018—Report. pdf.

发展中国家面临的是城市尤其是大型和超大型城市带来的城市管理的问题，而发达国家则面临人口老龄化问题、中心城市居民收入两极分化问题，也亟须通过数字化手段加以解决。欧洲国家普遍存在出生率低导致的人口自然增长率下降问题，这使得老年人占人口比重上升。根据欧洲统计局的数据，2022年1月1日，欧盟人口的中位年龄达到44.4岁，比2012年的41.9岁增加了2.5岁。欧盟的老年抚养比[①]在2022年也有所增加。无论是德国的"工业4.0"项目，还是日本的"社会5.0超智能社会"（简称"社会5.0"），其出发点都是为了应对人口老龄化带来的严峻挑战，希望通过数字技术的综合应用，为年长群体继续参加生产创造适宜的工作条件。例如，2010年德国发布的"工业4.0"项目明确提出，要协助应对人口变迁带来的挑战，"尤其是通过信息物理系统中的协助系统，可使工作强度降低、所需人工适当"[②]。该项目希望由机械设备承担单调或者繁重的工作，而人工负责创新、创造价值的工作，即减少那些造成身体或精神上负累的工作量，由此长期提高效率，保持德国的竞争力。日本在2016年首次提出了"社会5.0"的概念，希望基于当前日本社会少子老龄化、劳动力不足、基础设施老化、医疗福利等多种社会问题，通过数字技术创新加以解决。

发达国家还需要应对城市收缩问题。城市收缩的主要原因是产业结构调整（见表1—1）。以美国为例。根据2010年美国统计报告，人口超过10万的38个较大城市自1950年以来已经失去了20%~62%的人口。这些城市主要位于东北地区的"锈带"。1950年到2000年，美国最大的9个城市一直在减少人口，这9个城市是巴尔的摩、水牛城、辛辛那提、克利夫兰、底特律、费城、匹兹堡、圣路易斯、华盛顿特区。

[①] 65岁及以上老年人的数量与工作年龄的人数（15~64岁）的比例。

[②] 〔德〕阿尔冯斯·波特霍夫、恩斯特·安德雷亚斯·哈特曼主编，刘欣译：《工业4.0：开启未来工业的新模式、新策略和新思维》，机械工业出版社2015年版，第33页。

为了缓解由于产业空心化导致的区域之间和城市内部的贫富分化加剧现象，发达国家在大力推动制造业回流，利用人工智能、工业机器人和3D打印等技术提高本地生产效率，降低生产成本，促进技术创新，创造更多的中等收入就业岗位。例如，美国奥巴马政府2009年提出了"再工业化"战略，欧盟委员会2012年发布"再工业化"战略。近年来，英国、德国、法国和意大利等欧洲国家出台的新产业战略均带有推动"再工业化"的意图。

表1—1 部分国家工业部门就业人口占全部就业人口比重（%）[1]

国家	达峰年份	1970年	1991年	2017年
德国	1965	34.9	40.9	27.3
英国	1970	34.2	31.3	18.4
美国	1970	23.5	24.7	18.9
西班牙	1970	30.5	33.4	19.5
澳大利亚	1970	24.6	23.8	19.1
荷兰	1970	25.3	25.0	16.5
法国	1971	24.4	29.1	20.4
日本	1973	33.5	34.6	25.6
意大利	1977	27.6	35.0	26.3
新加坡	1981	n/s	35.2	16.3
巴西	1986	n/s	20.5	20.8
韩国	1989	n/s	36.0	24.8
墨西哥	1990	n/s	23.1	25.8
中国	2010	n/s	27.3	26.6

注：工业部门包括采矿业、制造业、建筑和公共服务业（电力、煤气和水）。

---

[1] 资料来源：Katsutaka Shiraishi, Nobutaka Matoba. Depopulation, Deindustrialisation and Disasters: Building Sustainable Communities in Japan. *Palgrave Macmillan*, 2019, p.18.

二、贯穿现代城市转型过程的两种导向

工业革命给城市带来了巨大的变化，创造了前所未有的财富，同时也给城市带来了种种矛盾。城市中的诸多矛盾日益尖锐，诸如居住拥挤、环境质量恶化、交通拥堵等，首先危害了劳动人民的生活，也妨碍了资产阶级自身的利益。因此，从全社会的需要出发，从资本主义早期的空想社会主义者、各种社会改良主义者到一些从事城市建设的实际工作者和学者提出了种种设想。19世纪末20世纪初，西方世界形成了以霍华德（1850—1928）提出的田园城市和勒·柯布西耶（Le Corbusier，1887—1965）提出的现代城市设想为代表的两种完全不同的城市发展思想体系，影响并规定了现代城市的发展路径。

（一）以霍华德"田园城市"为代表的人本主义导向城市发展思想

霍华德出生于英国的平民家庭，青年时期到美国闯荡。回到英国后，他长期在议会里担任速记员，对社会问题以及资产阶级政要的观点有了更深刻的认识。霍华德曾被伦敦政府授权进行城市调查并提出一整套的整治方案，其工作思路明显受到了当时英国社会改革思潮的影响，对种种社会问题如土地所有制、税收、城市贫困、城市膨胀、生活环境恶化等，都进行了深入的调查与思考，并希望通过改革解决这些问题。

霍华德无疑受到了空想社会主义思想的影响。近代历史上的空想社会主义源自于托马斯·摩尔（T. More，1478—1535）的"乌托邦"概念。摩尔期望通过对社会组织结构等方面的改革来改变当时他所处的、他认为是不合理的社会，以建立理想社会的整体秩序，其中也涉及了物质形态和空间组织等方面的内容，并描述了他理想中的建筑、社区和城

市。近代空想社会主义的最杰出代表人物欧文于 1817 年给"解放制造业穷人委员会"的报告中提出了理想居住社区计划。他认为，这个社区的理想人数应介于 300 人到 2000 人之间，最好在 800 人到 1200 人之间；人均 1 英亩①耕地或略多，在社区的中心安排共同厨房、食堂、幼儿园、小学及会场、图书馆等，周围是住宅，附近还有工厂和工场。建设这样的社区可以达到节约生产的目的，社区的劳动生产剩余额，在满足基本需要之后，以雇佣的劳动力作为货币比较的依据而进行自由交换。1825 年，欧文在美国印第安纳州购买了 120 平方千米土地建设新协和村，有 9000 名追随者在此定居。欧文的实验很快就失败了，自己也被搞得倾家荡产。这些实验尽管没有得到预想的成功，但其中体现出的人本主义的思想被霍华德吸收进了自己的方案之中。

霍华德的著作《明日：一条通向真正改革的和平之路》1898 年 10 月正式出版（封面见图 1—4），1902 年第二版时书名改为《明日的田园城市》。霍华德认为，城市拥有经济和社会机会，但也有着过度拥挤的住宅和骇人的物质环境。乡村提供了广阔的田野和新鲜的空气，但是只有太少的工作岗位和极少的社会生活。他希望通过在大城市范围之外的乡村建设全新的城镇来对城乡隔绝的发展模式进行修正，获得城镇的所有机会和乡村的所有品质。他在书中写道："城镇和乡村必须联姻，从这个快乐的结合中将孕育出一个新的希望，一个新的生活，一个新的文明。"他设想："在'城镇—乡村'中，比在任何拥挤的城市中，怎样可以享受不但同等甚至更好的社会交流的机会，与此同时，自然的美景仍然可以围绕和拥抱每个身居其中的居民；更高的工资与减少的租金和费用如何不矛盾；如何可以确保所有人的就业机会和光明的发展前景；资本可以如何被吸引，财富可以如何被创造；最令人惊叹的卫生条件如何

---

① 1 英亩＝4046.86 平方米。

得到保证；过量的雨水、农民的绝望，如何可被利用来产生电灯照明和驱动机器；空气可以如何避开烟雾保持清洁；美丽的家和田园如何可以在每一双手中出现；自由的限度可以如何被扩宽，还有协力合作的所有最好的结果可以如何被一个快乐的人类收获。"①

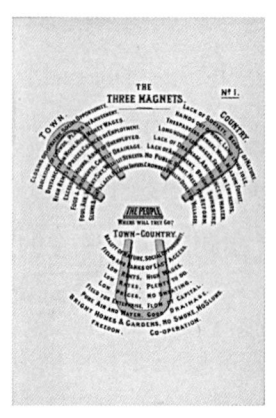

图 1—4　霍华德著作《明日：一条通向真正改革的和平之路》的封面②

霍华德自始至终所倡导的都是一种全面社会改革的思想，他更愿意使用"社会城市"而不是"田园城市"（更多体现的是关于形态的概念）来表达他的思想，并以此展开他对"社会城市"在性质定位、社会构成、空间形态、运作机制、管理模式等方面的全面探索。他的出发点是基于对城乡优缺点的分析以及在此基础上进行的城乡之间"有意义的组合"，他提出了用城乡一体的新社会结构形态来取代城乡分离的旧社会结构形态，融生动活泼的城市生活优点和美丽、愉悦的乡村环境为一体

---

① Howard, Ebenezer. To-Morrow: A Peaceful Path to Real Reform. London: Swan Sonnenschein & Co., Ltd, 1898.
② 这个封面的图案清晰地体现了霍华德田园城市思想体系的基础。图案上有三个磁铁。第一个磁铁是乡村，第二个磁铁是城市，第三个磁铁是城乡接合体。霍华德认为，城市和乡村生活各有优点，也各有不可避免的缺点，两块磁铁必须合二为一，而他这本书的目的就在于合成一个城市—乡村磁铁。资料来源：Howard, Ebenezer. To-Morrow: A Peaceful Path to Real Reform. London: Swan Sonnenschein & Co., Ltd, 1898.

的"田园城市"将是一种"磁体"①。因此,从空间形态上看,这种田园城市必然是一组城市群体的概念:当一个城市达到一定的规模后应该停止增长,要安于成为更大体系中的一员,其过量的部分应当由邻近的另一个城市来接纳(见图1—5)。

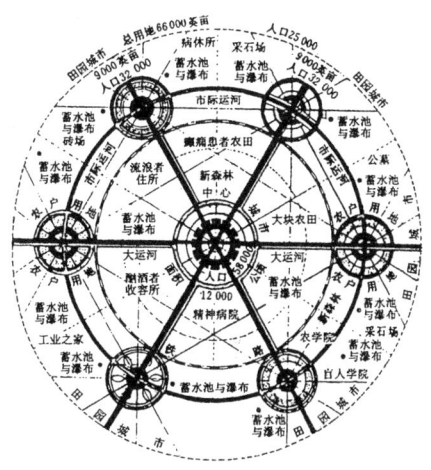

图1—5 田园城市的总平面②

现代城市学者认为,霍华德的"田园城市"思想"摆脱了传统的城市规划主要用来显示统治者权威或张扬规划师个人审美情趣的旧模式,提出了关心人民利益的宗旨,是人文主义城市思想的典型代表"。③

(二)以柯布西耶"明日之城"为代表的技术理性导向城市发展思想

勒·柯布西耶是现代建筑运动与城市规划的先驱者和主将,也是影响现代建筑运动和现代城市规划的最重要的思想家④,对于西方建筑和

---

① 沈玉麟:《外国城市建筑史》,中国建筑工业出版社1989年版。
② 资料来源:沈玉麟:《外国城市建设史》,中国建筑工业出版社1989年版。
③ 张京祥:《西方城市规划思想史纲》,东南大学出版社2005年版,第94页。
④ 〔英〕彼得·霍尔著,邹德慈、李浩、陈嫚莎译:《城市和区域规划》(第4版),中国建筑工业出版社2008年版,第53页。

城市规划中"机械美学"和"功能主义"思想体系的形成和发展具有决定性的作用①。柯布西耶1887年出生于瑞士西北属法语地区的一个小镇,少年时学习过钟表技术,对美术感兴趣,1907年先后到布达佩斯和巴黎学习建筑,此后长期定居法国。

柯布西耶认识到汽车的出现对城市发展的深刻影响,设想以巴黎为例开展市中心的改建规划研究。该设计方案于1922年11月在巴黎秋季沙龙展览会上正式展出。在这个设计方案中,高层建筑组成了商业市中心,市中心周边环绕着住宅和高速公路网,绿化带、公园和娱乐区域规整地分布其中(见图1—6)。整个城市像精心设计的机械一样精密。人们认为他的构想过于超前,将其描述为"未来之城市"。但是,柯布西耶坚称他设计的是"现代城市"。作为对该设计方案的解释,柯布西耶撰写了《城市规划》(Urbanisme)一书,并于1925年出版。该书英文版名为《明日之城市》(The City of To-Morrow and it Planning),这也是国内普遍把他的这本书称为《明日之城》的原因②。

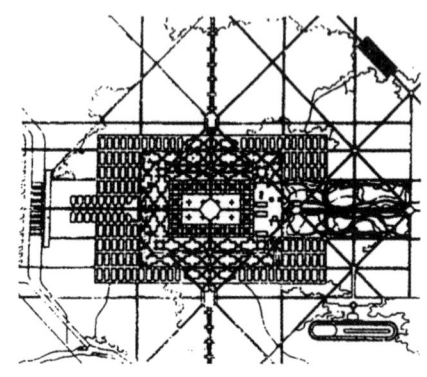

图1—6　柯布西耶的现代城市规划平面图③

在《明日之城》中,柯布西耶点明了自己从事城市研究的主要思

---

① 张京祥:《西方城市规划思想史纲》,东南大学出版社2005年版,第113页。
② 李浩:《理解勒·柯布西耶——明日之城市译后》,《城市规划学刊》2009年第3期。
③ 资料来源:张京祥:《西方城市规划思想史纲》,东南大学出版社2005年版。

想：为新的时代而创作。他在书的开篇写道："城市是人类的工具。但时至今日，这种工具已鲜能尽其功能。城市，已失去效率；它们耗蚀我们的躯体，它们阻碍我们的精神；秩序的退化既伤害了我们的自尊，又粉碎了我们的体面。它们已不适宜于这个时代，它们已不适宜于我们。"[①] 柯布西耶通过对20世纪初城市发展规律和城市社会问题的思考，提出了关于未来城市发展模式的设想，即通过对现存城市尤其是大城市本身的内部改造来适应未来发展的需要。柯布西耶提出了关于城市改造的四个原则：减少市中心的拥堵、提高市中心的密度、增加交通运输的方式、增加城市的植被绿化。基于此四项原则，柯布西耶以巴黎市中心为例，按照该市300万人的人口规模，对"现代城市"进行了设计。

与霍华德社会学家的身份不同，柯布西耶是以建筑师的身份，从现代建筑运动的思潮中获得的关于现代城市规划的基本构思，带有强烈的功能和理性主义的色彩。20世纪20年代还处于机械美学盛行的时代，人们欣赏精密、庞大的机械，沉醉于它们带来的劳动力的解放和生产力的提升。与此同时，汽车等新事物又对传统的城市空间结构带来了巨大的冲击。自工业革命起，人们就一直忍受着恶劣的居住条件和污染严重的城市环境，此时，新生事物的出现令社会上出现了渴望改变现状的思想潮流。柯布西耶敏锐地认识到新技术将影响住宅建筑设计，住宅集中化和规模化成为可能，因此提出城市的功能和格局也可以做出相应的改造。

由于柯布西耶固守自己的建筑师身份，因此，他的城市规划设计格外强调技术，"力图寻求一座城市的发展纲要并提出本身即为现代城市

---

① 〔法〕柯布西耶著，李浩译：《明日之城市》，中国建筑工业出版社2009年版，第4页。

规划平衡状态下的基础性分类规则"①。他的城市发展思想和规划理念在他的其他作品和规划方案中得到充分体现。1933年，柯布西耶主持创立国际现代建筑协会并制定出全面阐述现代城市规划理论的《城市规划大纲》（又称《雅典宪章》），出版了《光辉城市》一书。1951年柯布西耶受聘负责印度东旁遮普邦首府昌迪加尔的规划工作。昌迪加尔是一座新城，位于喜马拉雅山南麓干旱的平原上。在这里，柯布西耶得以将自己的规划思想贯穿其中。规划将整个城市划分为一个个方格，形成邻里单位，邻里单位中间与绿化带相结合，设置纵向道路，绿化带中布置学校和活动场地。城市实行功能分区，包括政府部门区域、商业区域、金融区域、住宅区域等，区域之间以宽敞的绿化带隔离，道路分为主要交通要道、次要街道、商业街道、居民区街道等（见图1—7）。街道全部采用数字和拉丁字母标号，各个区域也都采用数字方式代表。整个规划功能明确，布局规整，体现出高度理性化。柯布西耶的著作和城市设计方案特色非常鲜明，无不彰显着高度的"技术理性"和"功能理性"。

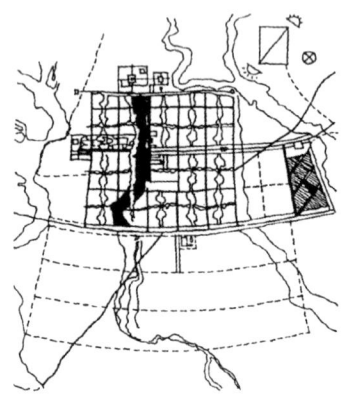

图1—7 昌迪加尔规划总平面图②

---

① 〔法〕柯布西耶著，李浩译：《明日之城市》，中国建筑工业出版社2009年版，第16页。
② 资料来源：沈玉麟：《外国城市建筑史》，中国建筑工业出版社1989年版。

尽管柯布西耶的城市发展思想在当时有其先进性，但是，过于机械的功能分区、技术理性和机械美学设计忽视了城市中人的因素。以昌迪加尔为例，这个完全按照柯布西耶的规划图建设起来的城市在当时以布局规整有序得到广泛赞誉。但是后面却暴露出很多社会问题：庞大而理性的城市空间与宽敞的街道符合庄严和精致构图的需要，但给人们的生活造成了不便；严格的功能分区损害了城市的活力；来自西方的规划理念脱离了印度国情，忽视了当地的人文背景。

19世纪60年代以后，随着人们对人文、社会因素的日趋重视，柯布西耶的机械理性城市发展思想也受到了越来越多的怀疑与批判。许多西方城市发展评论家从社会立场、设计社会性等方面对柯布西耶的思想展开了激烈的批评[1]。虽然柯布西耶的城市思想是为了改变工业革命对城市造成的无序和混乱，但过于追求机械美、技术理性与功能理性令他的理论和实践都不可避免地烙上了时代局限性的印记。

（三）从技术理性走向人本主义

20世纪60年代以来，人们越来越重视人在城市中的主体地位，学者们从多个角度探讨了市民参与城市治理的问题。在此类研究中，美国学者雪莉·阿恩斯坦（Sherry Arnstein）的"市民参与阶梯"被广泛应用于后来的城市研究当中。

1969年，阿恩斯坦提出了"市民参与阶梯"的概念。她运用形象的比喻，把公众参与治理的程度比作一架梯子上不同的横档。她认为公众参与可以分为不同的层次，每个层次参与的程度不同（见图1—8）。

---

[1] J Jacobs. The Life and Death of Great American Cities. Jonathan Cape，1961.

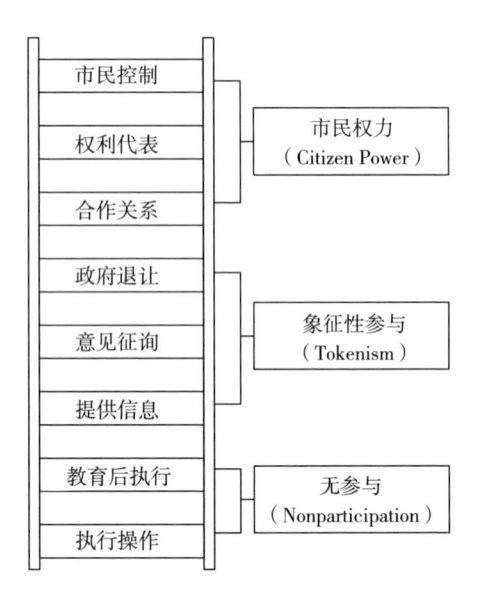

```
市民控制  ┐
权利代表  ├─ 市民权力(Citizen Power)
合作关系  ┘
政府退让  ┐
意见征询  ├─ 象征性参与(Tokenism)
提供信息  ┘
教育后执行 ┐
执行操作   ┴─ 无参与(Nonparticipation)
```

图 1—8　公众参与的阶梯[①]

阿恩斯坦认为公众参与可以分为 3 个层次、8 种形式（即 8 个横档）。最低的层次是"无参与"（Nonparticipation），由 2 种形式组成，最低形式是"执行操作"（第 1 横档），即一些政府机构制定好了规划之后让公众接受规划。无参与的另一种形式是"教育后执行"（第 2 横档），即规划部门通过调教公众的态度和行为使公众接受规划，而不是真正要听取意见。

公众参与的第二层次是"象征性的参与"（Tokenism），其中又分成 3 种形式，即第 3、4、5 横档。第 3 横档是"提供信息"，即政府部门向市民提供政府计划信息并告知市民的权利和责任。再往上一层（第 4 横档）是"意见征询"，即政府部门获取公众的意见。如果政府部门通过调查工作获得市民的直接要求，并影响决策，那就是有益的工作。但如果仅仅停留在这种形式上，那么市民的意见将最终无法落实。再上

---

① 资料来源：Sherry Arnstein. A ladder of Citizen Participation，1969.

一层（第5横档）是"政府退让"，即政府对市民的某些要求予以退让。

公众参与的第三层次是"市民权力"，其中又分成3种形式，即第6、7、8横档。第6横档是"合伙关系"，第7横档是"权利代表"，最高形式第8横档是"市民控制"。有人反对阿恩斯坦所提出的"市民控制"的意见，认为这种形式在提供公共服务方面会造成浪费和低效，甚至给某些人投机取巧的机会。

无论是在20世纪60年代还是现在，阿恩斯坦的"公众参与阶梯"都具有十分重要的理论意义。按照阿恩斯坦的阶梯理论，只有当所有的社会利益团体之间——包括地方政府、私人公司、邻里和社区非营利组织之间建立一种规划和决策的联合机制，市民的意见才将起到真正的作用。

与阿恩斯坦同期还有很多学者从市民参与的角度探讨了如何将以人为本真正贯穿于城市发展中的问题。例如，简·雅各布斯（Jane Jacobs）在她1961年出版的权威著作《美国大城市的死与生》中对长期被视为人本主义城市发展思想的"田园城市"提出了尖锐的批评，认为田园城市概念最大的缺陷是"就像所有乌托邦一样，制定重要计划的权利只属于负责的规划者"，而生活其中的人们无从为自己的生活和城市制定自己的规划[①]。

雅各布斯的观点反映了当时城市规划界对城市发展思想和城市规划理念的反思。自20世纪60年代中期开始，城市规划的公众参与成为城市规划发展的一个重要内容，同时也成为此后城市规划进一步发展的动力。维达多夫（P. Davidoff）在20世纪60年代初提出的"规划的选择理论"（A Choise Theory of Planning）和"倡导性规划"（Advocacy Planning）概念，就成为城市规划公众参与的理论基础。维达多夫从不

---

① 〔加拿大〕简·雅各布斯著，金衡山译：《美国大城市的死与生》，译林出版社2020年版。

同的人和不同的群体具有不同的价值观和多元论思想出发，认为规划不应当以一种价值观来压制其他多种价值观，而应当为多种价值观的体现提供可能，规划师就是要表达这不同的价值判断并为不同的利益团体提供技术帮助。城市规划的公众参与，就是在规划的过程中要让广大的城市市民尤其是受到规划的内容所影响的市民参加规划的编制和讨论，规划部门要听取各种意见并且要将这些意见尽可能地反映在规划决策之中，成为规划行动的组成部分，而真正全面和完整的公众参与则要求公众能够真正参与到规划的决策过程之中。1972年召开的世界上第一次联合国世界环境会议通过的《人类环境宣言》，开宗明义地提出：环境是人民创造的，这就为城市规划中的公众参与提供了政治和思想上的保证。其实，不仅仅是城市规划，城市发展中的任何公共政策的制定，都应该更加重视公众参与，所幸的是，公众参与现已成为许多国家城市规划立法和制度的重要内容和步骤。

从世界范围来看，城市转型始终受到技术理性导向和人本主义导向的共同影响。技术理性导向将技术视为城市发展的支柱和基础，在现实功利主义驱动下，这一导向长期居于主导地位。但是，随着时代的进步，人本主义导向的影响力在不断提高，已经超越技术理性导向成为主导力量，驱使城市回归以人为本的核心价值取向（见图1—9）。2020年10月31日，联合国人居署发布《2020年世界城市报告》，强调"真正的智慧城市以人为本"，智慧城市的科技创新要以人为中心、以人为驱动[1]。可见，"以人为本"已经成为城市数字化转型中的共同理念[2]。

---

[1] UNHABITAT. World Cities Report 2020，2020.10.31. https：//unhabitat.org/sites/default/files/2020/10/wcr_2020_report.pdf.
[2] WEF，腾讯研究院：《重塑中小城市的未来：数字化转型的框架与路径》，2022年5月。

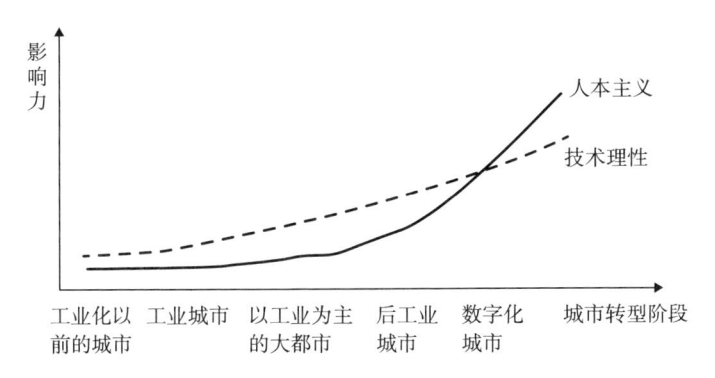

图1—9 影响城市转型的两种导向的力量对比示意图

三、不同导向下城市数字化转型的三种模式

2008年之后世界各地广泛推开的智慧城市建设是城市开始推进数字化转型的重要标志。2008年11月28日美国外交关系理事会（Council on Foreign Relations）召开了"技术、国际关系和主权"研讨会，时任IBM公司首席执行官的彭明盛（Sam Palmisano）第一次提出了"智慧地球"（Smarter Planet）的概念，并于2010年开始推广智慧城市的最佳实践。2010年以来，越来越多的IT企业、咨询机构、研究机构、国际组织、政府部门都对智慧城市给出了不同的定义。但直到现在，智慧城市一直是一个模糊的概念，没有一个单一的智慧城市的模板框架，也没有唯一的定义（O'Grady and O'Hare，2012；中国信息通信研究院，2015）。中国信息通信研究院中国欧盟政策对话支持项目在《中欧智慧城市比较研究报告（2014年）》中从运作原理的角度给出了一个较为通用的概念：智慧城市是指充分挖掘利用数据与信息资源价值，促进整合式信息管理和协同化业务运作，通过在信息的采集、访问、传输和处理过程中应用先进技术，为城市的经济社会发展创造出

新的价值[①]。该概念与城市数字化转型的原理高度一致。德勤 2018 年 2 月 12 日发布的《超级智慧城市报告》（*Super Smart City：Happier Society with Higher Quality*）称，全球已启动或在建的智慧城市达 1000 多个。在这些城市中，有的是在高度的技术理性导向下进行的，有的高度强调了人本主义导向，更多的城市处于两个极端中间的某个位置。笔者选择了这三种情况下具有代表性的城市多伦多、巴塞罗那和新加坡，作为城市数字化转型的三种典型模式来加以分析。

（一）极端技术理性导向：多伦多模式

2017 年 10 月，加拿大多伦多市政府宣布，沿安大略湖边一幅近 5 公顷（0.05 平方千米）的高价建设用地由谷歌的母公司字母表（Alphabet）投得开发权。

谷歌（Google）首席执行官拉里·佩奇（Larry Page）早在 2013 年就曾提到想打造一座"谷歌之岛"的梦想，谷歌创始人、前首席执行官，字母表首席执行官埃里克·施密特（Eric Emerson Schmidt）也曾说过："给我们一座城市，让我们负责。"谷歌于 2015 年 6 月成立了人行道实验室（Sidewalk Labs），由纽约前副市长多克托洛夫（Doctoroff）任首席执行官，业务重点是开发新的技术、平台用以解决城市生活成本、交通效率、能源使用等问题。人行道实验室一成立，就开始致力于"买下一座城市"的项目筹备，购买目标可能是一座已经进入了经济衰退，但是能够容纳上万居民的城市，谷歌则在这座城市当中充当"房东"的角色，致力于为居民打造一个高度科技化的居住环境。在谷歌的智慧城市愿景中，自动驾驶公共汽车将完全取代私家车；交通信号

---

① 中国信息通信研究院中国欧盟政策对话支持项目：《中欧智慧城市比较研究报告（2014年）》，商务印书馆 2015 年版，第 52 页。

灯能够自动跟踪行人，追踪自行车和车辆的移动；机器人通过地下隧道运输邮件和垃圾；所有建筑可以通过扩展模块以适应公司或家庭的成长、变化。

2017年，从事多伦多市旧区改造的国有公司滨水多伦多公司发布了多伦多码头区开发需求，并说明在政府资源"受限"的时代，需要"创新的伙伴关系、资金和投资模式"。多伦多码头区（滨水区）毗邻安大略湖，占地700多英亩，约3平方千米。这片广阔的土地上遍布各式各样的钢筋水泥建筑、管道和电力供应设备、停车场、冬季船坞，还有建于1943年用于存储大豆的圆筒谷仓，是航运港的工业遗迹。该区域已荒废多年并存在污染，似乎刚好就是谷歌想要改造的城市类型。果然，谷歌公司中标了这片区域的智慧城市建设项目。中标后，人行道实验室与滨水多伦多公司合资成立了人行道多伦多公司（Sidewalk Toronto），专门负责智慧街区项目的开发。

2019年6月，该项目发布了长达1500页的智慧城市规划草案《多伦多的明天：实现包容性增长的新途径》（*Toronto Tomorrow: A New Approach for Inclusive Growth*）。按照该草案，多伦多智慧城市项目将先开发码头（Quayside）街区的智慧项目。该街区位于多伦多滨水区南部，总面积约4.9公顷（0.049平方千米）。在多伦多市政府的规划中，这片区域将"创建成为加拿大最可持续的低碳智能社区之一，为所有年龄、背景、能力和收入的人们提供服务"[1]。人行道多伦多公司规划的码头智慧街区项目主要包括交通、公共空间、建筑、能源系统和公共设施5个方面的智能系统。例如，智能交通系统包括轻轨交通系统、共享交通服务、集成的交通付费系统，还有针对寒冷天气设计的自动加

---

[1] 滨水多伦多官网，https://waterfrontoronto.ca/nbe/portal.waterfront/Home/waterfronthome/projects/quayside/.

热的人行道等。为了实现智能化改造，项目涉及的所有街道都会被装上摄像头，建筑物内部及地下空间部分也将全部安装摄像头，所有的监控设备都会连接到城市的智能系统和控制系统。在注重隐私的加拿大社会，安装大量的摄像头受到当地社区的质疑和批评，甚至有部分摄像头遭到破坏。

随着项目的推开，资金保障也受到挑战。项目投资90%来自谷歌，2020年新冠疫情暴发之后，谷歌公司的广告收入锐减，已经难以支持人行道实验室的资金投入。

2020年5月7日，人行道实验室宣布终止多伦多智慧城市项目，2020年11月该项目正式进入破产清算阶段。这个项目从规划公布，到宣布终止，只用了不到一年时间。

多伦多智慧城市项目失败的原因有很多，但过于强调和依赖技术，忽略人的参与和感受是最主要的原因。对于智能手机操作系统创造者谷歌的工程师来说，智慧城市更像一部智能手机，智慧城市建设者和管理者就是智能手机的操作系统创造者、应用程序App设计者与网络运营商。智慧城市设计者将自己视为一家平台供应商，负责提供基本工具（譬如可识别可用停车位的软件以及监控投递机器人确切位置的服务等），就像谷歌之于其智能手机操作系统安卓一样。这种做法有助于人行道实验室将其产品复制到世界各地的城市。因此，对谷歌而言，多伦多智慧城市就是一个实验，无论是制订规划的过程，还是在项目实施过程中，技术团队都较少考虑居民的需求。例如，谷歌的人行道实验室在多伦多也会见了公民团体，就码头智慧社区项目与他们进行了协商，但没有证据表明该协商的结果影响到人行道实验室原定的计划。可见，在多伦多智慧城市项目中，公民的参与是被动的，只是为了向居民通报智慧城市计划的进度，以更清楚地了解地方社区支持或者反对的程度，而很少会根据居民的意见和建议对原来的计划进行更多的修改。

居民反映最多的是数据广泛收集导致的公民数据隐私保护和合理使用的问题。为了回应居民的质疑和担忧，人行道实验室公布了建立一个独立的"公民数据信托"的计划，建议成立一个信托机构控制数据的收集和使用，从而有效地放手数据控制。但人行道实验室并没有说明该方案具体怎么操作，因此，人们批评这是一张空头支票，并没有回答具体的问题，例如在不滥用公民数据的情况下，该项目将如何融资，以及人们是否可以选择不参与数据收集。其他问题，例如智能化改造会不会导致房价高起而驱离低收入人口，巨额建设资源会不会增加所有市民的负担，过于智能的技术应用是否有必要等等，都没有得到人行道实验室令人信服的答复。毫无疑问，缺少当地市民的支持，缺少地方政府、企业和社会组织的广泛参与，是多伦多智慧城市项目迅速走向失败的最主要原因。

正如《人行道：谷歌买不到的城市》（*Sideways：The City Google Couldn't Buy*）一书的作者乔什·奥卡尼（Josh O'Kane）评论的那样："通过收集数据，可以让科技公司掌握市场的力量，市场力量能转化成购买力，购买力可以让科技公司把居民和社区排除在发展之外。"[①] 这正是人们对科技公司主导智慧城市建设模式的最大担忧。

虽然人行道实验室的退出是多重力量综合作用的结果，但最为棘手的部分仍然与数据治理和商业模式问题分不开。全球其他的企业主导的智慧城市项目，也会面临类似的挑战。

（二）高度人本主义导向：巴塞罗那模式

巴塞罗那人口超过 600 万，是西班牙第二大城市，加泰罗尼亚自治区的首府，世界上主要的旅游、经济、贸易展销和文化体育中心之一。

---

① Josh O'Kane. *Sideways：The City Google Couldn't Buy*，Random House of Canada，2022.

巴塞罗那长期发展的愿景是建设一个零排放、高速发展、富有创造精神和人文精神的城市。

巴塞罗那智慧城市起步较早。2011年，当时的市长泽维尔·特里亚斯（Xavier Trias）领导的市政当局出台了智慧城市战略，主要领域包括环境和能源、交通、水资源管理、城乡一体化及生活质量等方面。该市建设了用于城市管理的"城市平台"，可以将不同来源的数据加以整合。为了加快建设进度，该市与思科系统公司、法国燃气苏伊士集团、西班牙电信公司、惠普公司、施耐德电气等企业签署了战略合作协议，建设项目可以是由市政厅出资，也可以是通过公私伙伴关系（PPP）进行融资。

2015年5月阿达·克劳（Ada Colau）当选市长之后，巴塞罗那的智慧城市发展思路发生了重要转变，即从自上而下为主的技术主导转变为自下而上为主的市民主导。根据巴塞罗那议会《2017—2020年巴塞罗那数字城市计划》，2016年9月，巴塞罗那市议会开始了一个重要的数字化转型进程，宣布必须从一开始就通过数字渠道提供公共服务，遵循面向公民的新准则，使用开放标准和开源软件，并遵循将隐私、透明度和数字权利置于首位的道德数据战略。这一战略提出了智慧公民的概念，强调城市应实施新的法律、经济和治理方案，培养公民的合作行为，为数字公共领域做出贡献[①]。巴塞罗那首席技术官（CTO）弗朗西斯卡·布里亚（Francesca Bria）于2018年提出了"数字主权战略"，她认为，促进技术进步最佳的方式是将技术创新发展与解决社区问题紧密结合，通过不断的创新来证明技术将如何提高人们的生活质量。

[①] City of Barcelona, Barcelona digital government: Open, agile and participatory, October 19, 2017, https://ajuntament.barcelona.cat/digital/en/blog/barcelona-digital-government-open-agile-and-participatory.

巴塞罗那依据《2017—2020年巴塞罗那数字城市计划》开发了全新的城市数据基础设施，主要包括三个部分。一是建立一个名为"Sentilo"的开源数据采集和传感平台，以采集和汇总整个城市的物联感知设备数据；二是建设一个名为"CityOS"的开源数据分析平台，进行城市运行数据的大数据分析，并向社会开放数据接口；三是开发了一个面向用户端的应用程序，以便城市市民可以更容易地访问所有的数据。此外，巴塞罗那开发的所有平台与应用都是开源的，所有代码均已发布在线上。

按照《2017—2020年巴塞罗那数字城市计划》，巴塞罗那的市民主导的城市数字化转型主要从三个方面进行了实验。

第一个实验是推出巴塞罗那数据共享计划。首先，该市按照合乎伦理的数据所有权原则和技术主权原则，开放公共采购流程，确保市政系统中70%的新软件开发投资保留给在开源和开放许可证基础上提供新软件的供应商。这一措施可以避免对IBM、思科和西门子等大公司的路径依赖和供应商锁定，并有助于形成中小企业、合作社或个体经营公民平等参与竞争的市场环境。其次，该市还大力推动数据共享，例如，该市要求电信巨头沃达丰每个月以机器可读的数据格式向市政厅提供数据。该市坚持要求每一项新推出的智能城市服务在运行过程中收集到的关于公民的数据属于公民。最后，该市致力于建设数据开放门户建设，通过公共数据开放，让当地公司、合作平台和社会组织利用公共数据开发解决城市问题的方案。

第二个实验是成立了城市数据分析实验室。该实验室有一名首席数据官和来自不同部门的40名工作人员，主要任务是确保数据的采集和使用符合透明度、伦理、安全和隐私要求，协调各部门内部和跨部门的数据保护政策，并开发和监督数字服务的应用。例如，该市开发的智能路灯，可以根据行人的接近程度调整照明强度，并设置了收集空气质量数据的传感器和免费 Wi-Fi 接入点，但不能收集个人数据。在城市广场等主要聚集场所安装噪声传感器，如果晚上人群的噪声影响到周围居民时可以自动提醒警方前来干预，而不需要市民再去投诉[1]。同样是使用现代信息技术解决城市问题，但是巴塞罗那的智能应用体现了鲜明的市民导向，而不是为了商业利益而过度采集市民数据。此外，该实验室还推出了开放数据挑战计划，让更多的中小企业参与解决一系列城市挑战。自 2018 年开始，巴塞罗那就发起"2018 世界数据可视化挑战赛"，以激励中小企业创新能力、企业家精神与数字化知识的提升。2020 年 6 月，巴塞罗那联合日本神户继续发起了"2020 世界数据可视化挑战赛"，挑战目标除了涵盖重大的社会、经济和环境议题外，减少不平等、实现性别平等、应对气候变化以及公共卫生管理的行动也包含其中[2]。

第三个实验是与阿姆斯特丹合作开发的 Decode 项目。这是一个由欧盟"地平线 2020"赞助的区块链项目，主要用于探索互联网上数据共享的新模式。Decode 提供工具让公民个人控制自己的数据，自己决定个人信息保密还是开放共享。Decode 项目令由公民、物联网和传感器生成和采集的数据可以应用于更广泛的地方用途，并具有适当的隐私保护作用。例如，公民的数据可以为地方决策提供数据支撑，或者帮助市政当局开发某些服务的地方替代品，等等[3]。这里说的某些服务，指的是国际互联网平台公司，例如优步和爱彼迎，提供的诸如打车和住宿服务。长期以来，这些国际互联网平台公司将利用用户数据产生的超额

---

[1] George Ogleby, 7 ways that Barcelona is leading the smart city revolution, Edie. net, December 12, 2018. https://www.edie.net/news/7/Seven-ways-that-Barcelona-is-leading-the-smart-city-revolution/.

[2] 腾讯研究院：《巴塞罗那：智慧城市如何兼顾经济增长和民生福祉》，2020 年 10 月 1 日，https://www.tisi.org/16629.

[3] David W. Smith, Amsterdam leads fight against data surveillance capitalism, Eureka, May 22, 2018. https://eureka.eu.com/gdpr/amsterdam-surveillance/.

经济利润完全据为己有的商业行为一直受到很多地方政府、国际组织和研究者的批评。

在以上三个实验之外，巴塞罗那还进行了基层创新实验。2016年2月巴塞罗那议会推出了在线参与式民主平台Decidim Barcelona网站。"Decidim"的意思是"我们决定"。Decidim网站是一个开放的空间，2021年注册市民人数接近10万人。市民可以通过Decidim Barcelona网站提出咨询建议，参与在线辩论，跟进提案进展，通过这些流程来参与政府政策法规的制定过程，实现数字民主。截至2020年，有大约4万名巴塞罗那居民参加了在线咨询，共收到当地居民提出的10860个建议，其中8142个被批准并纳入相关行动计划。据巴塞罗那首席技术官弗朗西斯卡·布里亚称，巴塞罗那市政府有超过70%的提案直接来自公民的意见和建议。

巴塞罗那提出了"智慧的"公民作为决策者而不仅仅是数据提供者的概念，构建了以市民为中心的智慧城市，推出了新的数字政策框架和计划，尝试从战略上克服技术导向下的智慧城市建设存在的问题。技术导向下的智慧城市建设，仅仅从理性、科学的角度看待和理解城市，试图通过具有普适性的解决方案，打造可预测、可复制、线性的和规范的城市机制，将公民视为纯粹的用户和数据提供者，数据资源和经济利益被大型跨国数据平台公司大量获取。2015年以来，巴塞罗那推出了一系列实验，包括将公民参与作为一种民主实践的实验、作为普遍治理逻辑的多方利益相关者计划实验，以及城市作为社会和技术创新场所的生活实验室的实验，打造了将"智慧的"公民视为决策者而非数据提供者的智慧城市建设新范式。这种以市民为中心的模式回答了关于公民角色以及与数据的关系的新命题，改变了参与智慧城市决策、规划和建设的利益相关者之间的权力平衡，致力于打造共同产生知识创新的可持续的城市生态系统。

(三)技术理性与人本主义相结合：新加坡模式

政府主导的智慧城市在全世界尤其是发展中国家最为普遍。一般情况下，城市政府会提出建设智慧城市的战略，并与大型信息技术公司合作制定智慧城市顶层设计，再以项目分包的形式在不同系统开展相关智慧化项目的建设。

新加坡是政府主导的智慧城市建设模式的典型代表。新加坡政府高度重视信息化，从信息基础设施建设，到信息产业培育，再到电子政务应用，政府连续不断地推出规划，确立明确的发展目标，并滚动式推动不同阶段工作的实施。

新加坡从 1992 年开始实施"IT2000——新加坡，智能岛"计划，2003 年推出"全连新加坡"计划，2006 年正式公布"智慧国 2015 计划"。当时的新加坡已经建设了全球领先的信息通信基础设施，是亚洲网络连接最为紧密的城市之一。同时，新加坡还投入近 5 亿美元用于研发人才的培养和管理，在新加坡发展具有全球竞争力的信息企业生态系统。基于新加坡的信息通信基础架构、企业和人才资源，新加坡"智慧国 2015 计划"的实施希望增强新加坡的经济竞争力和创新力，促进信息产业的增长及竞争力，同时，通过信息通信丰富新加坡国民的生活。

2014 年，新加坡政府公布了名为"智慧国家 2025"的 10 年计划。这份计划是之前"智慧国 2015 计划"的升级版，其重点在于信息的整合以及在此基础上的执行，使政府的政策更具备前瞻性，除了通过技术来收集信息，更关键在于利用这些信息来更好地服务人民。"智慧国"理念的核心可以用三个 C 来概括：连接（Connect）、收集（Collect）和理解（Comprehend）。"连接"的目标是提供一个安全、高速、经济且具有扩展性的全国通信基础设施；"收集"是指通过遍布全国的传感器网络获取更理想的实时数据，并对重要的传感器数据进行匿名化保护、管理以及适当进行分享；"理解"是指通过收集来的数据——尤其是实时数据——建立面向公众的有效共享机制，通过对数据进行分析，以更好地预测民众的需求、提供更好的服务。在"智慧国 2015 计划"实施中，物联网传感器的应用已经非常广泛，大大丰富了各种数据的收集。比如，汽车上有传感器，开车经过某条公路发现路面损坏，可以非常方便地通过手机定位等电子方式进行报修处理。为把新加坡打造成为"智慧国"，政府将构建"智慧国平台"，建设覆盖全岛的数据连接、收集和分析的基础设施与操作系统，根据所获数据预测公民需求，提供更好的公共服务[1]。

新加坡特别重视智慧城市的总体框架设计，也特别强调顶层设计和政府的主导作用[2]。新加坡专门成立一个由副总理领导的跨部门的委员会，由相关部门的部长担任委员，并在总理总署下设立具体的推动机构，主要负责计划落实和推动工作。这些具体的推动机构包括新加坡的数字政府办公室、智慧国办公室、政府科技局以及相应的工作小组等，形成了一个完整高效的智慧城市建设的管理系统。

新加坡智慧城市建设主要采取了"政府主导、企业参与"的模式，很好地解决了建设资金短缺、用户需求匮乏、企业动力不足的问题[3]。新加坡政府投入巨资建立超高速、广覆盖、智能化、安全可靠的资讯通信基础设施，仅在新一代全国宽带网络（NBN）项目上，新加坡政府的拨款总额就达到 10 亿新元，解决了通信基础设施建设所需的资金问题。"企业参与"则体现在，新加坡政府将产业链划分为无源基础设施建筑商、有源设备运营商、零售服务提供商三个层面，将他们相互分

---

[1] 王天乐、施晓慧：《新加坡推出"智慧国家 2025"计划》，《人民日报》2014 年 8 月 19 日。
[2] 顾清扬：《智慧城市与智慧治理：新加坡的案例》，《科技与金融》2022 年第 Z1 期。
[3] 舒文琼：《透视新加坡"智慧国 2015"政府角色至关重要》，《通信世界》2011 年第 30 期。

离，以避免自然垄断或不公平竞争的产生，并规定了价格和普遍服务义务，以建立一个公平、高效的平台，促进产业各方共同参与。值得注意的是，对于政府推出的某些项目，普通用户因为缺乏了解而导致需求不足，运营商因此对业务的开展有些迟疑。在这种情况下，新加坡政府起到了"催化剂"的作用。例如，在无线宽带网络方面，新加坡于2006年底推出"无线@新加坡"，旨在打造一个覆盖全国的无线宽带网络。然而在推广初期，人们缺乏使用需求，新加坡政府即在政府部门使用了很多无线应用，通过示范作用将该业务普及到普通用户中，从而带动了市场需求的增长。政府的"催化剂"作用还体现在，通过推行"电子政府"计划，以推动信息技术的普及和使用。

尽管新加坡在规划阶段也采取了广泛的民众意见征询活动，宣传智慧城市建设是由民众、企业和政府共同创造的一项全民工程[①]，同时，主管数字政府建设的新加坡国务资政兼国家安全统筹部长张志贤也提出："随着新资讯通信科技崛起，新加坡需要彻底改变'智慧城市'的思维和运作模式。政府现在得兼任主持人和推动者的角色，与公共机构、私人企业和民间合作，共同创造新方案、新业务和新财富"，但是，规划的制定和实施都是政府主导的。很明显，新加坡模式是介于完全技术理性与高度人本主义两种导向之间的一种混合模式，在这种模式下，政府具有主导作用，但也有不同程度的市民参与。世界上绝大多数城市在推动数字化转型中采取了这种方式。

---

① 蔡君：《探秘 iN2015 看新加坡如何迈向"智慧之国"》，《通信世界》2006 年第 7 期。

第二章　城市数字化转型的基本概念和技术背景

2008年以后，世界一半以上的人口居住在城市，但城市却面临着更加不确定的自然和经济社会环境。危害程度更高的自然灾害发生频率增加，金融危机和流行传染病周期性出现，这些与现代信息技术的快速发展和广泛应用一起成为21世纪第一个十年之后城市的显著特征。矛盾总是成对出现，用数字化手段应对不确定性必然是贯穿这个时期的主线。因此，了解21世纪第一个十年之后城市数字化转型需要解决的基本矛盾，同了解数字技术生态系统的构成和功能同样重要，它们共同回答了城市数字化转型为什么转、向哪儿转和怎么转的问题。

一、城市数字化转型的逻辑起点、内涵和特征

（一）城市数字化转型的逻辑起点是提高韧性

作为最复杂的社会生态系统，城市自形成以来不可避免地遭受着来自外界和自身的各种冲击和扰动。这些扰动不仅包括地震、火山喷发等自然灾害，恐怖袭击、流行性疾病传播等人为灾难，也包括能源短缺、气候变化等因素造成的累积型冲击。这些冲击和扰动具有很强的不确定性，但却是自然和社会发展客观规律的体现，无法完全避免。现代社会由于城市空间和人口分布越来越密集，城市社会组织和矛盾越来越复合，城市经济结构越来越多元，城市发展面临的未知风险空前复杂，同

时，未知风险潜在影响和造成的灾难性后果也日趋严重[1]。面对冲击和扰动，不同城市系统的反应差异很大。有的城市在遭遇冲击后一蹶不振，走向衰落；还有的城市能逐渐弥补冲击造成的损失，在恢复之后获得更长远的发展。学者们认为，城市系统在遭遇冲击后之所以出现不同的结果，是因为其韧性不同，富有韧性的城市对不确定扰动的适应调整能力强，缺乏韧性的城市反应迟钝，适应能力差。

1. 城市韧性的概念

韧性从语源学角度看，起源于拉丁语"resilio"，本意是"回复到原始状态"[2]。19世纪中叶之后韧性一词被广泛应用于机械学、心理学、生态学等领域。20世纪90年代以后，韧性的概念被应用于城市研究，并形成了从工程韧性到生态韧性再到演进韧性的演化过程（见表2—1）。

表2—1 三种不同城市韧性观点的总结比较[3]

韧性观点	平衡状态	本质目标	理论支撑	系统特征	韧性定义
工程韧性	单一稳态	恢复初始稳态	工程思维	有序的，线性的	韧性是系统收到扰动偏离既定稳态后，恢复到初始状态的速度
生态韧性	两个或多个稳态	塑造新的稳态，强调缓冲能力	生态学思维	复杂的，非线性等	韧性是系统改变自身结构之前所能够吸收到的扰动的量级

---

[1] 邵亦文、徐江：《城市韧性：基于国际文献综述的概念解析》，《国际城市规划》2015年第2期。

[2] Alexander D E. Resilence and Disaster Risk Reduction：An Etymological Journey. *Natural Hazards and Earth System Science*，2013，13（11），pp. 2707-2716.

[3] 资料来源：邵亦文、徐江：《城市韧性：基于国际文献综述的概念解析》，《国际城市规划》2015年第2期。

续表

韧性观点	平衡状态	本质目标	理论支撑	系统特征	韧性定义
演进韧性	抛弃了对平衡状态的追求	持续不断地适应、强调学习力和创新力	系统论思维，适应性循环和跨尺度大动态交流效应	混沌的	韧性是和持续不断的调整能力紧密相关的一种动态的系统属性

工程韧性的概念最接近韧性这个词原有的含义，即"恢复原状的能力"。霍林（Holling C. S.）最早对工程韧性提出了定义，指"施加扰动之后，一个系统恢复到平衡或稳定状态的能力"[1]。这个概念流行于20世纪八九十年代。后来，学界认为系统可以存在多个平衡状态，而不是工程韧性中所指的唯一的平衡状态，扰动的存在可以促使系统从一个平衡状态向另外的平衡状态转化[2]。这就意味着，韧性不仅可以让系统恢复到原始状态的平衡，而且可以促使系统形成新的平衡状态。反映这个思想的韧性概念被称为生态韧性。接着，学者们又进一步提出了演进韧性的概念。沃克（Walker B.）等人提出，韧性不应该仅仅被视为系统对初始状态的恢复，而是复杂的社会生态系统为回应压力和限制条件而激发的一种变化（change）、适应（adopt）和改变（transform）的能力[3]。从工程韧性，到生态韧性和演进韧性的演化，体现了学界对系统运行机制认知的飞跃，更有利于应用于城市这个复杂巨系统。

---

[1] Holling C. S, Resilience and Stability Ecological System, *Annual Review of Ecology and Systematics*, 1973, pp. 1-23.

[2] Berkes F, Folke C. Linking Social and Ecological Systems for Resilience and Sustainability. Linking Social and Ecological Systems: Management Practice and Social Mechanisms for Building Resilience. *Cambridge University Press*, 1998, pp. 13-20.

[3] Walker B, Holling C S, Carpenter S R, et al., Resilience, Adaptability and Transformability in Social-Ecolgical Systems, *Ecology and Society*, 2004, 9 (2), p. 5.

邵亦文、徐江认为，城市韧性指的是城市系统和区域通过合理准备、缓冲和应对不确定性扰动，实现公共安全、社会秩序和经济建设等正常运行的能力①。国际组织倡导地区可持续发展国际理事会将"韧性城市"定义为城市能够凭自身的能力抵御灾害，减轻灾害损失，并合理地调配资源以从灾害中快速恢复过来。这里所说的灾害可以涵盖自然灾害、社会重大影响的事件（如战争）和健康（如疫情）等维度。2013年，洛克菲勒基金会（Rockefeller Foundation）在全球推出100座韧性城市世纪挑战赛（100 Resilient Cities Centennial Challenge），该基金会在前期的理论研究中将城市韧性界定为"在经历长期压力和剧烈冲击之后，城市之系统、商业、制度、社区和个人生存、适应和增长的能力"②。日本城市专家林良嗣教授认为，城市韧性是指快速地使暂时失去平衡的城市系统回到平衡状态的"复原能力"或"恢复能力"，并提出城市韧性是保证可持续发展的重要前提条件，城市需要建立硬件和软件兼备的复原机制③。上述概念都客观承认不确定性对城市造成的负面影响，强调城市系统适应不确定性的能力，并强调城市整体格局的完整性和功能运行的可持续性。

2. 韧性城市的主要特征

埃亨（Ahern）认为，韧性城市应当具备五个特征。第一，多功能性。功能单一的城市系统更加脆弱，韧性城市需要有城市功能的混合型和叠合性。第二，冗余和模块化特征。韧性城市需要有一定程度的冗余和备用设施模块，通过在时间和空间上分散风险，减少扰动状态下的损

---

① 邵亦文、徐江：《城市任性：基于国际文献综述的概念解析》，《国际城市规划》2015年第2期。
② Rockefeller Foundation，ARUP. City Resilience Index：Understanding and Measuring City Resilience. http://www.cityresilienceindex.com/.
③ 〔日〕林良嗣、铃木康弘著，陆化普、陆洋译：《城市弹性与地域重建：从传统知识和大数据两个方面探索国土设计》，清华大学出版社2016年版。

失。第三，生态和社会的多样性。在危机下，多样性可以带来更多解决问题的思路、信息和技能。第四，多尺度的网络连接性。城市的物质实体和空间分布方面要有多尺度的网络连接性，人际和群体之间也要有更加多元和复杂的协作。第五，有适应能力的规划和设计[①]。规划设计功能使得城市能够在危机过后，总结经验教训，学习其他城市的好的做法，对系统进行修正。

德国乌波塔尔研究所从城市复杂适应系统的渐进式循环机理出发，总结出由核心基础特征、结构特征和具体特征组成的三级环形体系（见图2—1）[②]。其中，核心基础特征是城市系统特有的"资源"（基础设施、地方个性等）和"连接性"（社会和网络、协会、邻里关系、管理模式、政治氛围等）。核心基础特征衍生出结构特征，包括冗余、多样性、个性和价值等。为了实现结构特征，城市系统需要具有反应能力、学习能力、合作能力等具体特征。三级环形体系直观地展示了城市韧性系统中各要素之间的相互支撑和依存关系。

波士顿咨询公司（BCG）周园提出，韧性城市的特点是具备在应对危机的不同时段所需之不同的核心能力。城市应对危机一般会经历五个阶段。阶段一为"危机识别"，该阶段城市需具备"提前预警"的能力。阶段二为"快速反应"，即城市在接到预警之后有快速决策、精准处置的"敏捷反应"能力。在此阶段，还需要不同层级之间、不同部门之间、不同地域之间各类主体的团结协作和相互配合，也即是城市要具备"指挥协作"和"动员沟通"的能力。阶段三为"抗压恢复"，该阶段城市应具备"分散缓冲"的能力，即为了缓冲意外冲击而提前建立后备

---

① Ahern J., 2011, From Fail-Safe to Safe-to-Fail: Sustainability and Resilience in the New Urban World, *Landscape and Urban Planning*, 100 (4), pp.341-343.

② 李依浓、李洋：《数字化背景下的韧性城市建设——以德国达姆斯塔特为例》，《城市发展研究》2021年第7期。

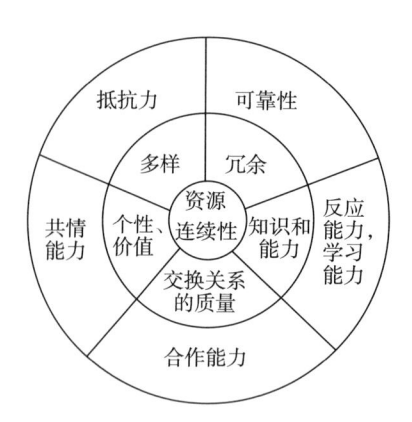

核心基础特征	结构特征	具体特征
资源	冗余：指城市的缓冲和储备能力，依赖于建造和技术结构的系统设计	可靠性：强调系统各部件间依靠各自稳定的功能实现相互支撑，解决技术问题，修复灾难带来的后果
	多样：从城市规划的角度需要加强混合、多样、开放的城市结构和城市文化，以帮助城市在面对灾害时创造更多的变通性	抵抗力：指物理环境的强大。在规划中主要通过建筑规划及建筑技术规程等加强城市物理环境的坚韧
连续性	知识和能力：从"企业和管理"的角度有意识地、系统地分配知识资源，并在组织中有针对性地投入相应资源	反应能力：指遇到突发灾难时所需的迅速反应、通信能力以及创造能力
		学习能力：学习能力需要贯穿（灾害发生前和灾害发生后）参与组织和人员采取措施的整个过程，包括对于灾害的防御、重建及系统恢复
	交换关系的质量：交换关系产生于社会和人之间的接触中，其质量由各参与主体间互相信任的程度决定。为了促进人际互动，实现共同的韧性目标，需要构建功能完好的社会空间结构	合作能力：指参与组织和人员通过合理的分工及合作完成共同的目标，包括对于灾害的防御、重建及系统恢复
	空间相关的个性与价值：强调地方的规划应对与本地的文化和传统地方知识相结合	共情能力：对于他人思想、情绪、动机等个人特征的识别和理解，这种共情能力是社会团结、关怀和帮助的基础

图 2—1　乌波塔尔研究所提出的韧性城市特征环形体系[①]

体系并搭建模块化的结构，以防止出现系统性崩溃。阶段四为"变化创新"，该阶段城市应具备"多元包容"及"融合创新"的能力，即在城

[①] 资料来源：李依浓、李洋：《数字化背景下的韧性城市建设——以德国达姆斯塔特为例》，《城市发展研究》2021年第7期。

市内部培育多元化之组织，令一线具有相应之决策权，及早将危机消灭于萌芽状态；以及通过探索新技术和新模式，打破传统的组织边界，实现流程变革。阶段五为"布局未来"，该阶段城市应具备"平衡致远"的能力，能够平衡诸参与主体之利益，科学设计长效机制，提高城市之可持续发展能力。为了帮助城市具备和提高上述八大核心能力，城市数字化转型必须致力于促进跨系统、跨层级、跨领域、跨地域的数据资源整合共享，以及现代信息技术的融合应用，以数据自由流动来降低城市系统面临的不确定性。

综合上述对韧性城市特征的表述，笔者认为，韧性城市的主要特征包括：第一，快速反应性。一旦出现扰动，能及早发现并分析、预测，做出相应的决策，并将决策传递给政府和个体。第二，多元性。包括功能多元的城市系统、多样化的社会生态、多尺度的城市构成要素间的联系等，以具备抵御或避开扰动的能力，以及经历扰动后的恢复能力。第三，适应性。每个城市都有自己独特的地域特点和经济社会文化特征，在应对扰动时城市系统会经过调整之后恢复到稳定状态。第四，灵活性。城市具有较强的学习能力，能尽快引入新技术、新观念和新方法，对城市系统应对扰动的调整机制进行修正，促进城市系统的优化。

3. 数字化时代城市面临的首要问题是提高韧性

进入 21 世纪，全球气候变暖等地球环境问题愈发严重，海平面上升造成全球规模的环境变化，突如其来的大暴雨等气候灾害加剧的征兆在世界各地随处可见。以 2005 年美国发生的卡特里娜飓风为代表，世界各地发生多起龙卷风、暴风雪和干旱等自然灾害。另外，在 20 世纪非常少见的大雨、洪水也在西欧国家频繁发生。因此，从 2005 年开始，人们对大规模自然灾害的危机感在逐渐加强。2011 年发生的东日本大地震进一步引发了人们对城市脆弱性的重新认识。当时，由于事先没有预测到大海啸，许多地区遭受了海啸的破坏，核电站也发生了严重的事故。除了极端天气之外，近 20 年来，SARS（2003）、H1N1（2009）、Ebola（2014）、新冠疫情（2019）等大规模流行病相继暴发，发生频率接近 5 年一次。由于全球气候变化、人类活动接触野生动物增加等因素导致新病毒加速出现，同时更高的人口密度与流动性导致大规模传播契机增加，两方面因素作用下大规模流行病可能成为对人类社会的周期式考验。

长期以来，实现经济增长一直是世界各国追求的目标，并形成了较为成熟的政策方法，通过政府"看得见的手"对市场"看不见的手"进行调控，对经济周期波动进行"削峰填谷"的操作，尽可能使经济系统在较长时期处于较为平稳的状态。然而，进入新世纪，互联网泡沫即宣告破灭，随后发生了纽约"9·11"恐怖袭击事件。在"VUCA"时代①，每个经济体都必须面对充满易变性、不确定性、复杂性和模糊性的世界。2008 年金融危机席卷北美和欧洲，对经济造成巨大破坏。由于人口高度集中，城市更容易受到地震、海啸、火山爆发、海平面上升和洪水、粮食短缺、野火、极端高温、飓风、热带风暴和台风、恐怖袭击、网络攻击、战争、流行病、核污染或化学污染、极端空气污染的影响，还会面临很多其他紧急情况。上述事件无法提前预见，一旦发生却会造成严重破坏，不仅摧毁经济，还颠覆了长期以来人们认为经济系统控制输入即可获得稳定输出的机械思维。在面临剧烈冲击的情况下，在面对与经济、金融、环境、社会和体制危机有关的长期压力时，如何提高城市韧性，让城市成为人类可以长久诗意栖居的场所，就成为数字化

---

① "VUCA"是波动性（Volatility）、不确定性（Uncertainty）、复杂性（Complexity）、模糊性（Ambiguity）的缩写，起源于 20 世纪 90 年代的美国军方，指的是在冷战结束后出现的多边世界，在这一时期，世界的复杂性和不确定性超过以往任何时候。2008 年全球金融危机之后，VUCA 时代的概念再度兴起。

时代城市面临的首要任务。

正是看到了城市面临的日益增长且变幻莫测的风险和挑战，越来越多的国际机构开始寻求解决城市风险危机的新思路。2002年倡导地区可持续发展国际理事会（ICLEI）第一次提出了"韧性城市"议题，将其引入城市与防灾研究中，掀起城市韧性的研究热潮[①]；2005年第二届世界减灾会议在日本兵库县举行并通过了《兵库宣言》，将"韧性"作为灾害研究的重点，将防灾、减灾、备灾和减少城市脆弱性等纳入可持续发展政策[②]；2013年洛克菲勒基金会启动全球100韧性城市项目，旨在通过可量化的指标和实践案例帮助城市提高韧性，应对冲击和压力；2016年第三届联合国住房与可持续城市发展大会发布《新城市议程》，倡导将"环境可持续和有韧性的城市发展"纳入新城市议程执行计划[③]，为韧性城市的可持续发展设定了新的全球标准[④]。这些国际性项目或倡议都更加关注全球环境变化与城市可持续发展问题，将"安全性、包容性、可塑性、韧性"作为城市风险治理的新思路，重点是提升城市系统自身组织、功能协调、适应不确定性的能力，关注自然要素和人为因素变化所具有的可塑性，追求人与环境系统可持续的发展理念，让城市具有应对不确定性的能力，建设韧性城市。

越来越多的城市认识到数字技术应用对提高城市韧性的作用，纷纷将数字化和韧性这两个原本相互独立的城市发展目标加以整合。例如，

[①] Safa M, Jorge R, Eugenia K, et al. Modeling sustainability: Population, inequality, consumption, and bidirectional coupling of the earth and human systems. *National Science Review*, 2016, 3 (12), pp. 470-494.

[②] 赵瑞东、方创琳、刘海猛：《城市韧性研究进展与展望》，《地理科学进展》2020年第10期。

[③] 联合国住房和城市可持续发展大会2016年10月20日通过《新城市议程》，https://www.un.org/zh/documents/treaty/A-RES-71-256.

[④] 石楠：《"人居三"、〈新城市议程〉及其对我国的启示》，《城市规划》2017年第41期。

德国西部城市达姆斯塔特近年来就在调整城市发展战略。达姆斯塔特是德国首个科学城，人口约 16 万，拥有 3 所大学和 30 多所科研机构。该市于 2016 年底至 2017 年中推出了"数字城市发展战略"，致力于建设居民需求导向的数字生态系统。"数字城市发展战略"以该市独特的科技和文化资产为基础，将城市管理、交通、健康、能源、灾难保护等各领域的数字发展构想融合为跨学科和部门的整体发展计划，旨在为城市居民提供面向未来的、有价值的、安全的、可持续的、多方参与的城市生活。具体建设内容包括三大方面，一是交通和环境，二是经济和技术，三是数字服务和社会生活。其中，针对城市灾害风险管理，规划团队设置了建立数字化调度中心、数字化使用数据收集、通过无人机与摄像机影像对灾情进行描述等 7 个项目。另外还设有加强基础设施、环境保护、公共服务和促进地方经济发展等涉及交通、能源、环境、管理、社会生活、通信基础设施、信息平台、商业等多个学科的 47 个项目。各项目需要通过不同的部门和机构的密切联系和相互作用才能实现，有助于建设城市社会生态系统和自适应网络。很明显，在这个阶段，韧性主要体现于城市灾害风险管理方面。2018 年，该市启动了"紧急城市—韧性数字城市"项目，目标是建设韧性数字城市。该项目采取由高校、政府及企业方联合参与的研究模式：由达姆斯塔特工业大学等三所大学联合主持研究；包括达姆斯塔特数字城市公司在内的多个企业提供技术交流和支持；政府机构中的联邦民防和防灾办公室以及达姆斯塔特市政府提供组织支持；黑森州政府提供研发资金。各参与主体基于"数字城市应具备较强的自组织能力，能够利用多元化的信息通信技术应对危机，并顺利恢复正常和高效运行"的共识，提出以信息和通信技术为载体，通过跨学科研究形式，提高城市系统面临未知风险时的整体性能的研究目标。其研究领域涉及四大板块：第一，城市及社会；第二，信息科学；第三，通信系统；第四，物联网系统。研究课题涵盖了韧性城市的四个功能阶段：反应、克服、重建和预防①。需要注意的是，尽管该研究以研发结合信息通信技术的城市韧性方法和措施为目标，但研究重点不仅集中在通信技术及物联网领域数字化技术领域，还包括了城市规划及社会学等人文科学领域。在研究内容上强调了城市自我学习与适应能力的重要性。达姆斯塔特市2030年城市总体规划提出，综合利用数字化技术带来的发展机遇创造可持续的、面对气候变化和城市危机有韧性的城市环境。可见，"数字城市发展战略"已经将数字化和韧性两个概念有机结合在了一起，建设韧性城市成为城市数字化工作的出发点。

（二）城市数字化转型的内涵和基本特征

1. 城市数字化转型的内涵

关于数字化转型，国内外尚无统一的概念。我国国务院发展研究中心将数字化转型定义为：利用新一代信息技术，构建数据的采集、传输、存储、处理和反馈的闭环，打通不同层级与不同行业间的数据壁垒，提高行业整体的运行效率，构建全新的数字经济体系②。华为公司认为，数字化转型是通过新一代数字科技的深入运用，构建一个全感知、全联结、全场景、全智能的数字世界，进而优化再造物理世界的业务，对传统管理模式、业务模式、商业模式进行创新和重塑，实现业务成功③。国际数据公司（IDC）定义为：利用数字技术（云计算、大数据、移动、社交、人工智能、物联网、机器人、区块链等）和能力来驱动组织商业模式创新和商业生态系统重构的途径和方法，其目的是实现

---

① 李依浓、李洋：《数字化背景下的韧性城市建设——以德国达姆斯塔特为例》，《城市发展研究》2021年第7期。

② 国务院发展研究中心创新发展研究部：《数字化转型：发展与政策》，中国发展出版社2022年版。

③ 周春生、汪祉良：《新二元经济：新经济繁荣与传统经济再造》，中信出版社2022年版。

企业业务的转型、创新、增长[1]。Kretschmer 和 Khashabi 认为，数字化转型（Digital Transformation）不同于数字化（Digitization），数字化仅仅涉及将模拟信息转化为数字信息，而数字化转型涵盖业务流程的变化及组织结构与战略模式的变革。数字化转型源于私营部门的实践，但随着数字化转型的深入，其主体涵盖企业和政府，涉及经济和社会活动的诸多领域，具有全局性、变革性的意义[2]。经合组织在 2019 年发布的研究报告《走向数字化：制定政策、改善生活》中给出了数字化转型的定义[3]。该报告提出，数字（据）化（Digitisation）是将模拟数据和过程转换为机器可读格式；数字化（Digitalisation）是对数字技术和数据的使用以及通过对这些技术和数据之间的相互连接，产生新的活动或改变现有的活动，而数字化转型是指数字（据）化（Digitisation）和数字化（Digitalisation）的经济和社会影响。欧盟委员会认为数字化转型应该聚焦三个目标：让技术为人服务，打造公平和有竞争力的竞技环境，实现开放、民主、可持续发展的社会[4]。

虽然数字化转型的概念近年来被多次提及，但全面推动城市数字化转型还是一个新的理念。郑磊认为，可将城市数字化转型定义为由数字技术和数据要素驱动的城市发展模式与实体形态的结构性转变，其覆盖经济产业、社会生活、政府治理等诸多方面的转型[5]。周振华认为，城市数字化转型是借助数字技术或按照数字技术要求，通过思维方式、行

---

[1] 国际数据公司（IDC）:《迈向全闪存数据中心时代，加速数字化转型》，2021 年 8 月 4 日。转引自世界经济论坛:《重塑中小城市的未来：数字化转型的框架与路径》，2022 年 5 月，https://www3.weforum.org/docs/WEF_Shaping_the_Future_of_SMCs_A_Framework_for_Digital_Transformation_2022_CN.pdf.

[2] Kretschmer, T., & Khashabi, P. Digital transformation and organization design: An integrated Approach. *California Management Review*, 2020, 62 (4), pp. 86-104.

[3] OECD: Going Digital: Shaping Policies, *Improving Lives*, 2019.

[4] European Commission. Shaping Europe's Digital Future, 2020. https://publications.europa.eu/en/publications.

[5] 郑磊:《城市数字化转型的内容、路径与方向》，《城市》2021 年第 4 期。

为方式、组织方式以及行事规则的转变，进而实现城市运作框架、流程和模式的转换，实现包括以数字技术、数字技能和数字创新为指导的城市智能增长[1]。世界经济论坛（WEF）提出，城市数字化转型是基于数字化理念和思维，通过新一代数字技术的融合应用，支持城市空间形态、治理模式、服务模式、产业模式的整体转变，全面提升城市环境质量、运行效率、生活品质、经济活力，满足人在当前和未来对城市价值的全场景需求[2]。这三个概念共同认为城市数字化转型是数字技术驱动下的城市全方位的转变。

综合以上对数字化转型的认识和其他学者对城市数字化转型的看法，笔者将城市数字化转型的内涵界定为：城市在现代信息技术融合应用的基础上，以人的发展为内核，以韧性包容为基本原则，以数据为核心资源，营造城市创新生态，不断优化城市系统，增强可持续发展能力。城市数字化转型的本质是以优化城市复杂巨系统为目标，构建"数据＋算法"定义的世界，以数据的自动流动去化解系统的不确定性[3]，从而提高资源配置效率，创造更加适宜的城市环境。在数字化转型概念中，数据居于中心地位。2023年8月22日辞世的著名统计学家劳（C. R. Rao）在他的统计学哲理论著《统计与真理——怎样运用偶然性》中指出："在终极的分析中，一切知识都是历史；在抽象的意义下，一切科学都是数学；在理性的基础上，所有的判断都是统计学。"[4] 现代信息技术的综合应用，令城市能不间断地获取决策所需数据，并将这些

---

[1] 周振华、洪民荣主编：《全球城市案例研究2022：城市数字化国际经验借鉴》，格致出版社2022年版。
[2] 世界经济论坛：《重塑中小城市的未来：数字化转型的框架与路径》，2022年5月，https://www3.weforum.org/docs/WEF_Shaping_the_Future_of_SMCs_A_Framework_for_Digital_Transformation_2022_CN.pdf.
[3] 安筱鹏：《数字化转型的关键词》，《信息化建设》2019年第6期。
[4] 〔美〕C. R. 劳著，李竹渝译：《统计与真理：怎样运用偶然性》，科学出版社2004年版，第6页。

数据加以整合。在一系列算法的支持下，这些数据被用于帮助各个层面的决策者迅速形成科学的决策并付诸行动，从而让城市系统保持正常的运行状态，即使遭遇各种扰动也能尽快恢复平衡状态，并进一步向更具有灵活性和高效率的新的平衡状态演进。因此，城市数字化转型的关键是数据成为城市的核心资源，并保持这一核心资源的自由流动。

2. 城市数字化转型的基本特征是数据的自动流动

（1）新工具革命带来数据的自动流动

①新生产工具：智能工具

生产工具又称劳动工具，是人们在生产过程中用来直接对劳动对象进行加工的物件。它被用于劳动者和劳动对象之间，起传导劳动的作用。生产工具在生产资料中起主导作用。社会生产的变化和发展，始终是从生产力的变化和发展上，首先是从生产工具的变化和发展上开始的。生产工具不仅是社会控制自然的尺度，也是生产关系的指示器。卡尔·马克思说："手推磨产生的是封建主为首的社会，蒸汽磨产生的是工业资本家为首的社会。"[①]

生产工具的内容和形式是随着经济和科学技术的发展而不断发展变化的。农业经济时代，劳动者依靠自身的体力操纵早期的生产工具（石木工具、金属工具）进行自给自足的生产。工业经济时代，劳动者使用能量驱动的生产工具（工具机、动力机、传感装置等）进行社会化大生产。数字经济时代，劳动者使用自动化机器乃至智能工具进行按需生产。什么是智能？诺贝尔文学奖获得者，哲学家、历史学家、数学家罗素对智能的定义是："智能始于征服恐惧，人们恐惧不确定性。"工信部原副部长杨学山在《智能原理》一书中写道："智能是一个主体对外部环境变化做出响应的能力。一个数控机床，一个机器人，一个 AGV 小

[①] 《马克思恩格斯选集》第 1 卷，人民出版社 2012 年版，第 108 页。

车，一条生产线，一个立体仓库，一个研发团队，一个人，一个企业，都可以看作一个主体。当外部环境发生变化的时候，这样的主体对变化做出实时、科学、精准反应的能力，是智能最重要的标志。"[1] 可见，在数字经济时代，各种主体希望使用智能工具来应对外部环境的变化，即应对不确定性。

不确定性带来风险，厌恶风险是人类的本能。因此，人类一直在探索如何应对不确定性。不确定性来自信息约束条件下人们有限的认知能力。比如，当台风来临的时候，人们无法提前感知到台风，不知道台风的风力和过境路线，无法尽早疏散到安全地带，从而在台风到来时不可避免地出现人员和财产损失。如果人们能通过精确度更高的天气预报及早获取台风信息，尽快采取相对措施，则能有效减少损失。因此，自动地获取信息，分析信息，做出决策，采取行动，这是智能工具应该具有的功能。人类希望在智能工具的帮助下提高应对不确定性的能力。

智能工具包括有形的智能装备和无形的软件工具。数字经济时代，在工业经济时代的发动机、传动机、工作机这类能量转换工具的基础上增加了传感、计算、通信和控制系统，将其改造为智能化的工具。无形的软件工具包括计算机辅助设计软件（CAD）、计算机辅助仿真软件（CAE）、集成短路电子设计自动化软件（EDA）等。软件的作用是将事物运行规律代码化，构建数据流动的规则体系。在软件的支持下，有形的智能装备产生的数据能够自动流向对的对象，工具的智能得以实现。

②新生产要素：数据

2020年4月9日发布的《中共中央 国务院 关于构建更加完善的要素市场化配置体制机制的意见》中，提出"培育发展新型要素形

---

[1] 杨学山：《智能原理》，电子工业出版社2018年版。

态",将数据作为一种新型生产要素,第一次与土地、劳动力、资本、技术作为市场化要素,对于数字经济发展,具有里程碑式的意义。

什么是数据?在最新版的《牛津英语词典》中,数据被定义为"被用于形成决策或者发现新知的事实或信息"。根据国际标准化组织（ISO）的定义,数据是对事实、概念或指令的一种特殊表达方式,用数据形式表现的信息能够更好地被用于交流、解释或处理。在《现代汉语词典》（第七版）中,对于数据的解释是:"进行各种统计、计算、科学研究或技术设计等所依赖的数值"。从经济活动的角度,加拿大统计局（2018）将数据定义为"已经转化成数字形式的对于现实世界的观察"。可见,数据在很多时候被视为信息的一种表现形式或者数字化载体。

数据是数字经济时代的关键生产要素。生产要素是不断演变的历史范畴,土地和劳动力是农业经济时代重要的生产要素。工业革命后,资本成为工业经济时代重要的生产要素,并且衍生出管理、技术等生产要素。随着数字经济时代的到来,数据成为新的生产要素。经济学家理查德·弗里曼（Richard B. Freeman）和佩雷斯（Carlota Perez）认为,"关键生产要素"是技术经济范式中的"一个特定投入或一组投入",它可能表现为某种重要的资源或工业制成品,它决定着技术经济范式的特征并成为划分不同类型的技术经济范式的依据。"关键生产要素"需满足三个条件:第一,使生产成本具有明显下降的能力;第二,在很长时期内有无限供应能力;第三,广泛被应用和易于扩散的能力[1]。与资

---

[1] 弗里曼和佩雷斯认为,"关键生产要素"是技术经济范式中的"一个特定投入或一组投入",它可能表现为某种重要的资源或工业制成品,它决定着技术经济范式的特征并成为划分不同类型的技术经济范式的依据。"关键生产要素"需满足三个条件:(1)使生产成本具有明显下降的能力;(2)在很长时期内有无限供应能力;(3)广泛被应用和易于扩散的能力。详见〔意〕G. 多西等编,钟学义、沈利生、陈平等译:《技术进步与经济理论》,经济科学出版社1992年版,第58—74页。

本、劳动、技术等传统生产要素相比，数据生产要素具有三个独特特征：一是具有非稀缺性，数据海量且能够无休止地复制和重复使用，实现规模和范围经济；二是具有较强流动性，数据的处理和移动既不受重力的约束，也不受物质阻力带约束，流动速度更快、程度更深、领域更广；三是具有非排他性，可以在一定范围按照一定权限重复使用[①]。很明显，数据符合成为关键生产要素的特征。

③新决策机制：数据＋算法

新生产工具与新生产要素相结合，形成了"数据＋算法"的新的决策机制[②]。

在不同的发展阶段，人类社会出现过不同的决策机制。在古代，人们对于事物的发展缺乏足够的认识，往往借由自然界的征兆来指示行动。但自然征兆并不常见，必须以人为的方式加以考验，占卜的方法便随之应运而生。占卜是由外界事物的动向和变化向非人的灵体探询想要知道的事物，常用的方法包括用龟壳、蓍草、铜钱、竹签、纸牌或占星等手段和征兆来推断未来的吉凶祸福，帮助人们做出决策。工业革命以后，人们对事物运行规律有了更为深入的了解，开始使用做实验、统计分析、公式推理、模拟仿真等方法来辅助决策。这一时期，人们先后使用了"观察＋抽象＋数学"的理论推理方法、"假设＋实验＋归纳"的实验验证方法、"样本数据＋机理模型"的模拟择优方法等，以期实现科学决策。数字经济时代，智能工具的广泛使用改变了人们的决策机制，人类研究和决策已经进入"海量数据＋科学建模分析"的大数据阶段，即采用"数据＋算法"的新模式发现物理世界的客观规律，进行科

---

① 李广乾：《如何理解数据是新型生产要素》，《中国外资》2022 年第 12 期。
② 安筱鹏 2021 年 12 月 15 日在首届中央企业数字转型峰会"智慧决策"分论坛上的主题发言《数字技术驱动的两场革命：工具革命和决策革命》，http：//www.aliresearch.com/ch/information/informationdetails？articleCode＝287055673458561024&type＝%E6%96%B0%E9%97%BB.

学决策。

构建智能工具的基础是数字化、网络化和智能化。数字化就是把物理世界的现象在数字空间里表达出来,通过安装传感设备等措施,只要物理世界运行,就会产生相应的数据,这些数据描述出物理世界的运行情况。所谓网络化,指的是数据可以在不同的系统之间流动。所谓智能化,指的是数据可以在不需要人干预的情况下自由流动。智能工具的运作有四个步骤。第一步是描述,即在数字空间里描述物理空间发生了什么;第二步是洞察,即诊断这一事件发生的原因;第三步是预测,即预测这件事未来的走向;第四步是决策,即采取什么措施。这个决策信息可以发送给机器,让机器采取相应的动作;也可以发送给人,由人来做出选择。智能化程度越高,人在决策中发挥的空间越小,系统的作用越大,从而使决策速度更快、可控性更强。使用智能工具后,决策主体做决策只需要有相关的数据和科学的算法就可以了,而且对于绝大多数事项,人在其中发挥的作用有可能越来越小[1]。

(2) 数据的自动流动实现决策革命

如上所述,智能工具的应用引发了人类社会的决策革命。那么,新的决策机制是如何发挥作用的呢？所谓好的决策,就是能够实现天时地利人和三个方面的统一,即在正确的时间将正确的信息传递给正确的主体,由该主体采取正确的行动。"数据＋算法"这一新决策机制如何做出好的决策？

数字经济时代,集成电路、互联网、物联网、大数据、区块链等各类信息技术的重大突破,构建起信息采集、存储、传输、显示、处理全链条产业体系,在物理世界和数字世界之间建立了一一对应关系,从数据流动的角度看,信息技术革命解决了"有数据""能流动"和"自动

---

[1] 安筱鹏:《数字化转型的关键词》,《信息化建设》2019 年第 6 期。

流动"的问题,即实现了"数据流动的自动化"。数据流动的自动化能够把正确的数据,在正确的时间,以正确的方式,传递给正确的人和机器,实现好的决策,即最大限度地优化决策主体的资源配置效率。

以工业互联网的应用为例。一汽红旗采用三维可视化和资产建模技术,实时接入车间生产数据和业务系统数据,建立整车制造工厂数字孪生模型,从全局/产线/细节等不同角度实时洞察生产状态,对故障/异常状况进行实时识别、精准定位和追踪还原,生产异常处理效率提升30%,工厂产能提升5%。陕鼓动力依托设备智能运维工业互联网平台,通过装备数据采集、识别和分析,结合工业机理,构建透平装备运维数字孪生模型,实现产品健康评估、故障诊断和预测性维护,维护效率提高20%以上,维修生产成本降低8%以上。万华化学建设应急指挥系统,集成视频、报警、气象仪器等数据源,构建应急预案库,实现事故定位、预案启动、应急响应、出警通知以及相关设备和资源自动化联动,能够高效处置安全事故,降低损失。在这些案例中,数据的采集是实时的,有任何变动都能立即被捕捉到;数据出现任何异常,都将触发相应的应对预案,及早采取应对行动。通过数字的自动流动,尽最大可能减少了人为因素造成的干扰,使得决策更加科学。

数据流动的自动化,本质是用数据驱动的决策替代经验决策,基于"数据+算法"的方式,对物理世界进行状态描述、原因分析、趋势预测和科学决策[①]。"数据+算法"将正确的数据,在正确的时间,传递给正确的人或机器,以信息流带动技术流、资金流、人才流、物资流,优化了资源配置效率,从而实现了决策革命。

(3)以决策革命优化城市系统

如前所述,数据的自动流动能够增强系统感知、洞察、分析、决策

---

① 安筱鹏:《数字化转型的关键词》,《信息化建设》2019年第6期。

和行动的能力，提高资源配置效率，而这也满足了城市作为复杂系统提高韧性的需要。城市通过地理信息系统技术、网络信息技术、决策支持技术、虚拟现实技术等现代信息技术的综合应用，进行城市信息的采集、分析、监测、管理和辅助决策，已经具备了韧性城市所需的技术基础。在现代信息技术基础设施的支持下，一方面，当城市面临自然灾害、经济危机或者疾病传染时，通过数字技术的合理使用，实现信息获取、分析处理、模拟仿真等功能，为政府提供决策支持，为个体规划应急方案，提高城市应对危机的能力。数字技术的进一步应用，能够促进城市中各功能节点之间人流、物流、信息流、资金流等资源的高效流动，建立城市中各领域、各子系统之间的"神经网络系统"，增加不同主体之间、不同部门之间、不同领域之间、不同区域之间的多元互动，提高城市系统的网络连接性。在一次危机过后，城市可以利用海量的数据资源，采用仿真技术，对不同输入条件下的城市系统进行模拟，根据模拟的情况调整和优化城市系统，提高城市应对下一次危机的能力。

上海市于2019年提出坚持"全生命周期理念"，观、管、防一体化推进"一网统管"建设，某种程度上概括为"一屏观天下、一网管全城"。所谓"观"，就是深刻洞察城市方方面面的情况。所谓"管"，就是根据事情发展态势采取行动，将城市管理落实到位。所谓"防"，就是防微杜渐，及早发现风险，规避或排除风险。怎样做到"一网统管"呢？当然是通过数字技术的综合应用，通过数据的自动流动提高城市管理的精细化、智能化水平。上海市城市运行管理中心主任徐惠丽多次提到，"观管防"中"防"最重要，也最难实现。为了实现"防"这一功能，上海在"一网统管"平台上汇集了海量的数据。截至2021年11月，上海"一网统管"平台中，已经汇聚360类感知终端、51万个物联感知设备，日均数据增量 840 万条数据[①]。后面还将接入更多的感知设备数据。只有在海量数据的支持下，"防"的功能才有可能实现。以玻璃幕墙安全风险防范为例。上海是世界上拥有玻璃幕墙建筑最多的城市之一。为了避免玻璃幕墙坠落造成人员伤亡，上海对全市 1 万余座既有幕墙建筑的地理位置、大楼年龄、幕墙结构、维保记录等建立了"一楼一档"大数据，并已通过线上自查、综合状况、信息完整度、检查整改、定期检查五个角度，对楼宇的安全度进行了综合评定。此外，上海日常还采用无人机自动巡查，AI 智能识别建筑玻璃幕墙隐患，发现险情自动联动应急管理平台完成险情报警。一旦无人机在自动巡航途中巡查到幕墙玻璃有爆裂现象，即通过 AI 技术自动识别出该墙体存在高坠安全隐患，立刻通过"一网统管"平台自动报警；信息管理中心接到报警信号后立即与巡查小组进行现场联系，要求现场立即核实，在确认无误后马上启动应急预案，将险情信息自动发送至各应急处置保障单位，属地网格员、幕墙技术专家、大楼物业幕墙专管员等多方联动，前往进行处置。

这就是一个典型的通过数据的自动流动优化资源配置，保证城市安全的应用。通过数据的自动流动，不仅城市的高层管理者能够进行科学决策，一线工作人员也能在获取相应数据的条件下进行自主决策，并立即采取行动，及早排除隐患。新加坡地铁开发了"Overwatch"运营系统，采用视频分析和人工智能等科技迅速和精准地锁定故障列车的实时位置，一旦探测到列车突然停下或切换驾驶模式时，控制中心职员会收到警示，可立即查询情况。此外，中心以外的授权人员也可以通过电脑或手机获取这些重要信息，不必被动地等控制中心的通知。系统也会提

[①] 《上海"一网统管"上线数据安全平台，建立立体安全防护体系》，https：//baijiahao.baidu.com/s？id=1716819600899357643&wfr=spider&for=pc.

议在某个路段让列车掉头,确保地铁线其他路段的载客服务不受影响。新加坡地铁环线 2020 年率先采用该系统,可靠性显著提高,少于五分钟的延误次数减少了 30%[1]。传统的城市管理是高度集中化的,所有信息通过自下而上的途径汇总给最高层级的城市管理者,由这个层面的管理者进行决策,再将工作逐级下发,最终由一线工作人员进行事件处置。这种信息自下而上层层上报、工作自上而下层层下发的决策和处置模式,反应慢、流程长,造成高层管理者责任重大,基层工作者疲于应付。数据自动流动实现了决策革命,决策革命促成了城市系统的优化。

需要指出的是,利用数字技术提高城市韧性的过程中,必须重视数字技术与城市系统的适应性问题。山田(Yamagata)等从城市复杂系统出发,提出了大数据分析在逻辑上存在的潜在盲点问题:以海量数据分析和机器学习的预测算法所推导出的一般性原则,应该如何应对城市独特的地域性问题,以及如何适应城市系统的高度复杂性?他们认为,数字技术需要解决"技术本土化"问题,使科技能够应用于解决不同社区和地域所处的不同社会、制度和环境问题。

21 世纪以来,现代信息技术在城市中的应用越来越广泛和深入,并深刻地促进了城市的转型。表 2—2 列出了不同阶段城市应用现代信息技术的主要特点。

表 2—2　21 世纪以来城市应用现代信息技术的主要特点

时间	2008 年以前	2008—2016 年	2016 年以后
阶段	局部信息化	智慧城市(智能城市)	数字化转型
标志性工作	部门信息化	IBM 提出智慧地球	杭州、上海浦东新区进行城市大脑建设

---

[1] 蔡玮谦:《新 AI 监测系统减少环线地铁延误》,《联合早报》2023 年 8 月 14 日。

续表

时间	2008年以前	2008—2016年	2016年以后
引导者	西方IT厂商	西方IT厂商	中国的城市政府和互联网企业
技术特点	模型、仿真	分行业、分领域建设信息平台，开发项目应用	利用城市规模的数据解决城市问题
建设特点	分散设计、分散建设	顶层设计、分散建设	顶层设计、统一建设
数据的使用	统计型数据 数据不流动	数据向高级管理层汇集，有利于集中决策 数据在行业层面汇集，跨行业不流动	数据集中汇集的同时，向基层数据使用者赋能，带来决策革命 数据在城市和超城市层面汇集，充分流动

二、城市数字化转型的技术背景

数字化时代，了解现代数字技术的基本原理及其进展情况非常重要，不然，就难以发现这些技术的应用会带来哪些机会和挑战。过去60年来算力的神奇增长和相关成本的大幅下降带来了数字技术的快速发展，这些技术互相依赖和互为补充，形成了数字技术生态系统（见图2—2）。与单个技术相比，数字技术生态系统要更加强大，开启了各种

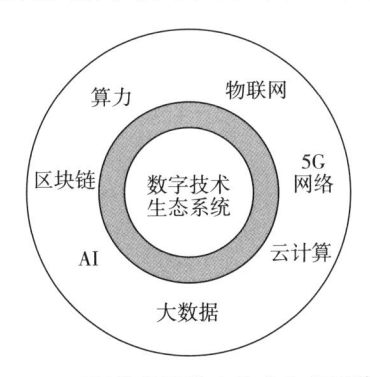

图2—2 互相依赖的数字技术生态系统[①]

---

① 资料来源：OECD：Going Digital：Shaping Policies Improving Lives，2019，p.19.

新的可能性,并将驱动未来的经济社会变化。全面认识数字技术生态系统,思考数据和数据流动如何在更大范围影响人类社会和城市运行机制,是理解城市数字化转型应该具有的知识背景。

(一) 物联网

物联网 (IoT),顾名思义,就是"万物相连的互联网",是指通过各种信息传感器、射频识别技术、全球定位系统、红外感应器、激光扫描器等各种装置与技术,对任何需要监控、连接、互动的物体或过程,实时采集其声、光、热、电、力学、化学、生物、位置等各种需要的信息,通过各类可能的网络接入,实现物与物、物与人的泛在连接,实现对物品和过程的智能化感知、识别和管理。

物联网是互联网的应用拓展,与其说物联网是网络,不如说它是业务和应用。物联网通过智能感知、智能识别与信息通信,广泛应用于网络的融合中。它有两层含义,第一,物联网的核心和基础仍然是互联网,是在互联网基础上延伸和扩展的网络;第二,其用户端延伸和扩展到了物品与物品之间,进行信息交换和通信,也就是万物相连。

今天,物联网应用几乎覆盖了我们的日常生活。智能家居是物联网领域最广泛最便利的应用,人们可以通过语音控制智能机器人播放想听的音乐或者是电视节目,也可以远程控制家中智能电器的开关,家里的用电量、温湿度、电器使用等数据都可以通过手机 App 随时查看。在健康护理领域,美国医疗科技公司美敦力(Medtronic, Inc.)为心脏跳动过慢或不规则的患者提供一种植入胸部或腹部的连接式起搏器,该设备能够收集诸如传输历史、电池信息、体力活动和生命体征跟踪等数据,并能用电脉冲刺激心肌,使心脏的节律恢复到正常速度。在智慧城市领域,阿姆斯特丹的智能照明计划通过在 Hoekenrodeplein 广场部署了 144 个 LED 智能路灯以及摄像头和公共 Wi-Fi 网络，可以实现对路灯的远程控制，并可自动适应各种不同的照明条件；新加坡通过使用集成的传感器平台 Smart Nation Sensor Platform 来收集、分析、共享来自联网传感器和设备的数据，以改善该市的城市规划、交通和公共安全问题。

（二）下一代无线网络

物联网的发展离不开下一代无线网络技术的发展。虽然国际标准尚未最终确定，但可以肯定的是，5G 主要是为数百亿设备和传感器连接到互联网的未来而设想的第一代无线网络。所谓 5G 指的是移动通信网络发展中的第五代网络。与之前的第四代移动网络（4G）相比较而言，按照国际电信联盟的定义，5G 主要有三个方面的改进：增强移动宽带（eMBB，速率是 4G 的 10 倍）、低时延高可靠（uRLLC，时延是 4G 的 1/10）、海量机器类通信（mMTC，连接密度是 4G 的 50 倍）。其中，大带宽主要满足用户对高数据速率的业务需求，支持如超高清视频、虚拟现实（Virtual Reality，VR）[①] 等新业态，广泛应用于文体娱乐、教育、旅游等行业；还用于安防监控、环境监测、产品检验等方面。大连接是 5G 三大能力中面向物联网业务的能力，对网络感知实时性要求低，但对终端密集程度要求高。大连接能力被广泛应用于公用事业、工业、农业、交通运输和电力等行业。低时延是 5G 区别于 2G、3G、4G 的差异化能力，广泛应用于医疗、交通、电力等对时延与可靠性要求较

---

① 所谓虚拟现实，就是虚拟和现实相互结合。从理论上来讲，虚拟现实技术是一种可以创建和体验虚拟世界的计算机仿真系统，它利用计算机生成一种模拟环境，使用户沉浸到该环境中。虚拟现实技术就是利用现实生活中的数据，通过计算机技术产生的电子信号，将其与各种输出设备结合，使其转化为能够让人们感受到的现象，这些现象可以是现实中真真切切的物体，也可以是我们肉眼所看不到的物质，通过三维模型表现出来。因为这些现象不是我们直接所能看到的，而是通过计算机技术模拟出来的现实中的世界，故称为虚拟现实。

高的行业应用，如远程设备操控和安全监控等。

5G在工厂有很多应用场景。厂房车间遍布产线、机床、设备、物料，往往意味着杂乱不堪与充满风险。车间密集复杂的环境，非常适宜布局5G网络，实现高速度、低时延、大带宽对机器人等各类设备的网络自动化控制。华为松山湖工厂原有手机生产车间需要布线9万米，每条生产线平均拥有186台设备，生产线每半年随新手机机型的更新需要进行升级和调整，物料变更、工序增减等要求车间所有网线的重新布放，每次调整需要停工2周，以每28秒一部手机计算，一天停工影响产值达1000多万。使用5G之后，华为松山湖工厂把生产线原有的108台贴片机、回流炉、点胶机等通过5G网络实现无线化连接，每次生产线时间从2周缩短为2天。同时，在手机组装过程中的点隔热胶、打螺钉、手机贴膜、打包封箱等工位都被部署了视觉检测相机，通过5G网络连接，把图片或视频发送到人工智能模块中对人工智能进行训练，实现自动发现产品的问题，做到从"多步一检"到"一步一检"模式改变，令产品质量更有保障。

5G在矿山也有很多应用场景。矿井下的日常作业过程会产生大量的数据，如空气温湿度、巷道压力等环境数据，采煤工作面、掘进工作面、运输转载点等视频数据，井下重要岗位工作人员的通信对讲数据，以及液压支架和泵站远程集中控制等控制类数据。5G的大带宽特性，为这些关键数据的远程管理奠定了基础。5G的大带宽、低时延特性还让掘进机、铲运机等设备的远程操控成为可能。例如，2019年，山西焦煤集团率先启动了5G+绿色无人矿山建设，当年11月底完成一期5个5G基站的建设；2020年实现60台无人车的5G无人驾驶，13台挖机10台钻机的5G远程控制等应用。该项目是全国第一个基于5G的绿色无人露天矿项目。通过移动5G专网，焦煤千业水泥矿区实现了远程操控和无人驾驶，有效提升了整个矿山的生产效率，并大大节约人工成本；此外，人员伤亡降至零[①]。

(三) 云计算

云计算是一种为客户提供灵活、按需访问一系列计算资源的服务模式。用户通过客户端在线访问此类资源（例如软件应用程序、存储容量、网络和计算能力），这些资源可以以可扩展和适应性强的方式使用（和定价），使客户能够将信息和通信技术的大量固定成本转化为较低的边际成本，并更容易地将其信息和通信科技的供应与其不断变化的业务需求相匹配。换句话说，云计算允许用户在任何特定时间租用他们需要的信息通信技术，而不必直接购买。通俗地说，就是人们可以像使用自来水一样使用计算资源。这里的云计算提供商就相当于自来水厂，网络相当于自来水管网，客户端相当于水龙头。人们不需要自己投资和参与建设自来水厂和管网，只需要付水费即可获得自来水服务。同样地，人们不需要自己投资和参与建设云计算中心和网络，只需付使用费即可获得计算服务。

云计算公司提供的服务类型有三类：基础设施即服务、平台即服务和软件即服务（见图2—3）。基础设施即服务即提供硬件服务。如果用户自己建计算中心，就需要先建机房和购买服务器，再开通网络以及配套设施。现在这些机房建设和硬件购买、网络连接工作乃至后面的维护运营都由云计算公司来做，用户只需要租用云计算公司的这些资源就可以了。平台即服务相当于在房子盖好以后按照功能装修好。以前用户在建好自己的机房之后，还要根据业务需要搭建操作系统和配置环境，现在这些都由云计算公司来做，相当于用户需要做饭，云计算公司就提供

[①] 李帅群：《魅力5G如虎添翼——焦煤千业水泥建设5G绿色智能无人矿山纪略》，2021年1月6日，https://www.sohu.com/a/442940881_745274。

厨房；用户需要健身，云计算公司就提供健身房……用户可以根据需要租用这些功能明确的计算服务。软件即服务就更进了一步，把操作系统、环境配置好之后还开发各种应用软件，就像是厨房不仅提供炉灶，还提供了菜单和厨师，用户点菜就能吃饭。

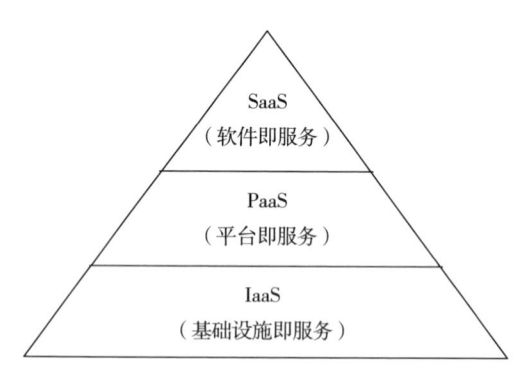

```
            SaaS
         （软件即服务）

           PaaS
        （平台即服务）

           IaaS
       （基础设施即服务）
```

图 2—3　云计算提供的三种服务

总之，云计算不是一种全新的网络技术，而是一种全新的网络应用概念，云计算的核心概念就是以互联网为中心，在网站上提供快速且安全的云计算服务与数据存储，让每一个使用互联网的人都可以使用网络上的庞大计算资源与数据中心。

云计算应用程序比比皆是。最简单的应用就是我们把手机中的照片、文档等个人文件存储在云计算中心，而不是存在自己的手机里。存在云计算中心的个人文件可以通过任何终端访问和修改。我们通过 App 观看的海量影片资源都是存储在云上的，我们阅读的海量的电子书也是存储在云上的。我们从云端下载各种应用程序。我们家里的各种传感设备采集的数据也会上传到云端，云计算中心会对这些数据进行分析和评价，为用户提供节能降耗的建议。我们日常出行使用的导航软件，其实时交通信息来自车辆上传到云端的位置和车速信息，司机们再从云端获得实时导航信息。云计算大大降低了人们使用计算资源和计算服务的资金成本和技术门槛，由专业人员建设和维护的云计算中心计算功能更强，安全性更高，服务更优质，也更多样化。

（四）大数据分析

大数据泛指无法在可容忍的时间内用传统信息技术和软硬件工具对其进行获取、管理和处理的巨量数据集合，具有海量性、多样性、时效性和可变性等特征，需要可伸缩的计算体系结构以支持其存储、处理和分析。大数据的出现和发展受益于物联网等技术提供的海量数据，也受益于云计算处理数据的强大能力。

1998年，美国高性能计算公司SGI首席科学家约翰·马西（John Mashey）在一次国际会议报告中提出，随着数据量的快速增长，必将出现数据难理解、难获取、难处理和难组织等四个难题，并用"Big Data"（大数据）来描述这一挑战。2007年，数据库领域的先驱人物吉姆·格雷（Jim Gray）提出，大数据将成为人类触摸、理解和逼近现实复杂系统的有效途径，并认为在实验观测、理论推导和计算仿真等三种科学研究范式后，将迎来第四种范式——数据探索。虽然大量数据本身就有价值，但是在商业化时，它们的大部分价值取决于从数据中提取信息的能力。2012年，牛津大学教授维克托·迈尔—舍恩伯格（Viktor-Mayer-Schnberger）等在《大数据时代》中提出，数据分析将从"随机采样""精确求解"和"强调因果"的传统模式演变为大数据时代的"全体数据""近似求解"和"只看关联不问因果"的新模式，从而引发了商业应用领域对大数据方法的思考[①]。关于大数据有一个经典故事。美国零售超市巨头沃尔玛，曾经对自己客户的收银条进行了分析，很多收银条上会同时出现尿不湿和啤酒这两样商品。尽管不清楚为什么会有

---

① 〔英〕维克托·迈尔—舍恩伯格、肯尼思·库克耶著，盛杨燕、周涛译：《大数据时代：生活、工作与思维的大变革》，浙江人民出版社2013年版。

这个现象，但是，沃尔玛为了增加两种商品的销量，将啤酒货架放置在了尿不湿商品区的旁边，这样的商品组合竟然意外地达到了提高双重销量的效果[1]。这个传说就是数据分析"只看关联不问因果"新模式的典型应用。目前，越来越多的商业企业将大数据分析技术和软件工具用于数据（文本）挖掘、分析和机器学习，以培育新的产品、流程、组织方法和市场，并改进现有产品、流程和市场，通过数据驱动的创新提高生产力和福祉[2]。

大数据分析具有巨大的潜力，并且在不同领域已经有非常多的应用。例如，网络零售商使用大数据分析，根据客户先前的浏览和购物行为所揭示的客户兴趣，向客户提出量身定制的购买建议。在医疗领域，新生儿病房监测早产儿和患病婴儿的心跳和呼吸，将数据输入数据库，通过数据分析，在婴儿出现任何身体症状前 24 小时预测出婴儿会发生感染。当流行病发生时，流行病学家通过搜索引擎的大数据来发现和跟踪传染病的传播路径和区域。在金融业，监管机构可以根据账户的资金流动规律识别出洗钱账户和诈骗账户，从而提高监管效率。在上海市的"一网统管"工作中，大数据中心通过市民和企业的数据分析，可以为他们提供个性化的精准公共服务，并希望能提供全生命周期的服务。

大数据也是人工智能（Artificial Intelligence，AI）的基础。

（五）人工智能

AI 是一系列技术的有效组合，令其能够以类似人类的智能水平展开行动。人类的智能主要包括感知、理解、行动和学习四个方面。人工

---

[1] 涂子沛：《大数据》，广西师范大学出版社 2012 年版，第 97—98 页。
[2] OECD（2015），Data-driven Innovation：Big Data for Growth and Well-being，OECD Publishing，Paris，https：//dx.doi.org/10.1787/9789264229358-en.

智能使机器可以通过获取并处理图像、声音、语言、文字和其他数据，觉察周围的世界，即具有感知能力；AI 使机器可以通过识别模式来理解所收集到的信息，即具有理解能力；AI 使机器可以基于上述理解，在实体或数字世界中采取行动，即具有行动能力；AI 使机器可以从成功或失败的行动中汲取经验教训，不断优化自身性能，即具有学习能力。

机器学习是人工智能技术的核心。所谓机器学习，就是建立计算机可以进行处理和计算的数学模型，然后再输入各种数据和参数，让计算机从数据中发现某些隐藏的规则和模式，进而输入新的数据，对未来进行预测。

进入 21 世纪第一个十年，人工智能出现了爆发式发展。这次爆发式发展源于三个重要趋势的神奇汇聚：摩尔定律[①]所描述的计算能力的指数增长、互联网和物联网的爆发性增长所产生的海量数据、智能算法的快速发展。人工智能技术飞速发展，大幅跨越了科学与应用之间的"技术鸿沟"，诸如图像分类、语音识别、知识问答、人机对弈、无人驾驶等人工智能技术实现了从"不能用、不好用"到"可以用"的技术突破，迎来爆发式增长的新高潮。这个时期的一个标志性事件是人工智能公司 DeepMind 于 2014 年开始开发的人工智能围棋软件 AlphaGo 于 2016 年在五场比赛中击败了人类职业围棋选手、世界冠军李世石。另

---

① 摩尔定律是指摩尔（Moore）创始人所提出的一种观察规律，它指出集成电路上可容纳的晶体管数量每隔 18—24 个月便会翻倍，而成本会相应地减半。因此，摩尔定律可以概括为"集成电路的性能每隔一段时间会提升一倍，而成本会减半"。摩尔定律最早于 1965 年由英特尔联合创始人戈登·摩尔（Gordon Moore）提出，他在当时的科技界发布了一篇论文，预测了未来几年内集成电路上晶体管数量的快速增长。这项规律迅速成为整个计算机产业发展的重要基准。随着摩尔定律的逐步验证和晶体管技术的不断进步，计算机硬件的性能得以持续提升。每一代新一代的处理器都具有更高的集成度、更快的运算速度和更低的能耗。这使得计算机技术得以广泛应用于各行各业，并推动了信息社会的发展。然而，随着时间推移，摩尔定律面临着一些挑战和限制。

一个在人类社会引起巨大轰动的事件是 2022 年 11 月 30 日 ChatGPT（全名：Chat Generative Pre-trained Transformer）的横空出世。ChatGPT 是成立于 2015 年的人工智能公司 OpenAI 研发的一款聊天机器人程序，是一个人工智能技术驱动的自然语言处理工具，它能够基于在预训练阶段所见的模式和统计规律，来生成回答，还能根据聊天的上下文进行互动，真正像人类一样来聊天交流，甚至能完成撰写邮件、视频脚本、文案、翻译、代码、论文等任务。这两次标志性事件都在人类社会引发了人工智能会不会取代人的争论。一般认为，人工智能作为人类开发的工具，更大的可能是成为人类助手。

人工智能已经成为人们日常生活的一部分。今天，几乎所有的商业互联网网站都利用学习算法检测用户的数字行为模式，并基于不同用户的行为特点提供用户可能感兴趣的搜索结果和广告、新闻和娱乐。腾讯公司从 2017 年开始开发将人工智能技术应用在医疗领域的产品——腾讯觅影，即将人工智能技术与医学跨界融合研发而成，辅助医生进行疾病筛查和诊断，提高临床医生的诊断准确率和效率。目前，通过运用计算机视觉和深度学习技术，腾讯觅影能够对内窥镜、钼靶、超声、CT、MRI、病理、眼底照相、OCT 等各类医学影像进行学习训练，辅助医生诊断和重大疾病早期筛查等任务。

大数据还被广泛应用于科研领域。2016 年，在 AlphaGo 击败李世石后不久，DeepMind 向一个困扰人类长达 50 年之久的生物学难题——"蛋白质折叠问题"发起了进攻。1972 年，诺贝尔化学奖得主、美国科学家克安芬森提出了一个著名的假设：从理论上来说，蛋白质的氨基酸序列应该可以完全决定其结构。自安芬森提出假设后，科学家们一直在寻找一种快速预测蛋白质结构的方法，但按照传统研究方式，仅仅破译一种蛋白质的结构就需要耗费大量时间和金钱，因此，弄清蛋白质的氨基酸序列如何决定其折叠成何种形状，即"蛋白质折叠问题"，被称为过去的 50 年里生物学领域最棘手、最持久的谜团之一。目前已知的蛋白质有两亿种，但只有一小部分已被破解。2020 年 11 月 30 日，DeepMind 宣布，其研发的 AI 系统 AlphaFold 成功破解"蛋白质折叠问题"，借助 AlphaFold 可以更加准确地预测蛋白质的形状，有可能加速药物的研究与发现。尽管有人批评 DeepMind 夸大了 AlphaFold 的作用，但他们的探索无疑为加速解决蛋白质折叠问题提供了新的思路。

（六）区块链

区块链是一种使应用程序能够验证所有权并对各种资产类型进行安全交易的技术，具体来说，就是一种由多方共同维护，使用密码学保证传输和访问安全，能够实现数据一致存储、难以篡改、防止抵赖的记账技术。区块链是通过计算机网络维护和存储的分类账或电子表格。网络会定期更新其存在每个地方的数据库，以便所有副本始终相同。这意味着记录对网络中的其他所有人都是可见和可验证的，并且不需要中介作为身份验证器。新的事件和事务自动存储在区块中，然后使用先进的加密技术按时间顺序相互链接，创建数字记录。如果有人试图更改存储在区块中的信息，则该区块的时间信息就会发生变化，这个区块就无法排在"链"原来的位置，也就是"链"会断开，而网络中的所有节点都会发现这一变化，使得该篡改无所遁形。由于所有的区块都是链接在一起的，因此，这项技术被称为区块链，按时间顺序串联在一起的"链"具有防篡改的作用（区块结构见图 2—4）。

区块链技术的核心优势是去中心化，在节点无须互相信任的分布式系统中实现基于去中心化信用的点对点交易、协调与协作，从而为解决中心化机构普遍存在的高成本、低效率和数据存储不安全等问题提供解决方案，被称为是继大型机、个人电脑、互联网、移动/社交网络之后计算范式的第五次颠覆式创新，是人类信用进化史上继血亲信用、贵金属信用、央行纸币信用之后的第四个里程碑，有望实现从信息互联网向价值互联网的转变。

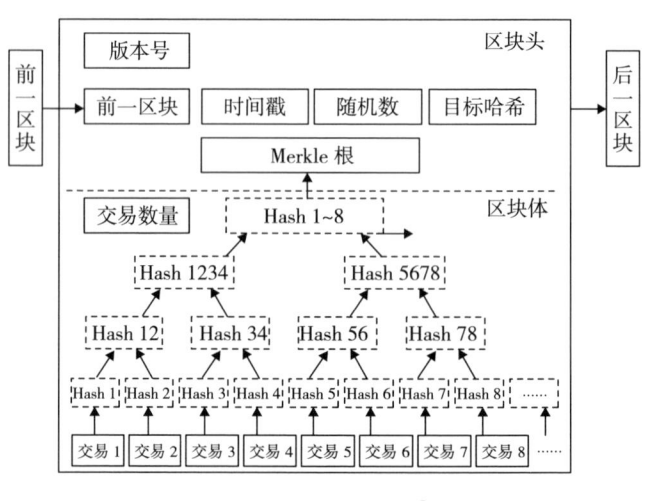

图 2—4　区块结构①

区块链分为公有链和许可链两大类。公有链是指全世界任何人都可以读取、发送信息（或交易）且信息（或交易）都能获得有效确认的、也可以参与其中的区块链。典型的公有链是比特币。许可链又可以分为私有链和联盟链。私有链（专属链）是一条非公开的链，通常情况，未经授权不得加入成为节点；各个节点的写入权限均被严格控制，读取权限则可视需求有选择性地对外开放。联盟链是指由多个机构共同参与管理的区块链，每个组织或机构管理一个或多个节点，其数据只允许系统内不同的机构进行读写和发送。

区块链还有一个特性是智能合约。所谓智能合约，是运行区块链上的模块化、自动执行的脚本，能够实现数据处理、价值转移、资产管理等一系列功能。例如，杭州互联网法院 2019 年上线了区块链智能合约

---

① 资料来源：马小峰：《区块链技术原理与实践》，机械工业出版社 2020 年版。

司法应用[①]。智能合约是以数字形式定义能够自动执行合同条款的合约，实现了从生成智能合约、完成实人认证并签约、合同原文及智能合约上传至司法区块链、智能合约自动运行、合约无法执行后转入多元调解流程、纳入信用惩奖联合机制、立案、审判、执行的全流程智能化，并形成了集嵌套部署、信用奖惩、多方协同、司法救济于一体的集合化功能体系。传统合同是通过短信、电子签名等方式，由买家和卖家协商和签约的，它的履行依托当事人的个人信用，如果一方违约，另一方需花费大量时间和精力维权，违约成本低，而维权周期长、成本高。智能合约则把合同的条款编制成一套计算机代码，在交易各方签署后自动运行，合同各方所有的协商、签署、履行、纠纷等过程都将一字不漏且无法篡改地被记录在司法区块链。一旦当事人违约，将触发相应的结果：由调解机构介入进行纠纷多元化解程序，相关数据将进入司法区块链存证，若调解不成则在诉讼阶段推送至互联网法院诉讼平台。

区块链技术可以在政府管理、企业管理、医疗健康等领域发挥重要的作用。例如，区块链可以应用于医疗健康领域，让病人和医院实现医疗电子病历、医学影像检查、化验检验报告等数据全面上链存储，实现医疗数据在经过病人授权后跨医院协同应用，从而避免过度检查，减轻病人的痛苦，降低病人的医疗负担成本，同时也便于医疗科研院所获得更多的病人数据，促进治疗方案的共享、医药的研发等，从而实现患者与医院建立更好的友好性关系，解决医患矛盾，构建和谐的社会关系。区块链还可以用于精准扶贫，由于区块链上的交易可以点对点完成，机构可以直接将钱捐赠给指定的人或机构，无须

---

① 平安杭州网站：《杭州互联网法院上线 首个区块链智能合约司法应用》，2019年10月25日，http://sf.hangzhou.gov.cn/art/2019/10/25/art_1660045_39522436.html。

转手多家银行和机构，且每一次捐赠都会直接记录在分布式账本数据库中，记录公开透明，可查询且不可篡改，也可以通过账本追溯捐款去向。此外，理论上所有需要信任、价值、协作的民生服务都可以通过区块链技术提供完善方案，如证件登记、业务办理、医药费和发票报销、公积金发放、小额信贷征信、司法审判的证据链、分布式能源、公证领域等。

（七）算力

高性能计算（HPC）是处理能力的集合，以提供比普通计算机高得多的性能。HPC通常用于解决重大的科学、工程或商业问题。高性能计算建模和模拟可用于药物研制和测试、汽车和航空航天设计、天气系统预测以及能源应用。高性能计算还可以用于大数据分析，通过快速比较和关联海量数据，辅助研究和解决学术、科学、金融、商业、健康、网络安全以及政务应用方面的各种问题。

为了获得更大的计算能力，自1981年以来，研究人员一直在研究量子计算。量子计算采用的是与传统计算完全不同的方法。传统计算机依靠一系列数学公式，利用电脉冲将信息编码成由1和0组成的二进制系统。这些信息通过称为"比特"的定量测量进行传输。量子计算依赖于量子理论原理，即原子和亚原子尺度下的物质和能量理论。有了量子计算，方程不再局限于传统二进制系统，每个数位可以同时存在多种状态，它可以同时处于0和1。量子计算测量电子或光子。这些亚原子粒子被称为量子比特，或"量子位"。在计算练习中使用的量子位越多，计算范围的指数能力就越强。量子计算有可能在几分钟内解决传统计算机需要数万年才能解出的方程。

量子计算目前还处在发展阶段。与为传统计算机提供动力的比特不同，量子比特具有敏感性和临时性，因此很难在第一时间构建功能完善的量子计算机。目前，由于缺乏量子比特，开发人员无法制造出他们想要的高功能量子计算机。迄今为止，研究人员一次最多只能制造 128 个量子比特。此外，振动（包括声音引起的振动）、温度和其他环境因素会影响量子计算机的校准，导致计算错误。

虽然量子计算仍处于发展阶段，但由于量子计算具有在瞬间处理大量信息和传输多维信息的卓越能力，为不断发展的技术提供了巨大的潜力。安全、制造、产品开发、医疗保健、金融、航空航天工程等领域都将受到量子计算巨大潜力的革命性影响。

对于金融机构来说，可以利用量子计算的强大功能，通过高速金融建模进行复杂的交易模拟，从而对市场做出预测。金融机构可以利用量子计算提高安全性，增强欺诈检测能力，并进行深入的风险分析。许多业内人士认为，随着量子技术与金融领域的不断融合，未来金融科技将呈现爆发式发展，传统实体金融机构技术将不断革新。

量子计算技术在制药行业也得到了广泛应用。制药研究人员可以使用量子计算来模拟分子相互作用，这将使新药物的快速开发成为可能。使用量子计算进行密集的 DNA 研究，可能开发出针对特定基因来进行靶向治疗的应用。

此外，量子计算还可用于加强网络安全和情报收集，提供更强大的数据加密服务和高级入侵检测系统。量子计算将有助于大数据检索以及人工智能和机器学习的快速发展。

量子计算机甚至可能彻底改变能源供应现状，应对数字社会的能源危机，在可控核聚变的基础上提供电能。

（八）技术融合具有放大效应

上述现代信息技术的每一项都可能带来一定的机遇和挑战，但最大的潜力在于它们处于一个数字技术生态系统中，技术相互融合将带来进一步的创新。其中，5G提供网络能力，物联网、云计算、大数据、人工智能构成基础共性能力，基础共性能力和5G网络能力相互融合，形成城市基本的信息基础设施。目前，超高清视频、视频监控、虚拟现实、无人机、机器人等的传感器和终端设备被应用于各行各业，形成了行业共性能力。行业共性能力犹如5G应用中的神经末梢，担负着信息收集、展现与执行的重要作用。超高清视频的典型特征就是高速率与大数据量，只有5G网络的大带宽能力才能满足数据传输需要。通过摄像头和传输网络，将采集的视频信息传送到视频监控云平台或边缘计算平台[①]，与人工智能融合，可用于目标与环境识别。虚拟现实技术是近眼现实、感知交互、渲染[②]处理、网络传输和内容制作等信息技术相互融合的产物，高质量虚拟现实业务对带宽、时延要求不断提高。5G网络赋予无人机超高清视频传输（50～150Mbps）、低时延控制（10～20ms）、远程联网协作和自主飞行等重要能力，可以实现对无人机设备的监视管理、航线规范、效率提升。5G大带宽、低时延的网络能力，将使机器人性能得到巨大提升，信息回传速度、反应及时度、行动可靠性与控制精准性都有较大提升，还可将大部分计算放到云端打造云化机器人，数据安全性也将得到有效保障。未来，5G机器人会在工业、医疗、安防等行业发挥更大作用。

5G网络能力、基础共性能力和行业共性能力的融合，能够提供四个方面的共性应用，并广泛应用于多种行业。

（1）信息采集与服务。利用5G的大连接能力，将传感器感知的环

---

① 边缘计算是指在靠近物或数据源头的一侧，采用网络、计算、存储、应用核心能力为一体的开放平台，就近提供最近端服务。其应用程序在边缘侧发起，产生更快的网络服务响应，满足行业在实时业务、应用智能、安全与隐私保护等方面的基本需求。

② 渲染是计算机图形学中的一个过程，它通过对三维场景中的各种元素如模型、光源、材质、纹理、相机等进行计算和组合，生成最终的二维图像的过程。渲染可以将三维场景中的模型、贴图、光影等元素以真实的方式呈现出来，让人们产生身临其境的感觉。

境信息和设备状态信息,以及交易过程中收集的用户行为信息与工作流程信息,在云计算平台汇聚和共享,通过大数据处理,对环境、设备、交易、行为、流程等进行洞察、决策与优化,并将结果呈现在终端设备上。该类能力广泛应用于政务、工业、农业、交通、金融、旅游、电力等行业的用户服务、经营决策、流程优化与监控管理。

(2)目标与环境识别。利用5G的大带宽和低时延能力,将传感设备〔固定安装或安装于无人机、机器人的摄像头,人员佩戴的增强现实(Augmented Reality,AR)① 眼镜,以及激光雷达等其他传感设备〕感知的环境或目标物信息,传送到云或边缘计算平台,利用人工智能以及大数据能力,识别环境或目标物。该类能力可用于公共场所(城市、小区、园区、景区、博物馆、影院和校园)和交通工具内(公交车、城轨、火车)的智能安防(目标人员识别、车辆识别、危险品识别等),公共基础设施(桥梁、涵洞、道路、铁路)和工业设施(工业生产设备,电力设备与线路等)的形变与质量监测,环境(河流、湖泊、森林等)监测,工业制造产品的质量检验,医疗中的诊断与手术识别等。

(3)远程设备操控。操作人员利用5G的大带宽和低时延能力,结合人工智能、边缘计算、云计算和大数据,在人工或机器感知识别远方环境后,对远端的设备进行操作和控制。该类能力可用于危险环境中的设备操作、提升设备操控效率、解决专家资源不足的问题,例如工业中的远程操控,农业中的农机操控,医疗中的远程诊断与远程手术,交通中的远程驾驶、龙门吊操控、无人叉车操控等。

(4)超高清与虚拟现实播放。利用5G的大带宽和低时延能力,将

---

① 增强现实技术是一种将虚拟信息与真实世界融合的技术,就是将计算机生成的文字、图像、三维模型、音乐、视频等虚拟信息模拟仿真后,应用到真实世界中,两种信息互为补充,从而实现对真实世界的"增强"。

存储于云平台和边缘计算的超高清视频、虚拟现实内容，通过超高清显示屏、VR头盔、AR眼镜呈现给用户。该类能力可广泛应用于政务大厅、银行、景区、酒店、博物馆、电影院等公共场所，教育、体育、展会演出、云游戏等服务行业。

评估单独或结合使用这些技术所带来的机遇和挑战，对于制定适合数字时代的政策至关重要。

第三章　城市数字化转型方法

数据作为重要生产要素的崛起，激发了城市利用数据进行创新的热情。通过数据驱动的创新创造新的价值，要求城市政府采用更新、更先进的通信技术，投资无形资产，并发展和获得数字化技能。随着人们越来越多地使用数字化产品和服务，城市中的数据资源越来越富集，收集数据和利用数据的潜力越来越大。一些有前瞻性的城市通过使用数据已经提供了很多好的公共服务创新、社会治理创新、能源管理创新及产业政策创新方面的例子，这些例子为我们观察和分析一个城市如何推动数字化转型，发现可以使用的方法，总结转型的基本规律提供了很好的参考。本章将结合城市和企业数字化转型的做法和经验，梳理城市数字化转型的四种方法，这四种方法共同构成了数字化转型的完整的方法框架，在这个框架下，各种方法之间是互相促进的关系，当使用一种方法的时候，就要考虑能否有益于下一步使用其他方法，或者是否应该同时使用其他方法。

一、建立用户网络

在城市中，政府提供公共服务的对象是企业、市民和游客、非政府组织等，也可以把它们称为政府公共服务的用户。在20世纪，政府将服务对象视为一个整体，政府根据自己管理便利的需要制定政策、设置办事流程和办事场所。对于大部分人群而言，除了出生、上学、结婚、就业、退休等几个人生重要节点,以及买房、开办公司等少数重大事项,平时跟政府打交道的机会并不多,所以经常会出现政府部门掌握的个人信息滞后的现象。个人不去办理行政事务,就不了解相关政策和办事流程;政府不为个人办理行政事务,就不掌握个人信息变动情况和个性化需求。在数字时代,人们的生存方式越来越网络化,社交、购物、娱乐等日常行为都通过网络开展,每个人都是网络的一个节点。因此,政府与其服务对象之间的关系也要发生相应的变化(表3—1)。用户不再是消极被动的个体,而是动态网络中的节点。政府应该将用户视为网络的节点,方便他们经由多种工具和政府建立数字化联结并形成动态互动,就可以更及时、更全面地了解用户,更迅速、更个性化地服务用户,从而提供更高效的行政服务和更积极的社会治理。政府需要更多地了解用户与政府互动的五种核心行为——接入、参与、定制、联结、合作,在了解的基础上针对这五种行为的不同需求开发新的沟通方式、新的产品和新的体验,进一步促进互动行为的效率和价值。

表3—1 从模拟时代到数字时代政府与服务对象之间关系的变化①

模拟时代	数字时代
将用户视为大量同质的群体	将用户视为动态网络
沟通方式主要是向用户传播信息	沟通是双向的
应用新技术是为了方便政府管理	应用新技术是为了方便用户
单向价值流	互惠价值流

(一)接入战略

接入战略意味着用户可以以更快的速度、更简单的操作来获取政府

---

① 资料来源:根据〔美〕大卫·罗杰斯著,胡望斌等译:《智慧转型——重新思考商业模式》,中国人民大学出版社2017年版,第35页。

服务，并且随时随处可得。20年前，政府的接入战略大致可以理解为电子政务，用户可以使用电脑上网办理一些行政事项。现在，云计算、移动设备和定位技术等新一轮技术创新，使得用户的接入更加方便。接入战略可以采取很多方式实现，包括电子政务移动端、全渠道体验、云端运行及按需服务。

1. 政务服务移动端

手机越来越成为人们日常工作和生活离不开的工具。政府部门要想跟用户建立更频繁更紧密的联结，就要更加重视移动端功能的建设。2021年9月29日，国务院办公厅发布《关于印发全国一体化政务服务平台移动端建设指南的通知》，提出政务服务平台移动端已成为各级政府服务企业和群众的重要渠道，但还存在政务服务平台移动端建设管理分散、标准规范不统一、数据共享不充分、技术支撑和安全保障体系不完备等突出问题，要求"进一步加强和规范全国一体化政务服务平台移动端建设，推动更多政务服务事项网上办、掌上办"。疫情防控期间，很多城市都把做核酸的功能整合进了政务服务平台移动端的服务事项中，在大大方便用户的同时，也与用户建立了更紧密的联结关系。

2. 全渠道体验

不同服务渠道之间的整合对于提高用户体验效果很有帮助。最初，用户到政府部门办事，只能去不同的政府部门所在地排队办理。后来，政府将所有的政府办事职能在空间上做了整合，用户只需要到政府行政办事大厅即可办理绝大多数行政事项。再后来，越来越多的行政事项可以通过政府电子政务网站在线办理，不一定需要再跑到行政办事大厅。最近，很多城市政府还在街道办事处、居委会、银行网点等处放置了政务服务一体机，可以让更多的用户就近办理行政事项。对用户而言，现在可以通过行政办事大厅、政府网站、政务服务平台手机端和政务服务一体机四种渠道办理行政事项，可以根据情况选择最方便、最适合的办事方式，体验越来越好。

3. 云端运行

实现全渠道体验有一个重要前提，就是通过不同渠道办理的行政事项在提交的材料、办理流程、办理进度、办理结果等方面都能保持一致。这就要求政府将工作流程移到云端，实现高效的业务协同。

4. 按需服务

只要用户需要，政府服务可以随时提供。例如，以前用户投诉噪声扰民，需要拨打环保部门或者城市网格化管理部门的投诉电话，再由电话中心逐级派单，一直到街道管理部门前往处置，流程长，处置慢。现在，很多城市的政务服务都设置了随手拍等投诉渠道，遇到广场舞噪声扰民、乱丢垃圾、乱停车等不文明行为，可以手机拍照上传，政府部门接到投诉信息后可以很快采取措施。

接入战略的重点是简单、方便、灵活和随处可及。通过更近、更方便、更快地提供服务，政府部门与用户之间能够建立起更紧密的联结关系，让用户感受到政府行政效率的提升效果，对政府建立更强的信任感。

（二）参与战略

吸引用户参与是增加用户黏性和忠诚度的有效措施。传统媒体时代，报纸和杂志往往会设置读者来信专栏；互联网兴起初期，表现最活跃的通常是用户参与的网上论坛（Bulletion Board System，BBS）；移动互联网时代，短视频网站的爆火离不开网友贡献的海量视频。移动互联网为用户参与创造了前所未有的便利。政府在出台政策之前，可以通过网上的问卷调查、网上论坛等各种形式，广泛听取用户的意见和建议。在城市管理中可以设置各种接受用户上传信息的途径，吸引用户参与日常事务管理。如今，随时拍照、拍视频上传社交媒体已经成为人们的生活习惯,甚至有网友在遭遇着火事件时仍会首先拍视频上传抖音,再去拨打119火警电话。对政府来说,方便和鼓励用户参与非常重要。参与战略可以通过多种方式实现,包括提供效用、讲故事和品牌发布等。

1. 提供效用

政府可以通过提供有用的内容和应用来吸引用户。例如,上海市嘉定区文化部门开发了文化云这一应用,其中设置了发布居民文化活动日程表的功能,市民可以查看文化活动的时间、地点等信息。同时,该应用还提供了市民上传视频和照片的功能,市民在参加了文化活动之后可以发布自己的照片和视频,并邀请亲朋好友观看。在这个例子中,市民就是嘉定文化云的参与者,不仅参加文化活动,而且推广文化活动,推广文化云。通过这种方式,嘉定区政府就与热心文化活动的市民建立了日常互动联系。再比如,2019年10月,宿州市开发了"讯宿办"民生小程序,发挥社交软件广泛连接公众、高效触达的优势,整合群众和企业所需的共性、高频服务,比如办理社保、查询公积金、查询公交实时位置、生活缴费等,为群众和企业提供便捷服务,吸引群众与政府建立更密切的联系[①]。

2. 讲故事

故事能够帮助政府展示地方的价值观,通过有温度的感人故事让更多的人记住某个城市,从而吸引更多的用户。2023年一个著名的网络传播现象就是淄博烧烤的火爆。据网上流传,淄博烧烤出圈源于新冠疫情期间的一个暖心故事。2022年新冠疫情期间,山东大学1万多名学生被送往淄博隔离,隔离期间得到了淄博市政府的善待。在离开淄博之

---

① 世界经济论坛:《重塑中小城市的未来:数字化转型的框架与路径》,2022年5月,https://www3.weforum.org/docs/WEF_Shaping_the_Future_of_SMCs_A_Framework_for_Digital_Transformation_2022_CN.pdf.

前，淄博市政府考虑到隔离期间学生们吃得太简单，特意盘下了全临淄区的烧烤摊为学生们饯行，并与学生们相约"春暖花开，再来做客"。2023年3月，几千名大学生来到淄博，"大学生组团到淄博撸串"冲上了互联网的热搜榜，引发了到淄博撸串的热潮。全国各地的年轻人赶往淄博撸串，淄博人热情好客、政府勤政为民的良好形象迅速在全国传播开来。

3. 品牌发布

城市独特的风景、文化、事件，都可以借助人们的体验和传播来扩大影响，吸引更多的用户参与。2023年1月3日，刘亦菲、李现主演的《去有风的地方》于湖南卫视、芒果TV双平台上线。该剧以新时代大理乡村生活为创作题材，在大理实景拍摄。开播一周，该剧在小红书App上就收获超过9万篇笔记，远超同期其他的电视剧。为什么《去有风的地方》受到小红书用户的青睐？一方面，小红书官方有营销活动"去大理吧！去有风的地方"进行影视营销热度的承接；另一方面，《去有风的地方》在主演、画面、主题等方面都精准击中了小红书用户的需求。据2022小红书商业生态大会公布的数据，小红书月活人数已达到2亿，其中有72%为"90后"，超50%来自一二线城市，女性用户占比约70%。在网友的评论中，《去有风的地方》又被戏称是"刘亦菲旅游vlog[①]""云南大理宣传片"。在网络上，"今年春节一起来云南旅游""总要去一趟有风的地方"等话题席卷各大社交平台。2023年春节假期期间，云南旅游人数排全国第二，旅游收入排全国第一。春节假期前6天，大理成为全国满房率排名第一的城市，大理古城在国内最热旅游景

---

① vlog是博客的一种类型，全称是video blog或video log，意思是视频记录、视频博客、视频网络日志。

点排名第五[1]。

参与战略的重点是要采用像企业一样的思维方式,认真考虑如何吸引用户的注意力。首先,要了解用户,创造与其相关的、引人注意的或者有价值的内容。其次,要为如何运用这种吸引力来增强互动关系而制定战略。最后,要评估用户参与对政府的影响。

(三) 定制战略

定制战略指的是提供能够适应并满足用户需求的产品和服务。现代信息技术的发展,为政府更细致更全面更及时地了解用户提供了前所未有的便利条件,让政府为用户提供定制化服务成为可能。定制战略可以通过很多方式实现,包括个性化界面、个性化产品和服务、个性化信息和内容。

1. 个性化界面

上海市政府的"一网通办"移动端政务服务 App"随申办"专门设置了三个不同的页面,分别是普通版、长者版和外语版,让老年人和外国人可以更方便地使用 App 提供的服务。与普通版相比,长者版字体更大,界面更加简洁,首页上只放了与老年人直接相关的栏目,方便老年人尽快找到自己需要的服务内容。利用这种方法,就能吸引到那些使用手机不熟练、视力不是很好的年纪更大的老年人通过手机端使用政府公共服务。上海是全国老龄化程度最高的城市之一,2022 年 60 岁以上老年人口 553.66 万人,占总人口的 36.8%。如何让这 500 多万人也能享受数字政府提供的公共服务的便利,无疑是政府需要认真考虑的问题。

---

[1] 《2023 年春节大理满房率全国第一!"影视+文旅"成就大理旅游新爆点》,https://m.163.com/dy/article/I0FR2CMP0534E93C.html.

2. 个性化产品和服务

为了鼓励中小企业发展，尤其是高新技术类创新型中小企业发展，我国针对这些企业出台了很多相关的鼓励政策，包括税收优惠、融资支持、知识产权保护、市场准入优惠等很多方面。过去，中小企业要想享受到这些优惠，要么自己安排专人仔细研究了解政策并向相应的政府部门提出申请，要么委托中介办理相关事项。现在，海口、郑州等城市政府在信息技术支持下，能够在了解更多企业信息的情况下，为符合条件的中小企业提供免申即享服务。也就是说，政府在了解企业情况的基础上，通过与相关优惠政策的比对，找出与企业相匹配的政策，在不需要企业提出申请和提供证明材料的前提下，主动给予政策优惠，真正让政策惠及企业，帮企业减轻负担。

3. 个性化信息和内容

上海市政府基于已经整合的市民信息推出便民服务，例如，居住证签注服务，以前需要居住证持有人亲自到社区事务办理中心窗口办理，现在，政府部门对符合条件的居住证持有人自动续签，并发短信通知联系人，避免了群众每年跑一次腿。浦东新区利用人工智能技术自动发现群租户，一旦发现某户家庭用水用电出现异常，即自动通知该户户主自行核查，提醒市民不要违反租赁管理政策。

定制战略的重点是识别用户需求和行为的差异，找出能够为用户提供差异化或促使用户自我实现个性化的适宜工具。

（四）联结战略

有效的信息沟通离不开联结战略。政府可以通过热线电话、官方微博、政务服务 App 等各种途径与用户进行交流，在沟通中保持实时在线和快速响应。联结战略可以采取很多方法来实现，包括社会倾听、想法与内容征询等。

1. 社会倾听

用户在各种渠道的发言可以成为政府洞察社情民意的重要来源。上海市政府将市民服务热线 12345、市民质量投诉热线 12365、社区服务热线 962200、社情民意热线 52510688、绿化市容服务热线 52901111、火警、公安报警电话等信息整合起来，实时了解当前用户的各种需求和热点话题，掌握社情民意动态。一旦发现热点问题和共性问题，即可及时研究对策，采取措施。

2. 想法与内容征询

上海市在开展智慧城市"十四五"规划前期研究时，在"随申办"App 上推出调查问卷，征询广大市民和企业对上海市智慧城市建设的意见和建议。另外，按照国务院电子政务办公室的要求，城市在提供电子政务时设置"好差评"入口，由接受政府服务的用户对政府电子政府提供的服务进行评价，并留下意见建议，用于政府部门进一步优化电子政务系统。联结战略的关键是聚焦于用户所使用的社交媒体，融入与用户的对话以解决问题。

（五）合作战略

合作战略是指邀请用户协助政府提高政务服务水平。合作战略与联结战略的不同之处在于，合作战略要求，政府邀请用户不仅仅是共享信息，而且要为了共同的目标在开放的平台上以更聚焦的方式进行合作。

合作战略可以采用的方法包括被动贡献、主动贡献、众筹、合作平台等。

1. 被动贡献

即用户将其自己的信息或者行动提供给政府部门，用于帮助政府提供更好的公共服务。例如，在 2020 年新冠疫情期间，为了判断复工复产情况，上海市城市运行管理中心引入了连锁奶茶店的销量信息，用于辅助研判返回工作岗位的员工数量变化情况。

2. 主动贡献

与被动贡献不同，主动贡献是指用户被直接邀请参与到政府的项目中。例如，上海市公安交警部门开通交通违法视频举报平台，市民登录"上海交通安全综合服务管理平台"进入上海市公安局交通违法视频举报平台，或者通过"上海交警"App 的违法视频举报页面，用手机直接拍摄或者使用车载视频装置完整记录的闯红灯、违法占用公交车道、实线变道、车窗抛物等交通违法行为，并将其上传，同时填写地点、违法行为等信息即可完成举报①。经核实之后，交通部门就会对肇事者予以处罚，并给予举报人相应的现金奖励。这种办法吸引了很多机动车驾驶员加入到维护交通秩序的队伍中去。

3. 众筹

众筹是为了新项目上马、新产品开发或者发起倡议而筹集资金、寻求合作的过程。英国伦敦的 Peckham Coal Line 是早前最成功的众筹项目之一，该项目的计划是将中心城区一条废弃的高架铁路改建为一个高架公园，方便市民出行、休闲并保留工业革命时期的历史文化遗产。2014 年，当地的一些居民提出了改造的想法，2015 年他们在众筹网站 Spacehive 上发起了一场众筹活动，928 名当地居民、企业、议员和伦敦市长参与了众筹，一共筹集了 7.58 万英镑资金，其中 69% 来自社区。经过改造，该区域将成为由公园绿地、公共道路、工业建筑遗产共同构成的富有地方特色的公共空间。

4. 合作平台

由政府创建合作的环境和平台，让用户基于这个平台开发解决问题

---

① 简工博.《上海启用交通违法视频举报平台》，《解放日报》2016 年 5 月 5 日，https：//www.gov.cn/xinwen/2016-05/05/content_5070428.htm.

的新应用。长期以来，各地普遍存在中小微企业贷款难问题。为了帮助中小微企业、个体工商户更容易获得金融机构的资金支持，郑州市于2022年11月30日正式推出普惠性金融线上平台"郑好融"。这个平台像一个永不歇业的"金融超市"，一头连着广大市场主体，一头连着众多银行、担保等金融机构，可以让银行和企业直接沟通，让金融惠企政策第一时间直达企业、惠及企业发展，也能让金融扶持政策发挥最大效能。这就是一个典型的基于政府的数字化平台，由政府和企业合作进行金融创新的例子。

合作战略的关键是了解贡献者的动机，给每位贡献者适当的利益，并在他们在其专业范围内作出贡献之时，提供明确的指引以保证达到好的效果。

二、打造城市数字平台

平台指高于附近区域的平面，通常引申指供人们舒展才能的舞台或指进行某项工作所需要的环境或条件。平台作为一种独特的数字架构出现在21世纪的第一个十年。智能手机的兴起推动了大量数字平台的发展，这些平台通过将用户聚集在一起，创造新市场。数字平台不仅改变了商业模式，而且改变了城市政府提供公共服务的传统模式。总体而言，数字平台对人们的日常生活产生了影响，改变了市场组织、工作和消费模式、城市治理方式、地方福利供给措施及公民参与路径等，对城市有着潜在的深远影响。

（一）城市数字平台的形成

在数字时代，平台企业大量出现。哥伦比亚大学商学院高管教育项目主任、互联网商业战略及数字营销专家大卫·罗杰斯（David

L. Rogers)将平台定义为"通过帮助两种或多种不同类型的顾客实现直接交易以创造价值的商业形态",并解释了与传统企业相比,平台企业具有优势的原因。他认为,平台的概念作为商业模式出现源于让·夏尔(Jean Charles)、诺贝尔经济学奖得主让·梯若尔(Jean Tirole)、托马斯·艾森曼(Thomas Eisenmann)等几位学者提出的双边市场理论。他们的研究论证了在同一种业务为相互依存的两类顾客提供服务的情况下,市场两边经常表现出不同的价格敏感性,并且,在有效的市场中,一边经常形成对另一边的补偿。例如,广告商要向媒体支付广告费而形成对消费者的补贴,零售商要向银行支付手续费而形成对信用卡用户的补贴。当市场上存在两种以上的顾客时,同样会产生双边市场效应。例如,信用卡不仅将使用信用卡的消费者和接受信用卡的商家联系在一起,还将提供信用卡服务的银行整合了进来。这就产生了所谓的多边市场,经济学中用"多边平台"的概念描述居于多边市场中心的商业模式,或者称为"平台"。对商业模式而言,多边市场的交叉补贴是平台优势的主要来源。

对城市而言,城市数字化平台存在的基本原理是什么呢?以前,政府各业务部门各自负责相应的行政事项服务,居民或企业要到不同的政府部门办理同一件事所需的不同审批环节。为了提高行政审批效率和公共服务水平,城市政府开始发展电子政务,最初是各个部门内部的信息化,然后是建设政府部门统一的电子政务平台,各部门通过统一的电子政务平台实现业务协同,从原来各部门的串联审批到现在的并联审批,提高了行政效率。在此基础上,市民和企业办理行政审批事项就可以从一个统一的入口进入政府电子政务平台,成为平台的参与者。此时政府的电子政务平台已经不只是服务于政府部门内部的平台了,而是一个服务于全市的城市级平台。当城市中摄像头、交通卡、路面上的线圈等各种传感器数据汇总到这个城市级平台上之后,平台就具有了服务城市管理的功能。随着越来越多元化的数据汇集和沉淀在这个平台上，平台的价值就不断提高，成为服务于城市经济、社会、生态方方面面的重要支撑。在城市数字化平台支撑下，可以形成服务于政府部门、市民、企业、软件开发者和使用者等用户的生态系统。

（二）城市数字平台的网络效应

平台的最重要特征是从根本上改变了组织与其他主体的联系方式——从线性到网络化。组织为用户提供了一个可以实现交互的平台，从而形成一个更加多元化的生态系统。用户使用平台，不仅仅是为了获得服务，其自身也是价值创造者和获得者。随着平台上聚集的用户数量增多，平台的价值也得以爆发式增长。

对城市而言，最初建设的是公共信息平台。按照住房和城乡建设部原副部长仇保兴主编的《中国智慧城市发展研究报告 2012—2013 年度》给出的定义，广义的公共信息平台由公共设施、公共数据库和平台软件组成，其中，公共设施为公共数据库和平台软件提供存储、计算及网络等基本运行环境资源；公共数据库建立在公共设施之上，为平台软件提供数据存储及服务能力支撑；平台软件在公共设施支撑下，与公共数据库协作提供平台各类智慧应用开发、运行、管理等支撑。狭义的公共信息平台仅指平台软件[1]。曾任浙江省委书记的袁家军编著的《数字化改革概论》提出了一体化智能化公共数据平台的概念，认为其是以云计算、大数据、人工智能、互联网等技术为支撑，是省域治理全过程数据感知、数据共享、数据计算的基础平台，是支撑数字化改革的集成运行平台[2]。我们这里所指的城市数字平台大致相当于广义的公共信息平

---

[1] 仇保兴主编：《中国智慧城市发展研究报告 2012—2013 年度》，中国建筑工业出版社 2013 年版，第 85—86 页。

[2] 袁家军：《数字化改革概论》，浙江人民出版社 2022 年版，第 34 页。

台，或者一体化智能化公共数据平台的范畴。

1. 直接效应

当使用某种产品的用户数量增加，带动同类型用户价值或效用的增加，就会产生直接网络效应。在传播理论中，这被称为梅特卡夫定律：当第一个用户购买了一台传真机，他的效用为零，因为没有传真的对象。随着用户数量的增加，每个新增用户会带来网络中潜在联结数量的指数增长［联结数量＝n（n－1）/2］。

平台会产生直接网络效应。以商业平台为例。微信不仅将用户联结在一起，也将App开发者、商户、广告商联结在一起。城市平台的直接效应更明显。当市民或企业通过政府电子政务网只能办理个别事项时，他们大概率宁可选择通过线下渠道办理。但是，当绝大多数政务事项可以通过网上办理时，用户会越来越多地使用网上渠道办事。当城市平台汇集了越来越多的用户信息，就可以提供定制化和个性化服务，则用户对平台的依赖性会更强。

2. 间接效应

与直接效应相比，平台具有的间接效应更加普遍。这种效应产生于平台一边用户数量与质量的提升会带来另一边顾客价值增加的情境。人们办理Visa卡的原因不在于Visa拥有很多的持卡用户，也就是不存在直接网络效应，而是由于众多的持卡用户吸引商家接受Visa卡支付方式，即存在较强的间接网络效应。报纸也一样。读者数量越多，报纸的广告费越高，但报纸的广告费增加并不直接带来读者价值的提升。因此，当报纸广告收入多的时候，报纸的定价会非常低，甚至免费。

城市数字平台也具有明显的间接网络效应。城市数字平台建设会产生更多的软件开发和维护需求，吸引更多的软件开发企业，并有助于提高城市软件业的规模和水平。但是用户使用城市数字平台，一般不是因为平台有多少软件开放企业，而是因为平台能提供多少线上公共服务。间接网络效应的存在，为城市开发和建设数字化平台提供了更多的视角，即城市数字化平台除了能够为用户提供更好的公共服务之外，在培育软件等信息产业和信息化人才等方面还能发挥哪些作用。湖北宜昌在建设城市大脑这个数字化平台的顶层设计中，就考虑了如何利用数字化平台的间接网络效应，培育当地信息产业发展的问题。

（三）城市数字化平台的竞争优势

1. 轻资产

平台的一个特征是轻资产。正如哈瓦斯传媒高级副总裁汤姆·古德温（Tom Goodwin）所说的："优步不拥有一辆汽车，却是世界上最大的出租车公司；脸书不创造内容，却是世界上最著名的传媒公司；阿里巴巴没有库存，却是最有价值的零售企业；爱彼迎不拥有一间房屋，却是世界上最大的住宿服务供应商。"

就平台企业而言，相对于其所创造的收入，所需的投资和运营成本都比传统企业要低。首先是员工人数少，因为许多工作是由用户自己完成的，而在传统企业中，这些工作都需要由员工完成。以视频媒体为例。电视台播出的所有节目都需要专业人员拍摄制作，而抖音播放的视频则由网友自己策划、拍摄、剪辑、制作，并自己上传到抖音，而抖音不需要为这些视频支付任何费用。

城市平台也具有轻资产的特征。有的城市在建设城市数字化平台的时候选择新购买一批服务器、存储设备等硬件，有的城市选择主要利用和整合原有的设备，还有的城市选择租用电信运营商及云计算服务商的云服务，大幅减少硬件投资。例如，上海大数据中心租用电信运营商提供的云服务。事实上，政府部门使用云计算服务已经成为世界各国的共同趋势。据 IDC 全球云 IT 基础设施季度追踪报告预测，全球云基础设施占 IT 的比例逐年提升，将从 2017 年的 42％提升至 2022 年的 58％。这一趋势说明全球数据中心正向"云"转型。为推动美国企业的公共云计算发展，美国政府率先将 CIA、国防部、NSA 等涉及国家安全的关键机构核心系统向美国企业的公共云计算平台迁移。早在 2011 年，美国国家标准与技术研究所（NIST）就公布了《云计算技术路线图》，基于降低经济成本的考虑，为政府机构加快部署云计算设定目标。2011 年 6 月，美国政府宣布计划四年内在全国 2000 个数据中心中关闭 800 个，更多地使用公共云服务。通过这一措施，美国政府每年可节省 50 亿美元开支。

此外，原来政府各委办局为了满足业务需要，会投资安装摄像头等传感设备，由于信息不共享，就出现了很多的重复投资、重复设置传感器的现象。例如，不同的管理部门在同一个电线杆上安装多个摄像头。建设城市数字化平台之后，由平台统筹城市传感设施的安装、维护和信息共享，大大减少重复投资。平台系统和数据的集中运营和维护，从整体上看，也减少了原来分散建设各自维护所需的资金和人员成本。

2. 快速扩张

城市平台建设在基础技术架构完成之后，随着应用的不断增加，用户数量会快速增加。而且，由于云计算技术的支持，面对用户规模的迅速扩张，平台不会出现算力和人手跟不上的问题。以郑州市为例。郑州市 2019 年 9 月启动城市大脑建设，12 月底完成了基础技术架构建设，2020 年 3 月 20 日推出政务服务移动客户端"郑好办"App，为市民提供 149 项政务服务，其中包括多项一站式综合政务服务。当年 6 月 24 日，"郑好办"App 用户数已经超过 80 万，2021 年 3 月 20 日"郑好办"上线一周年实名注册用户超 217.8 万人，2022 年 12 月 31 日，郑好办累计注册用户超过1800万①。在不到3年时间里,"郑好办"App用户数增加了20倍。

除了用户数量的快速增加,城市数字化平台搭建起来之后,能够整合的范围和内容都能得到大幅度增加。以上海为例。上海市在2018年4月成立了大数据中心,开始搭建上海城市数字化平台。2019年10月17日,上海市数字政务服务一体化平台"一网通办"总门户正式上线,当年归集了90%以上的政府数据,政务事项全程网办率达到50%左右。到2022年,该平台日均办件量超过23万件,年度网办率达81.39%②。继大数据中心成立之后,2019年4月,上海市成立了城市运行管理中心,在数字政务服务一体化平台上大量整合与城市管理相关的数据,迅速将平台扩充为城市数字底座,全面支撑上海市的数字化政务和数字化城市管理,以及上海市提出的经济、社会、治理全面转型工作。

3. 经济效益高

平台能够充分挖掘那些还没有得到有效利用的经济价值。

平台的出现让"长尾"的价值得到充分挖掘。2004年10月《连线》杂志主编克里斯·安德森(Chris Anderson)提出了"长尾"理论,用来描述诸如亚马逊和奈飞之类网站的商业和经济模式。"长尾"实际上是统计学中幂律(Power Laws)和帕累托分布(Pareto distributions)特征的一个口语化表达。过去人们只能关注重要的人或重要的事,如果用正态分布曲线来描绘这些人或事,人们只能关注曲线的"头部",而将处于曲线"尾部"、需要更多的精力和成本才能关注到的大多数人或事忽略。例如,在销售产品时,厂商关注的是少数几个所谓

---

① 郑州市大数据局:《"郑好办","真好办"!》,2023年1月2日,https://zzdsj.zhengzhou.gov.cn/gzdt/6849068.jhtml。

② 上海市大数据中心副主任朱俊伟:《"一网通办"推动政府效能的提升》,2021年7月19日,https://m.yicai.com/news/101111370.html。

"VIP"客户,"无暇"顾及在人数上居于大多数的普通消费者。而在网络时代,由于关注的成本大大降低,人们有可能以很低的成本关注正态分布曲线的"尾部",关注"尾部"产生的总体效益甚至会超过"头部"(图3—1)。例如,某著名网站是世界上最大的网络广告商,它没有一个大客户,收入完全来自被其他广告商忽略的中小企业。因此,安德森认为,网络时代是关注"长尾"、发挥"长尾"效益的时代。例如,一家大型书店通常可摆放10万本书,但亚马逊网络书店的图书销售额中,有1/4来自排名10万以后的书籍。这些"冷门"书籍的销售比例正在高速增长,预估未来可占整个书市的一半。简而言之,长尾所涉及的冷门产品涵盖了更多人的需求,当有了需求后,会有更多的人意识到这种需求,从而使冷门不再冷门。如亚马逊副经理史蒂夫·凯塞尔(Steve Kessel)所说:"如果我有10万种书,哪怕一次仅卖掉一本,10年后加起来它们的销售就会超过最新出版的《哈利·波特》。"平台由于提供了更大规模的用户数量和更方便的搜索引擎,使得用户的个性化的小众的需求也一样可以得到满足,资源的经济效益也因而得以实现。

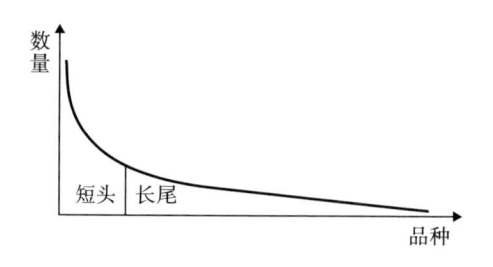

图3—1 长尾理论[①]

城市的数字化平台也能够产生高的经济效益。以普惠金融为例。银行的典型特征是"嫌贫爱富",乐于把钱贷给不缺钱的大企业,而缺少

---

① 资料来源:〔美〕克里斯·安德森著,乔江涛译:《长尾理论》,中信出版社2006年版。

资金的中小企业却长期存在贷款难贷款贵问题。银行之所以不敢给中小企业贷款，主要是因为对这些企业真实的经营情况不了解，而逐家了解这些中小企业的运营信息所需成本并不低。贷款金额少，放贷成本高，银行自然缺乏服务中小企业融资的动力。郑州市基于城市大脑这一城市数字化平台，于2022年11月30日正式推出线上普惠性金融平台"郑好融"，即搭建一个区块链平台，以隐私计算的方式，把银行自有数据与工商、税务、社保等政府公共数据和水电煤等公共服务数据在平台上进行校验，在数据不出区的条件下，得到企业信用评估报告提供给金融机构。这种方式让金融机构可以在大幅降低放贷成本的条件下，提高放贷的安全性，大大缩短放贷周期。由于简便好用，"郑好融"从2021年7月开始试运行，截至11月30日正式上线当天，已吸引9.5万家用户注册，收到各类金融产品融资申请2.4万笔，解决实际需求6964个，授信金额超199.5亿元，为以低成本的信息化手段解决中小微企业融资难、融资贵问题进行了积极的探索。

三、挖掘数据价值

（一）制定数据战略

数字时代，城市政府需要改变对数据的传统认知，重新思考数据对城市发展的意义和重要性。尽管过去人们也重视数据，但是过去的数据是有限的、局部的、静态的，基本上用于日常管理和作为制订长期计划的基础资料。由于数据采集耗时耗力，获取成本高，存储成本也高，数据的准确性和可靠性也参差不齐，因此人们只是将其作为工作的辅助手段之一。如今，使用移动设备的人和物理环境中广泛分布的各种传感设备，无时无刻不在产生数据，这些数据也被存储了下来。如何利用这些海量的数据，利用这些数据形成有效的洞察力才是城市面临的挑战。要将这些非结构化数据转化为城市的关键战略资产，首先需要改变对数据的认知（表3—2），重新思考数据的价值，并制定收集、存储、管理和使用数据的一系列战略措施。

表3—2 从模拟时代到数字时代数据特点的变化[1]

模拟时代	数字时代
数据在组织内部生产、成本高	数据在任何地方产生
挑战在于如何储存和管理数据	挑战在于如何将数据转化为有价值的信息
组织只能使用结构化数据	非结构化数据越来越有用和有价值
数据是相互孤立的	数据的价值在于能够互相关联
数据是优化流程的工具	数据是价值创造的一项关键的无形资产

1. 收集数据

城市不仅要收集政府内部业务办理流程中产生的数据，还要广泛收集城市方方面面的数据。

数据的类型有多种划分方法，例如：个人与非个人数据；用户创建的数据与机器生成的数据；定性与定量数据；结构化与非结构化数据，等等。也可以由交换数据的参与者来区分数据，如企业对企业（如金融或物联网）、企业对消费者（如媒体、消费者）、政府对用户（如服务）或消费者对消费者（例如通信、社交）。在诸多数据划分方法中，经合组织制定了一种与政策制定相关的方法，将数据细分如下：①个人数据，包括允许识别个人数据主体的数据。它们可以涵盖公共和私营部门的数据，例如用户生成的内容（即博客、照片、推文）或来自移动设备的地理位置数据，以及公共部门的数据（即警察记录、社会安全

---

[1] 资料来源：〔美〕大卫·罗杰斯著，胡望斌等译：《智慧转型——重新思考商业模式》，中国人民大学出版社2017年版，第140页。

号码）。②公共部门（政府）数据，包括由政府或公共机构生成、创建、收集、处理、保存、维护、传播或资助的数据，包括开放的政府数据。③私营部门数据，是对公共部门数据的补充，即仅由私营部门生成、创建、收集、处理、保存、维护、传播和资助的数据。④专有（私人）数据包括受知识产权（IPR）（如版权和商业秘密）或具有类似效力的其他权利（如合同或网络刑法规定）保护的公共或私营部门数据。⑤研究数据，包括用作科学研究主要来源的事实记录（数字分数、文本记录、图像和声音），科学界普遍认为这些数据是验证研究结果所必需的。①

数据的价值不仅取决于数据的数量、多样性和速度，还取决于数据的准确性、质量或适用性，以及数据固有的其他因素。我国非常重视数据资源的归集、管理和应用。2022年10月28日正式发布的《国务院办公厅关于印发全国一体化政务大数据体系建设指南的通知》明确指出了当前我国政务数字资源在归集工作中存在的突出问题："当前政务数据资源存在底数不清，数据目录不完整、不规范，数据来源不一等问题，亟须进一步加强政务数据目录规范化管理。""由于各地区各部门产生政务数据所依据的技术标准、管理规范不尽相同，政务数据缺乏统一有效的标准化支撑，在数据开发利用时，需要投入大量人力财力对数据进行清洗、比对，大幅增加运营成本，亟需完善全国统一的政务数据标准、提升数据质量。"该通知还明确要求各地区各部门建立全量覆盖、互联互通的高质量全国一体化政务数据目录；加强政务数据全生命周期质量控制；编制全面兼容的基础数据元、云资源管控、数据对接、数据质量管理、数据回流等标准，在2023年底前，"全国一体化政务大数据

---

① OECD, Enhancing Access to and Sharing of Data: Reconciling Risks and Benefits for Data Re-use across Societies, 2019.11. https://www.oecd.org/digital/enhancing-access-to-and-sharing-of-data-276aaca8-en.htm.

体系初步形成，基本具备数据目录管理、数据归集、数据治理、大数据分析、安全防护等能力，数据共享和开放能力显著增强，政务数据管理服务水平明显提升。全面摸清政务数据资源底数，建立政务数据目录动态更新机制，政务数据质量不断改善。"此外，数据的特定特征对一些用户来说可能比对其他用户更有价值，例如，速度对于提供流量更新的应用程序来说至关重要，但对于藏品在线展示服务来说就不那么重要了。对政府部门来说，要科学认识数据的价值，再考虑怎样做好数据收集工作。

城市数据采集一直是一个复杂问题。早在 2010 年，美国联邦政府就发现，"联邦政府的每一个机构和部门，都需要制定一个应对'大数据'的战略"。联邦政府的三大数据来源分别是业务工作的管理数据、民意社情的调查数据，以及对大自然、动植物的特点和变化进行监控而产生的环境数据。这三种数据中，业务工作的管理数据历史最悠久，民意社情的调查数据起始于 1940 年，而环境数据产生得最晚。这三种数据具有不同的特点，采集的方式也不相同，数据量差异也很大（图 3—2，表 3—3）。由于传感器数量快速增加，环境数据的量增长很快，成为政府数据最大的来源。2010 年 12 月美国总统行政办公室下属的科学技术顾问委员会（PCAST）信息技术顾问委员会（PITAC）提交了《规划数字化未来》报告，把数据收集和使用提高到战略层面，认为"如何收集、保存、维护、管理、分析、共享正在呈指数级增长的数据是我们必须面对的一个重要挑战"[1]。如今，随着云计算和大数据技术的发展，数据采集的技术问题已不再是重要的制约因素，但数据采集的意识、方法、机制和政策，仍是各级政府部门需要高度重视和认真研究的重要问题。

---

[1] 涂子沛：《大数据》，广西师范大学出版社 2012 年版，第 54—55 页。

第三章 城市数字化转型方法

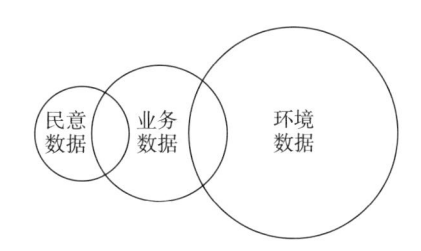

图 3—2 美国联邦政府三种数据的关系和数据量大小比较示意图①

表 3—3 美国联邦政府三种数据源以及收集方式的比较②

数据种类	收集数据	收集方法	里程碑
民意数据	单个公民或组织	投入人力、财力，主动收集	1940年罗斯福总统引进民意调查
业务数据	下级部门和各类社会组织	以基层上报、被动接收为主	1973年卫生部引入最小数据量
环境数据	自然环境、动植物、物体	以传感器自动采集为主	1962年的海浪监测计划③

对很多城市来说，公共数据的整合和共享也一直是个老大难问题。散布在不同地域、不同层级、不同部门、不同条线的公共数据如何归集在一起统一管理呢？上海大数据中心总结了数据归集"三清单、一目录"方法论。三清单是指数据的责任清单、需求清单和负面清单，一目录是指数据资源目录。每个部门都会提出自己在行使政务服务的过程中需要其他部门共享的一些清单，同时也要向市大数据中心提交本部门在行使政府职能过程中产生的责任清单。这两张清单由大数据中心按照需

---

① 资料来源：涂子沛：《大数据》，广西师范大学出版社2012年版，第54页。
② 资料来源：涂子沛：《大数据》，广西师范大学出版社2012年版，第54页。
③ 据涂子沛在《大数据》一书中所写，1962年美国东海岸遭遇一场大风暴，导致40人死亡，1000多人受伤。灾害之后美国陆军工程部和美国国家海洋与大气管理局决定共同建设一个传感器监测系统，对海洋进行监测。按照计划，美国在全美海岸线和五大湖区建立了一个定点的、连续的、实时的传感器网络，对海浪进行监控，监控内容包括海浪的能量、方向、传播速度、偏度和峰度，并将数据实时传到美国国家海洋数据中心。

103

求和责任进行匹配。负面清单就是依法不予共享的一些数据,上海市制定了"共享是原则,不共享是例外"的原则,截至2021年,列入负面清单的不共享的数据只有两项,都是涉及国家安全的。上海市公共数据整合共享的方法论值得向更多城市推广。

2. 支持决策

数据的价值取决于能否从中提取见解和创造价值,这就需要用到数据分析。数据分析是指使用软件、人工智能、可视化工具等技术和工具,通过揭示数据嵌入的背景及其组织和结构,从数据中提取信息。从数据中提取的信息可以用于生成知识和支持决策。经合组织认为,数据的价值创造不是一个线性过程,而是一个价值周期,这个价值周期包括数据化和数据收集、构建大数据、通过分析提取见解、构成知识库、做出决策和增加价值,这些步骤在持续不断地进行着循环[1]。

从数据中创造价值的一个关键目的是支持决策。早在2008年,上海市交通信息中心就开始尝试通过数据分析来支持交通决策。2008年3月,上海市交通信息中心建成了上海市交通综合信息平台(以下简称交通综合信息平台),是当时全国首个全面、实时整合、处理全市道路交通、公共交通、对外交通领域车流、客流、交通设施等多源异构基础信息数据资源,实现跨行业交通信息资源整合、共享和交换,为交通管理相关部门进行交通组织管理和社会公众进行交通综合信息服务提供基础信息支持的信息集成系统。2013年,该平台汇聚了市政行业、交警总队、城市公共交通管理部门、机场、铁路、码头等交通管理行业的道路交通、公共交通、对外交通各类交通信息数据共237项,其中道路交通数据173项,公共交通数据30项,对外交通数据34项。这些数据来自

---

[1] OECD. Data-driven Innovation: Big Data for Growth and Well-being, OECD Publishing, Paris, 2015. https://dx.doi.org/10.1787/9789264229358-en.

2.2万组感应线圈、2.5万辆GPS浮动车、334组车牌识别断面、1800余个SCATS信号控制路口等动态交通数据采集装置，以及对1042条公交线路、11条轨道交通线路、732个社会停车场库、2个国际机场、3座铁路客运站的线路分布、实时泊位、航班等动静态数据的采集。

对这些汇集的数据进行综合处理之后，交通综合信息平台为政府交通管理部门提供实时交通数据、交通状态展示、视频监控图像和应用分析结果，支撑交通管理部门决策和交通组织管理。例如，通过对地面公交线路运载客流量统计，与实际调度发车数的理论载客流量进行比对，直观地显示公交车辆的运载效能，为公交管理部门科学合理调度计划、提高公交车运载效能和服务水平提供有力的技术手段和依据（图3—3）。该平台还为保障2010年世博会期间应对大客流起到了关键作用。平台基于外地入市客流人数与第二天参观世博会入园人数之间的相关关系，

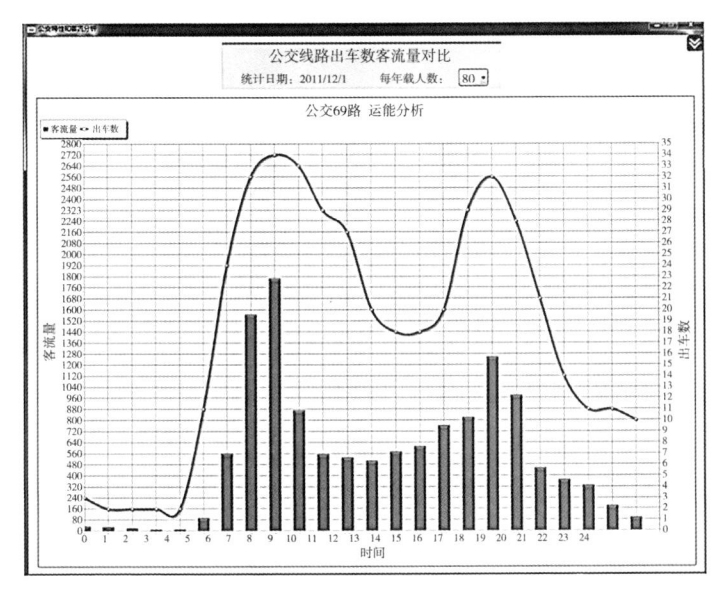

图3—3 上海市交通综合信息平台的公交线路运能分析图[①]

---

① 资料来源：上海市交通信息中心提供。

成功预测了2010年10月16日的大客流，上海世博会交通协调保障组当天上午10点即启动超大客流保障预案。由于园外运力保障充分，总体运转良好、运行平稳，经受住103.28万超大客流的考验，避免了世博园区内外人员过度拥堵有可能导致的安全隐患。可以说，平台为保障世博会胜利举办发挥了重要作用。

3. 服务创新

从数据中创造价值的另一个关键目的是推动创新。数据驱动的创新支撑着许多新的商业模式，这些模式改变了农业、运输和金融等市场和部门，推动了生产力增长[1]。数据驱动的创新也支撑着许多政府部门的服务创新，这些创新提高了政府部门服务居民和企业的水平。北京交通绿色出行一体化服务平台就是数据驱动的服务创新的典型案例。城市占全社会能源消费总量和碳排放70%以上，是碳排放和碳中和的聚焦领域。为了减少碳排放，全世界都在鼓励绿色出行，很多城市推出了提倡公交出行、建设自行车等慢行系统等措施。北京市通过数据整合，精确计算市民绿色出行积分，并将绿色出行减少的碳排放量在碳交易市场卖出，所得资金返还市民，形成对市民绿色出行的正向激励。如果没有精确的数据支持，这件事是无法完成的。

北京交通绿色出行一体化服务平台的具体做法是：第一步，收集绿色出行数据。从2019年9月起，高德地图与北京市交通委通过政企合作，共建北京交通绿色出行一体化服务平台，平台提供公共交通路线混合规划、公交到站预报、公交/地铁车厢拥挤度信息、全程换乘/下车提醒等多种功能，让绿色出行全程"丝滑"，体验更好，吸引更多市民使用绿色出行的方式。第二步，积累碳减排量。市民通过高德地图App

---

[1] OECD. Data-driven Innovation：Big Data for Growth and Well-being，OECD Publishing，Paris，2015. https：//dx.doi.org/10.1787/9789264229358-en.

使用骑行导航、步行导航或用公交、地铁方式出行，出行结束后，MaaS平台自动经过一系列方法学计算减少的碳排放量，作为市民的碳能量。第三步，实现绿色出行碳积分兑换。北京市出台了《北京市低碳出行碳减排方法学（试行）》，面向自愿参与者，积累其使用公交、地铁、步行、骑行等绿色出行方式所产生的碳减排量，在碳市场进行交易后，以公共交通优惠券、购物代金券等形式全额返还至参与活动的绿色出行群体。在2021年中国国际服务贸易交易会上，北京建工旗下市政路桥建材集团与高德地图正式签订全国首单PCER（北京认证自愿减排量）碳交易协议，涉及1.5万吨PCER碳交易。高德地图App厂商作为绿色出行碳交易代表将汇集的碳指标报主管部门审核，随后进行交易，交易所得金额全部返还用户，实现碳普惠的同时鼓励市民全方式参与绿色出行。至2022年3月20日，在北京MaaS平台实名注册使用绿色出行获得积分的用户已经超过100万。月活跃用户42万人，累计碳减排量9.7万吨，相当于10万辆燃油车停驶半年的减排量。北京MaaS的运作原理示意图见图3—4。

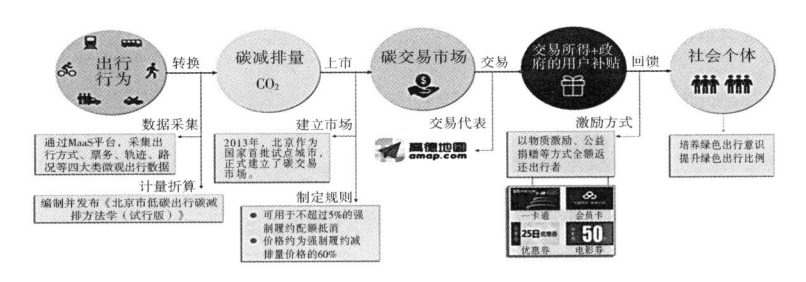

图3—4　北京交通绿色出行一体化服务平台运作原理示意图[①]

4. 数据关联

将数据进行关联。数据战略的重要意义在于将之前彼此孤立的数据关联起来，探索其中的联系。

---

① 资料来源：高德地图提供。

纽约市政府有一个通过数据关联改善管理的案例。检察官斯科特·斯特林格是纽约市的检察官，他一直在思考如何减少诉讼案件的费用。他比较了不同城市之间诉讼案件、损坏赔偿的数据和各部门的预算，发现如果政府用于公园和树木修剪的预算少，则市民被树枝砸伤的法律诉讼数量会骤增。政府用于处理一项法律诉讼上的花费相当于三年的树木修剪费用。通过数据分析，斯特林格检察官建议政府增加城市公园维护的预算，以减少诉讼开支[①]。

上海市气象部门对于气象数据的收集有超过150年的历史，在积累的气象数据的基础上面，他们进一步和其他的委办局进行数据融合，接入了城市网格事件数据、在建工地的数据、110灾情数据、水务数据等等。在数据融合之后，上海市气象部门使用信息技术和大数据分析建模等，再加上物理过程约束条件和化学过程约束条件来分析融合了的数据，开发了"气象先知系统"，提供影响预报服务[②]。在灾害性天气发生前，通过预测模型，提前预测热线事件等的总数或气象相关典型场景下事件数量，实现基于气象的热线、网格、110事件影响预报及风险预警，为城市运行综合管理中心及其他管理部门应对灾害性天气的影响预判、精准治理和智慧服务提供关键技术支撑。例如，该系统基于天气情况与树木倒伏之间的关系模型，在预报灾害天气的同时，将树木倒伏风险信息发送给城市网格管理人员，提醒他们重点关注这些事项，防患于未然。

总之，今天的数据库与以前的电子表或者关系数据库已经完全不同了，因而，对数据的理解和使用都要尽快改变。

[①] 〔美〕大卫·罗杰斯著，胡望斌等译：《智慧转型——重新思考商业模式》，中国人民大学出版社2017年版，第146页。
[②] 上海市气象灾害防御技术中心主任赵洋2023年7月8日在2023年世界人工智能大会·国际AI城市论坛上的主题发言《智慧气象赋能城市精细化管理》。

（二）利用数据创新的方式

1. 洞见：揭示隐藏规律

通过揭示以前未被发现的关系、模式和影响因素，为城市治理和城市服务提供更多的价值。

例如，上海市高楼林立，24 米以上的高层建筑有 7 万多幢，100 米以上有 1022 幢。现代建筑大多使用玻璃幕墙，一旦出现玻璃幕墙从高空坠落，就有可能造成人员和财产损失。为预防玻璃幕墙的高坠风险，上海市城市运行管理中心收集了国内外 5 万多起事故的 7 万多条数据，通过机器深度学习，形成算法模型，基于幕墙风险与楼龄的关系、与玻璃类型的关系等，经过后台演算的数据实现及时提示潜在的风险，推送至责任人员现场核查。在数据采集的方法上，上海市主要采用了三种自动识别手段：无人机、清洗机器人和传感器。通过加载在无人机下的高清摄像头和红外摄像头，用机器自动抓捕到玻璃裂缝、硅胶脱落、开启角过大、连接部位松脱等问题，并通过照片出现的时间，结合飞行线路，自动计算出问题玻璃在哪层哪面的具体位置，最终实现洞察风险、预警预判。

还有一个典型的例子是深基坑施工管理。上海是长江三角洲冲积平原的一部分，其土质大多数为淤泥质和杂填土，是典型的软土地区。由于软土地基的自身的土质松软、空隙大而导致强度低，也使软土地基的施工难度增大。在施工中要先完成基坑工程，主要包括基坑支护体系设计与施工和土方开挖。开挖深度超过 5 米（含 5 米）或地下室三层以上（含三层），或深度虽未超过 5 米，但地质条件和周围环境及地下管线特别复杂的工程被称为深基坑。深基坑施工对于上海的软土地基更是一项重大风险。上海市城市管理部门应用物联网和人工智能对 12 米以上的深基坑施工进行监控，及时发现风险。深基坑施工中要设置监测基坑本体的固定式测斜仪、监测周边管线的全站仪、监测周边建筑的静力水准仪等传感器,采集的数据实时传送至监管平台,经专家评估后,有风险的会由监管部门监督业主和施工单位采取避险措施。2018年8月,后台数据发现安装在某施工现场周边房屋上的4个监测点的沉降量已经超过报警阈值,专家评定后发出黄色预警,通知总包单位采取措施;9月中旬,经专家评估,上升为红色预警;监管部门根据专家评估意见指导施工方重点干预;9月下旬,沉降趋势逐渐收敛,风险解除。通过深基坑风险管理系统,上海市城市运营管理信息中心对工地进行实时监管,及时发现风险,多次通过预判排除了险情。

2. 定位:缩小目标范围

当政府部门汇集了足够多的企业和个人信息之后,就可以进行企业和个人画像,在推出惠企利民政策的时候就可以精准地找到目标群体,使政策效果更加显著。个人用户画像是根据用户社会属性、生活习惯和消费行为等主要信息数据而抽象出的一个标签化的用户模型。企业用户画像描述的则是企业基本情况、经营情况、消费决策和对产品的诉求等多维度企业商业信息数据,来帮助政府全面了解企业状况,为之后提供服务找到切入点等。

有的城市通过对政府业务部门进行资源整合、数据治理、流程优化、工作协同,形成政商"直通车式"的政策直达系统、资金兑付系统,更精准、更直接地为企业提供一站式政策服务,更科学、更高效地赋能区域营商环境优化。一是政策制定"沙盘推演",实现资金效益最大化。政府结合企业数据库,建立企业身份画像,在线设置政策兑现模型,一键推演模拟预兑付企业名单及资金兑付规模,将以往"大水漫灌"转变为"精准滴灌",实现资金扶持或补助有的放矢。二是政策推送"精准触达",实现政策主动找企业。通过数据共享分析、企业身份画像、智能推荐算法技术以及多元触达方式,推动"人找政策"向"政策找人"转变，解决企业寻找政策难、匹配政策难的痛点。三是政策兑付"在线直达"，实现奖补资金秒到账。通过流程再造、化繁为简，将以往政策层层审批、资金签批下拨的线下兑付机制改为数据协同、信用承诺的在线快速兑付模式，实现政策的"限时拨付""即申即享""免申即享"。四是政策落地"监测评估"，实现过程结果清晰化。从企业申报、政策审批、资金拨付各环节设计指标，持续监测评估政策实施情况，解决政策申报流程及结果不透明、资金拨付未联通、整体流程无监管的难题。五是政策诉求"一键直达"，提升企业满意度。以信息化工具赋能"万人助万企"，搭建统一的营商环境诉求受理平台，开展"一键提交、统一受理、协同分派、限时处理"的服务，帮助政府了解企业发展痛点难点并针对性解决。

以某市亲清在线平台为例，该平台由市大数据局和市财政局牵头建设，2021年3月上线，截止到2022年7月25日，平台共汇聚市科技局、民政局、工信局等29个市直单位以及所有县市区共计1003条政策，惠企政策671条、个人政策332条，累计完成18477笔资金拨付，共计52.38亿元资金发放。其中，直接拨付制造业高质量发展等资金17.9亿元，惠及全市662家工业企业、712个项目；仅用两天时间，拨付科技创新等资金7.88亿元，惠及企业4035家，为企业科技创新送去源头活水；高龄老人补贴、车辆受损报废车主购置新车补贴政策通过数据共享和流程再造，实现"免申即享""即申即享"。

3. 个性化：量身打造服务

缩小目标范围之后提供个性化服务就成为可能。

个性化首先体现在为不同的群体提供公平的公共服务。城市在向数字化转型的过程中，由于在线办理的事项越来越多，一些公共部门在设计和提供服务方面保持公平却面临更多的挑战。因为"相同的"事件对不同人群的影响不同，政务服务手机端办理事项越来越方便的同时，不能熟练使用智能手机的老年人、视觉残障人士却无法享受到相应的便利。在新冠疫情期间，用智能手机扫二维码才能乘车、进商场等规定，就曾经给不使用智能手机的老年人造成过很多困扰。因此，随着越来越多的服务在线化，确保最需要这些服务的群体能够在技术渠道和数字素养方面受益，变得至关重要。在某些情况下，这可能是个更巨大的挑战。

目前，已经有越来越多的政府机构意识到通过用户划分来提供个性化公共服务的重要性，更加注重为特定公民群体设计服务，确保满足所有群体的需要。加拿大的魁北克省拉瓦尔市推出了一款智能手机应用，帮助患有孤独症或智力障碍等有特殊需要的公民乘坐城市公交车。用户注册后会收到详细的指示，帮助他们到达目的地，包括标志建筑物的照片以及快到站时的铃声提醒。该应用还可以跟踪乘客的位置，如果他们偏离了手机应用提供的路线，就会向其联系人发送消息。

个性化服务还可以体现为为用户提供基于事件的服务。市民在家里有婴儿出生、亲人去世、学生入学、就业失业等事件时会触发生活事件服务。这些事件通常需要多个政府机构提供服务，在过去，市民需要联系多个政府机构花费较长时间去办理这些事项。在数字技术支持下，政府可以以"一件事"的形式对相关事项办理所需提交的材料、办事流程、反馈方式等进行重新设计，让市民无需反复提交相同信息，而是通过各部门共享数据来主动提供相关服务，为市民提供便利。在英国，亲人亡故后，公民为了完成从吊销护照到停止领取养老金的各种事务，不得不与中央和地方相关部门联系多达 44 次。为了简化这一繁琐手续，英国政府在死亡通知和遗产管理方面采用了一次性方法。"一次性告知"（Tell Us Once）可通知多达 30 种不同的服务，为死者家属节省了时间和精力。一项研究表明，98％的受访者对"一次性告知"服务的体验感到满意①。

在国内,很多城市推出的"一件事"②服务也取得了很好的效果。在上海,新生儿需要办理上海市预防接种证发放及信息关联、出生医学证明签发、出生登记(申报户口)、新版社会保障卡申领、城乡居民基本医疗保险参保登记、门急诊就医记录册申领、城乡居民基本医疗保险缴费及激活、生育医学证明(生产专用)出具、享受生育保险待遇计划生育情况审核、生育保险待遇申领等10件事,涉及卫健委、医保局、公安局等多个部门,以往需要家长一个个部门跑过来,全部办完,至少需要100天。2021年上海市卫健委会同市公安局、市医保局、市大数据中心等7个部门,将孩子出生后的10件事整合成"出生一件事",实现"一次告知、一表申请、一口受理、一网办理、统一发证、一体管理"。"出生一件事"同时覆盖"随申办市民云"App、随申办微信小程序、随申办支付宝小程序、"一网通办"PC端,用户可以选择其中一端,实名登录后,进入"出生一件事"主题模块进行一表填报、提交证明材料,各业务条线部门在线进行10个事项全流程办理。通过"多表合一、一表申报",并结合数据推送和电子证照应用,申请人需填写的申请表由7份减少至1份;需提交的证明材料从26份减至5份,甚至0份(提交电子证照)。申请人的跑动次数由14次减少至"最多跑1次",甚至一次也不用跑,累计办理时长减至不超过20天③。

---

① 德勤:《2023年政府转型趋势报告之趋势四:2023年政府转型趋势报告:定制化的公共服务》,2023年7月18日,https://www2.deloitte.com/cn/zh/pages/public-sector/articles/government-transformation-8-drivers-issue5.html.

② 所谓"一件事"是指以申请人"一件事"目标需求为导向,通过两个以上办事服务或两个以上部门甚至两个以上地区的系统、数据、人员相互协同的方式,为企业和群众提供跨部门、跨层级、跨地区的"一件事"主题集成服务,实现"一次告知""一表申请""一套材料""一口受理""一网审批""一窗发证""一体管理"。

③《今日起,出生"一件事"在"一网通办"上线,一文看懂!》,https://wsjkw.sh.gov.cn/xwfb/20200915/f7b0239b87114c928f4800e1ef4a30a4.html.

当"一刀切"的方法不能很好地发挥作用或不公平时,用户分类和基于事件的主动服务可以帮助政府提供高度定制化的服务(图3—5)。需要注意的是,在任何情况下使用定制化服务时,都应尊重接受定制化服务的用户的隐私。

定制化的服务	个性化设计 ● 全定制化 ● 个人定制化(围绕市民需求设计) ● 个性化(根据明确偏好修改,例如,"短信、电子邮件或电话联系")	定制化程度高
个性化/主动服务	生活事件触发 ● 出生 ● 死亡 ● 失业 提供服务建议 ● "如果您有 X 资格,你可以从 Y 中受益"	
人群/区域细分	针对特定人群 ● 老年人 ● 低收入人群 ● 退伍军人 针对特定地理位置 ● 按区域 ● 按邮政编码	
一套标准适用绝大部分情形	普通的服务,如 ● 修路 ● 消防服务	定制化程度低

图3—5 政府服务的定制化程度比较

4. 情境:提供参考框架

通过大量的数据整合和分析,找到不同情境下比较和对照的基本框架,可以帮助用户形成合理的调整和优化策略。

以上海市国家机关办公建筑和大型公共建筑能耗监测平台(以下简称"能耗监测平台")为例。上海是早推进能耗监测平台建设的城市之一。自2012年以来,上海已经建成1个能耗监测市级平台、17个能耗监测区级分平台和1个市级机关办公建筑能耗分平台的体系,纳入能耗监测平台的楼宇数量逐年稳步提升,监测范围不断扩大。截至2022年底，平台累计联网公共建筑数量 2195 栋，覆盖建筑面积逾 1 亿平方米，为全国联网量最多、数据量最大、稳定运行时间最长的省市级建筑能耗监测平台。能耗监测平台应用主要体现在以下几个方面：

一是统计楼宇基础信息。通过能耗监测平台将纳入监测楼宇基础信息的自动统计汇总，使管理者得以获得包括楼宇数量、楼宇面积、各类型建筑分布、楼宇面积分布、中心城区与非中心城区楼宇数量和类型分布等多维度数据信息，从而对上海纳入监测楼宇的基本情况以及每年新纳入监测楼宇的工作推进情况有总体掌握。

二是分析楼宇能耗数据。通过大数据分析方法，对纳入监测楼宇的用能总量、能耗类型分布、历年能耗对比分析、总体用能趋势等开展分析研究，使管理者得以掌握本市建筑能耗总体情况，并从中挖掘各类型各区域建筑的节能潜力。

三是服务各行业及管理部门。依据各类合理用能指南，对各类型建筑开展用能对标分析，用以指导各类型建筑运行过程中节能工作的开展。通过向各行业管理部门发送行业季度能耗情况报告等方式反馈能耗数据，向区级建筑能耗监测管理部门推送月度数据报告，为相关部门开展节能工作提供参考依据。同时对高耗能建筑进行筛选，进一步推进能源审计和能耗公示工作的开展。同时，开发能耗在线"（楼宇版/管理版）移动端"App，为楼宇业主和管理部门提供数据共享、能耗分析、情况报告查询等实时在线功能。

2023 年 6 月，上海对能耗平台进行改造升级，建设建筑碳排放智慧监管平台。平台将进一步聚焦建筑碳排放监测管理、能源与环境智能服务、可再生能源监测等核心功能，实现空间维度上覆盖上海全市建筑碳排放、区域（包括五大新城等特定区域）、大型公共建筑碳排放、公共机构建筑碳排放，时间维度上覆盖建筑设计、施工、运行、改造、拆除等建筑全生命周期。平台的建设目标是到 2030 年，实现对 1.5 亿平方米公共建筑的碳排放实时监测分析。平台的建设将会为本市建筑领域节能降碳工作提供大数据智慧分析和数据支撑，为政府决策提供数据支撑，衡量和评价区域、公共建筑碳效建设运行水平，试点建筑领域需求侧响应和碳交易，进一步提升本市建筑节能管理精细化、智能化水平，逐步形成以建筑碳效标识管理为主线，以碳排放智慧监管平台为抓手，构建起"绿色低碳标准引领、节能改造技术支撑、各类建筑限额设计、建筑运行对标管理、碳效能耗社会公示"的本市建筑领域绿色节能低碳管理新模式。

（三）构建数据能力的组织挑战

1. 组建领导机构

城市的数字化转型必须是一把手工程，书记和市长的战略意识和强力推动非常重要。一般来说，一座城市比一个企业的组织架构要复杂得多。众多的案例表明，成功的企业数字化转型通常需要创始人或者董事长下决心和提思路，尤其是那些起步较早的企业。成功的城市数字化转型也需要一把手的高度重视和亲自指导，除了一把手有对数字化的深刻理解之外，制定有前瞻性的数字化战略，形成有可操作性的数字化计划都非常重要。为了保证城市的数字化战略得以落实，城市可以采取组建数字化转型领导小组的方式。例如，上海市委、市政府2020年年底公布《关于全面推进上海城市数字化转型的意见》，正式提出城市数字化转型，并同时成立了上海市城市数字化转型工作领导小组。

郑州市围绕城市数字化转型进行了有效的组织设置。郑州市于2019年9月启动郑州城市大脑建设，2020年6月1日，成立了"数字郑州"建设工作领导小组，由市委书记任组长、市长任常务副组长、相关业务领域分管副市长任副组长，统筹指导全市"数字郑州"城市大脑项目建设工作的开展。领导小组建立工作例会制度、人员管理制度、通报讲评制度和重点任务交办制度，明确细化市直各部门、各相关单位在"城市大脑"项目建设中的任务清单，为快速推进各项工作打下了坚实基础[1]。郑州城市大脑启动之初，市委书记每三个月开一次会，听取建设进展情况汇报。市长每周六上午开政府服务推进会。在领导小组统一领导下，由市大数据局作为牵头单位，各业务委办局作为业主单位，组建"数字郑州"城市大脑项目建设"一办四组"工作专班[2]；市大数据局充分发挥"数字郑州"建设工作领导小组办公室职能，由局长每周六上午召开周例会和数据协调会，牵涉到哪个委办局的工作，就请该部门的同志一起开会。领导小组办公室不仅通过例会制度加强组织和协调，还会对推进不力的部门下发督办通知，切实保障"数字郑州"建设的全力推进。

2. 激发内部员工动力

按照传统观念，一个组织的信息化工作是信息化部门的事，不论是信息化项目的规划，还是具体实施，乃至后期的维护等等，都只跟信息化部门有关系，其他职能部门参与很少。如果不摒弃这种观念，那么任何组织的数字化转型都很难成功，因为数字化转型是一个组织的全面转型，涉及该组织的所有工作内容。信息化部门的长项是懂信息技术，弱项是不懂部门业务，提不出具体的业务需求。业务部门提出业务痛点和业务需求是组织数字化转型的基本要求。浦东新区2018年年初开展城市大脑建设时，不是由信息化部门牵头的，而是由浦东新区城市管理行政执法局局长牵头。该局长不是信息技术专家，但最清楚城市管理行政执法过程中的难点、痛点在哪里。于是，局长提出业务需求，组织技术

---

[1] 郑州市大数据局：《关于"加快建设城市生态系统"提案的答复——关于市政协第十四届三次会议 第20200577号提案的答复》，2020年8月5日，https：//public.zhengzhou.gov.cn/D1102X/4411906.jhtml.

[2] "一办四组"是指"数字郑州"建设工作领导小组下设的办公室和项目建设推进组、项目督查组、项目审计组、宣传组4个工作专班。

团队一起讨论如何通过技术手段和组织调整满足这些需求，就成为了浦东城市大脑建设的基本模式。例如，在上海这样的特大城市，城市管理行政执法局的一项工作内容是查处群租。很多群租房存在改变房屋结构、火灾等安全隐患，尽早发现和整治非常必要。但是，城市管理行政执法局想要发现群租并不容易。针对精准发现群租这个诉求，技术公司尝试引入水电煤等数据构建预测模型，辅助发现群租房。经过反复调整数据指标，最终模型的准确率超过了95%，成为城市管理行政执法局的有效工具。这个案例说明，只有充分调动一线业务员工的积极性，主动提出问题，帮助技术人员一起分析问题，想办法解决问题，才能让所在组织的数字化转型真正对组织的发展发挥作用。

3. 改变旧习惯

很多组织认为信息化应该放手交给专业公司来做，在进行信息化项目时多采用外包的方式，自己提需求，外包公司开发新的系统和应用，项目建设完成后交给自己使用即可。在数字时代，这种简单的外包模式已经不能满足数字化转型的需要了。数字化转型是个长期的动态的过程，会不断产生新的需求，原来的系统就需要不断调整优化、迭代升级。另外，开展业务过程中产生的数据、数字化平台上积累的数据、从其他渠道整合进来的新的数据，都需要根据工作需要加以利用。系统的及时升级、数据的管理运营，都需要专业技术公司来完成，通过分期外包的形式很难把所有的需求列清楚，往往写进合同中的内容在项目实施的时候就已经发生变化了。针对这种状况，采取什么样的组织形式才能更好地适应数字化转型新形势的新要求是城市政府要认真考虑的问题。

有些城市自身缺少高水平的数字化企业，需要同不在本市的数字化企业合作。早在2016年银川市开展智慧城市建设时就城市如何与非本地大型信息化企业合作就进行过有益的探索。2016年，银川市开始进行智慧城市建设。在顶层设计中，银川市决心进行商业模式创新，而不是像其他城市那样，将智慧城市建设以项目的形式外包给数字化企业，项目完成后交给政府部门使用。银川市政府与中兴通讯有限公司合作成立银川智慧城市有限公司，负责银川智慧城市建设。同时，由中兴通讯在银川设立银川智慧城市研究院，专门负责银川智慧城市需求的调研和项目设计。设计好的项目交由银川智慧城市有限公司实施。实施成效的总结和系统的优化设计仍由银川智慧城市研究院负责，并联合相关的国际组织，针对智慧城市建设的共性技术和产品共同建立标准体系。此外，银川市政府与银川智慧城市有限公司签订了一个长达50年的政府购买服务的合同，保证银川智慧城市建设每年有资金维持运营。这样一个顶层设计无疑充分考虑了智慧城市建设的长期性，进行了具有可持续性的制度安排，是一个改变传统智慧城市建设习惯的创新性做法。

改变旧习惯还体现为改变城市在数字化方面的评价标准。以前，信息化的成效很难进行合理的评估，尤其是量化评估。当城市汇聚了足够充分的数据之后，就可以直观地对场景应用的效果进行量化评估。以杭州为例。长期以来，城市的铁路站点都会设计成对称结构，但是，通往铁路站点的路网结构并不是对称的，这就造成从某条路进入站点的车辆远远多于另一条路进来的车辆，导致部分路段和停车空间永远车满为患，而另一部分道路和停车空间经常空置。杭州市将火车站停车场车位实时数据与高德地图的导航数据打通，由高德地图通过算法为附近想要进入火车站的驾驶员推荐最优路线，将车辆引导到车辆少的道路和停车场，从而让火车站的道路和停车资源得以充分利用，也大大减轻了火车站的拥堵问题。配合停车场栏杆的撤出，车辆可以直接进出停车场，避免了由于缴费产生的排队。通过对停车场缴费系统的改造，停车场在车辆离开之时，会通过进口和出口的摄像头对车牌进行AI视觉识别并自动根据停车时长计费，然后通过便捷泊车先离场后付费系统或者Q-Parking系统、ETC系统等线上方式快捷支付停车费。只有那些没有线上支付渠道的驾驶员才需要在停车场出口处的人工窗口支付费用。由于采取了这些措施，前往杭州东火车站的车辆很少遭遇进场和离场排队现象，车辆不需停留，1秒出场。杭州东火车站地下停车场是该市日均进出流量最大的地下停车场，日均进出车辆1.1万辆次，最高进出车辆1.35万辆次，但也是群众进出场体验最好的停车场。这种可以量化的评估方法可以直观地看到数字化转型给城市带来的资源节约和效率提升，可以在更多的应用场景中加以借鉴。

4. 连接内部孤岛

数字化转型归根结底改变的是生产关系，体现在组织内部，就是必然要进行组织结构调整，改变那些不适应技术发展需要的制度和环节。

以渣土车管理为例。渣土车是指从事建筑垃圾清运的车辆。渣土车管理一直是城市管理中的顽疾，要管好渣土车很不容易。城市里的渣土车运营主要有四个方面的隐患：一是未经批准的黑车夜里偷偷上路，扰乱渣土车管理秩序；二是经常超载超速，成为马路杀手；三是不按照批准路线行驶，就近找地方偷倒渣土；四是车况不好，车辆顶盖不按照要求盖严，边跑边撒渣土，影响市容卫生。对渣土车的管理涉及多个部门，各部门信息共享不畅或业务协同不力就容易出现管理漏洞，让渣土车运营人员钻空子。

以上海为例。上海市交通委员会负责渣土车的运营资质管理，城管部门负责工地出土审批，交警部门负责道路违法执法，市容绿化部门负责市容违法执法，发展改革委负责渣土车运营企业征信体系管理。从理论上说，渣土车运营的每个环节都有负责的管理部门。但是在实际工作中却经常会出现由于信息不对称导致的执法困难。例如，渣土车司机为了多挣钱，经常会在没有摄像头和测速设施的路段超速行驶，交警部门在没有拿到超速证据的情况下无法执法。实际上，作为特殊营运车辆，渣土车上都安装了GPS定位装置，数据的调取权在市场监管局。如果市场监管局将GPS数据开放给交警，交警就可以掌握渣土车超速的证据，对渣土车进行执法。如果市场监管局将GPS数据开放给建交委，建交委就可以核查渣土车有没有按照审批路线行驶，是否乱倒渣土，一旦违法即可行使执法权。交警部门如果将马路上的摄像头信息开放给市容绿化部门，一旦发现渣土车沿途抛撒渣土，市容绿化部门即可进行执法。如果各个执法部门都对渣土车违规行为进行了执法，执法信息发送给发展改革委，则发展改革委即可下调该渣土车所属公司的信用等级，要求渣土车公司整改，整改不达标则要求退市。因此，做好渣土车管理的关键是想办法消除管理部门之间的信息不对称，通过连接部门间信息孤岛，让渣土车的违法行为暴露在所有监管部门的监督之下。

按照上述渣土车管理思路，浦东新区城市运行管理中心率先开发了渣土车监管应用系统。该系统将相关部门数据打通，审批部门和执法部门可以通过移动终端互相调阅对方的数据，进行联合监管和联合惩戒。例如，交警部门的摄像头帮助城管查看渣土车在路上有没有"跑冒滴漏"；交通委的GPS全程对渣土车进行区间测速，帮交警查看渣土车有没有超速……政府部门内部打通系统孤岛之后，渣土车监管的每一个环节都可以实现信息共享和联合执法，让渣土车运营再无空子可钻，大大提高了渣土车管理效率，保障了市民出行安全和市容清洁。

四、促进实验创新

传统创新主要表现为产品创新，从新的创意出现，到进行市场调查、设计产品方案，再到在实验室设计出原型，进行实验室可用性测试[①]，再到真正推向市场，要经过一个较长的时间跨度，投入大量的人力物力。在数字化时代，创新的方式在发生变化，组织在持续学习和快速实验的基础上不断进行产品、服务、流程和组织结构创新。数字化时代的实验可以被定义为一个发现"什么有用，什么无用"的迭代学习过程。组织做实验的目的不是为了得到一个产品或者解决方案，而是学习——通过向用户学习帮助组织找到正确的解决方案。数字技术的发展让持续实验的方法成为越来越多的产品和服务创新的常规方法。大卫·罗杰斯提出了两种常用的实验方法：离散型实验和收敛型实验，这两种实验分别适用于不同的情景，具有不同的作用。

（一）离散型实验

离散型实验更适用于新产品和新服务的探索，在创新的前期阶段比较常用。离散型实验法的流程包括生成创意、创建原型、测试原型、基于关键假设收集现实世界的反馈、根据反馈信息决定是否继续这个过程以及发布创新成果的方式。

仍以浦东新区的群租智能发现应用为例。在开发这一应用时，浦东新区城市运行管理中心首先想到，非群租情况下，一套三室一厅的房子一般住 3~5 个人，同样一套房子如果是群租，可能会住超过 10 个人。

[①] 20 世纪 90 年代正处于计算机科学技术的突飞猛进的阶段，著名易用性专家雅各布·尼尔森（Jakob Nielsen）提出了可用性概念以及一系列与可用性相关的原则和测试方法。这些原则和方法历经 20 多年，不论是对于当初的门户网站还是当前的移动应用都依然经典。其中可用性测试是一种常见的用户研究方法，非常适用于在设计流程以及上线流程中来评估产品设计质量。由于当时人们的主要使用场景上都限于固定室内，因而外在环境或场景影响对于可用性测试的结果并不大，于是传统大型 IT 或互联网公司诸如微软公司对于用户研究大多都是在实验室里完成的，从而诞生了实验室可用性测试（Lab Usability Testing）。实验室可用性测试能够在不干涉受试用户的情况下非常完整的记录用户在受试过程中各种行为数据，甚至能够配合生理信号采集系统来进一步判断受试用户在不同任务时的心理状态，以供设计研究人员进行更为深入的研究和分析用户行为。

居住人数增加，理论上该户的水电煤使用量就会明显增加。按照这一思路，只需要找出那些水电煤使用量明显高出平均水平的门牌号就可以了。于是，浦东城市运行管理中心的工作人员跟技术人员一起开发了一个算法模型，接入水电煤数据进行了测试。测试结果显示，准确度不能达到令人满意的效果。这是为什么呢？调研发现，很多群租房为了避免出现火灾，会把煤气停掉，而由于居住过于拥挤，租客使用的电器非常少，用电量也比普通家庭平均水平要低很多。看来，只用水电煤数据不能准确反映出真实的居住情况。于是，工作人员又尝试引入小区门禁、市民投诉、舆情抓取等其他数据进行反复测试。当引入外卖数据之后，算法模型的准确度一下子提高到了 95% 以上，可以应用于实际工作了。在"发现群租"这个多维模型支持下，2018 年，浦东新区在全区 342 万套房屋中，分析出了 6848 套疑似群租，推送给物业和居委核实后快速进行处置，大大提高了群租治理效率和效果。这就是一个典型的采用离散型实验进行创新的例子。智能发现群租是一个崭新的想法，没有可以借鉴的先例，只能先搭建一个实验性模型，然后再反复测试修改，直到让模型达到预期效果为止。在这个模型使用的过程中，可能还会进一步调整，让精度进一步提高。

（二）收敛型实验

收敛型实验法是指通过调整现有产品或服务的影响因素取得更好的经济和社会效益的方法。进行收敛型实验，首先必须研究清楚影响现有产品或服务的影响因素，以及这些因素是如何产生影响的。

收敛型实验法的应用范围很广，适用于任何数字化产品和服务，用以帮助评估并改进用户体验。例如，在奥巴马的总统竞选活动中，为了获得更多的新支持者和竞选资金，他的团队针对网站的网页设计和电子邮件的主题进行过反复试验。在宣布竞选之时，奥巴马就推出了自己内容丰富的网站，在整个竞选期间，网站根据用户的反应不断调整，大量增加互动元素，让用户可以在网站上开展讨论、自己举办筹款、观看视频等。奥巴马竞选总统网站开发的费用约占到网络营销总费用的27%。MyBarackObama.com是奥巴马团队在美国大选期间使用的网站，奥巴马阵营获得的7.5亿美元捐款有一半来自该网站。电子邮件营销费用占到奥巴马团队网络营销费用的62%。刚开始只有针对美国公民的电子邮件，后来就增加了针对不同族裔的电子邮件，例如，针对华人群体，就用中文书发送题为《我们为什么支持奥巴马参议员——写给华人朋友的一封信》的邮件。网民在奥巴马的竞选网站注册后，就会收到邮件请求"在下周一前捐款15美元或更多"，因为"周一将看到我们的捐款总数，看我们能否与麦凯恩的竞选活动相竞争"，捐款的链接也附在的邮件中。通过EDM营销（Email Direct Marketing，也称"电子邮件营销"）自动传播，奥巴马竞选团队团获得了大量200美元以下的小额捐款，就算没有财团的支持，奥巴马团队也能获得竞选所需要的巨额资金。奥巴马网络营销案例的成功说明，针对影响对象的反馈不断调整和优化原有方案非常重要。

上述两种实验类型可以适用于不同的创新项目，也可以应用于同一个创新项目的不同阶段。在一个创新项目的起始阶段，组织可能会需要使用迭代的离散型过程来广泛测试各种点子，找到哪些点子是可行的，哪些点子是不可行的。在完成设计之后，组织可能要转向使用收敛型过程来测试和优化方案的关键要素，并根据用户反馈持续完善方案。

（三）创新的组织挑战

对任何一个组织而言，组织结构都是影响创新效率和创新效果的重要因素。成熟的大型组织有稳定的工作流程和决策机制，想要改变原有的组织结构无疑都会遭遇阻力。要进行数字化转型，无论是企业还是政府，都必须认识到创新需要在组织层面做出改变。

1. 形成学习和实验的文化

数字化转型是一个内生的过程，必须由组织内部自发驱动才有可能推得动。一个组织内部能产生数字化转型的驱动力，前提是组织能发现新的用户需求，新的服务模式，新的技术手段，新的组织结构，并认识到这些新的事物比组织现有的情况更加科学，更加合理，更加高效。因此，推动数字化转型首先是一个学习的过程，城市的政府部门可以向在数字化进程中先行了一步的先进企业学习，可以向发达地区的其他城市学习，也可以是不同部门之间互相学习。一般来说，企业由于有市场的压力，会更积极采用新技术，探索新商业模式，并围绕新的需要调整组织结构。在数字化转型方面，企业也表现更加积极，已经在各个方面形成了较为丰富的经验，大大扩展了人们获取商品和服务的渠道，改变了人们的思维方式和行为方式。正如英国公共管理学家帕特里克·邓利维（Patrick Dunleavy）所说："当今政府如果不及时推进数字化政府治理，就有可能落入技术脱节、组织孤立和权威崩溃的境地。"[①] 这句话提醒政府部门，在数字化时代，向企业学习，向先进城市学习非常重要。

仅有学习还是不够的，还需要进行实验。学习只能学到新的理念、新的方法和新的模式，在自己的组织中怎样应用，还需要根据实际情况进行重新设计，也就是要进行实验。例如，杭州、澳门、浦东新区、海口、郑州等地都在建设城市大脑，但是建设方案、建设内容、建设模式都不相同。以郑州为例。郑州城市大脑建设起步于 2019 年 8 月，此时杭州城市大脑已经运行 3 年多了。郑州市政府部门就先去杭州、上海等地学习，经过学习，统一了思想，决定要建设城市大脑。但是，怎么

[①] Dunleavy P., Margetts S & Tinkler J. New Public management Is Dead-Long Live Digital-Era Governance. *Journal of Public Administration Research and Theory*，2006，16（3），pp. 467-494.

建，开发哪些应用，解决哪些城市问题，只靠学习是不能给出答案的。城市大脑建设之初，承建方数字郑州有限公司到郑州市各委办局调研的时候发现，从领导到工作人员都提不出具体需求。数字郑州的技术人员就先给郑州市政府的各单位介绍其他城市的做法和经验，启发大家的思路。但是，技术人员听到最多的反馈却是，你们提出的设想很好，很先进，但是杭州和上海这样的城市，信息化水平高，在这样的城市能实现的应用，我们如何实现。

此时，技术人员认识到，郑州市亟须尽快启动一个示范项目，通过一个成功的实验，让当地政府了解如何开展工作。

2020年元旦，一位副市长去郑州市行政事务办事大厅现场办公。他在各个办事窗口巡视一圈之后，发现公积金窗口排队的人特别多。排队人多，说明群众对这项业务的需求量大，而窗口的办理速度跟不上。该副市长就问，城市大脑能不能解决公积金窗口排长队的问题。

这个需求被发现之后，调研团队立即前往公积金管理办公室开展调研，发现排队的人中，最多的是提取公积金的。提取公积金有很严格的条件限制，只能线下办理，又由于要准备多份材料，很多人一次带不全，经常跑多次才能办完。公积金部门也很辛苦，工作人员常年加班，忙得吃不上饭，排队长了还容易出现纠纷。因此，公积金管理办公室的领导也支持技术团队帮助解决这个老大难问题。

技术团队先把公积金提取需要的所有材料梳理了一遍，发现需要群众提交的材料很多是重复的，而且有很多是职能部门本身就有的材料。例如，所有人办理所有事项，都需要提交身份证明，以证明自己是自己。办事人还要把身份证当场复印签字。之所以有这项规定，主要是为了避免出现纠纷。因为以前出现过子女拿老人身份证冒领公积金的事，也发生过离婚分财产时找个人冒充前妻冒领公积金的事。所以办事部门要求本人拿自己身份证现场复印签字，以避免出现冒领事件。

那么这个办事环节是否有依据呢？经办人员就拿出了一份内部的规范性文件，上面就有一条是现场复印身份证并签字，所以也能说有政策支撑。但是这些规范性文件是操作性的，不是政策性的。因此，技术团队认为，现场提供身份证复印签字并不是提取公积金的必要条件。技术人员提出的设想是，办事人员在手机上点一个按键就可以办理，提取的公积金1分钟到账。公积金管理办公室的工作人员认为这个设想很好，但是这么做就突破了现有的规定。这件事后来上报到公积金管理办公室主任，再上报到市政府秘书长，最终减去了提取公积金必须本人到现场复印身份证签字的环节。不用本人到现场，网上办理公积金提取就具备了可能性。

要实现公积金提取"零材料""掌上办""刷脸秒办"，还需要相关部门之间的数据共享交换和各部门系统互联互通。公积金提取牵涉到的就有公安局二代身份证和户口本信息、民政局婚姻登记信息、房管局商品房买卖合同、不动产局不动产权证（房屋所有权证）信息、税务局购房发票和契税完税凭证信息、民政局低保信息、残联的残疾证信息、人社局离职人员信息与离退休人员信息等多个职能部门、多个业务办理系统的数据。通过实现各部门之间的系统打通，使所需的一系列材料在后台自行流转完成核验，则市民只需进行身份验证，系统即可自动识别出是否符合提取条件，只要符合条件，即可"零材料""掌上办""刷脸秒办"。

2020年3月20日，一体化、全流程在线政务服务平台"郑好办"App移动客户端上线。这个App办理的第一个事项就是公积金提取。下载App的市民只需要通过扫脸认证就可进入"一件事"专区，点击对应的事项，不需要提交任何材料，短短几秒钟，需要提取的公积金就能够到账。大家都很高兴。对市民来说，这样提取公积金太方便了，原先需要市民提交的6类材料全部免除；线下办理需要4个审批环节，线上做到"刷脸秒办";原先需要 5 天办结,现在"当场即办";原先需要最少"跑一次",现在变为"一次不用跑"。也就是说,公积金提取流程改造后,整个办理流程减材料 100％、减环节 75％、减时间 80％、减跑动 100％。

公积金"一件事"上线四天,成功提取公积金笔数已接近 1000 笔,发放金额达 1760 余万元。截至 2020 年 6 月 24 日下午 5 时,通过"郑好办"App 成功提取公积金 69460 笔,占全市所有公积金提取办理渠道的 50.05％,发放金额 10.97 亿元。一般情况下提取公积金都可以线上办,只有特别复杂的情况才需要到政务大厅线下办理。

公积金提取"一件事",作为第一批上线的"一件事",在改造优化、效率提升、运行成效等方面都起到了模范带头作用。这件事办成之后,公积金管理办公室非常高兴,自己就申请说要再多办几个事项,把内部没有那么高频的事项,或者更复杂的事项搬上来。其他部门看到公积金提取这件事效果很好,领导表扬,百姓点赞,部门压力减小了,所以其他部门也希望做,这种做实验的积极性就被调动起来了。

郑州的案例充分说明了在组织内部建立学习和实验的文化,对于数字化转型的重要性。

2. 充分调动业务部门的积极性

上海市是国内最早提出城市全面数字化转型的,其中,浦东新区走在最前面。当市委、市政府提出要推动城市数字化转型时,各区并没有完全想清楚怎么落实。推动数字化转型,各区的城市运行管理中心扮演什么角色?各委办局如何发挥作用?大数据局如何定位?每个区都有不同的认识。但是,各区有一个共同的疑问:怎样开发应用场景。数字化时代的一个重要特点是打破区域、部门、行业、层级等的界限,实现跨地域、跨行业、跨部门、跨系统、跨层级的数据共享和业务协同。所谓应用场景就是以用户为中心,涉及跨部门合作的那些应用。数字化转型一般由城市运行管理中心牵头，但是城市运行管理中心并不了解业务部门的具体需求和业务痛点，无法规划出需要开发的应用。于是，上海市就组织各区一起开会，请浦东新区介绍经验。

浦东新区的经验就是发挥业务部门的积极性。浦东区委区政府要求每个委办局牵头开发应用场景，区长每周召集各委办局负责人汇报开发进度。由于充分发动了各业务部门，浦东的数字化应用场景开发成果显著。浦东城市大脑上线五年，推出了包括街面秩序管理、道路管养、产业用地全生命周期共同监管、垃圾分类、城市安全风险综合监测预警、大型饭店综合监管、智慧气象、民情民意智慧感知、数字孪生城市在内的"十大标杆场景"。

例如，针对街面市容秩序常见违法行为，浦东创造性地开发了用智能数据采集车车载 AI 探头对"跨门营业""乱设摊""占道堆物""占道洗车"等市容违法行为进行图像识别和物联感知，并固定违法事实，依托沿街商户基础数据库采用电子化方式进行违法行为告知、调查取证、文书送达、罚款缴纳等流程闭环的非现场执法方式。该管理场景的运用，进一步推进了浦东新区城管转变执法方式，规范执法行为，实现了对城市管理领域违法行为"非接触""智能化"监管，从传统的运动式、固守式执法方式，向全时段、全区域的智能化监管转变，有效破解了城管执法人机不匹配的难题。

浦东新区用 5 年时间，不断探索，形成涵盖了日常、专项和应急三种状态 80 多个应用场景的场景体系，基本形成全领域、全覆盖的智能治理支撑体系，有效解决了浦东在城市管理方面存在的职能分散、条块分割、缺乏协调等问题，增强了城市管理问题的感知能力、研判能力、处置能力，为其他区域城市管理提供了可复制可推广的经验。

3. 建立跨部门协同意识

数字化时代的一个重要变化是组织之间的界限更加模糊，不同组织之间构成联系更加密切的网络关系。这种网络关系的形成是开展业务的需要。对政府部门来说，以前可以"铁路警察各管一段"，现在的要求是联合监管、闭环管理。按照现在的要求，各部门之间必须建立数据共享和业务协作关系，从而部门之间就形成了网络关系。如果某个部门不肯开放自己的系统与其他部门共享，就可能会导致监管不力的事件发生。郑州市发生过的一起重大道路交通事故就是部门之间缺少协作意识的典型案例。

2019年9月28日7时许，一辆大客车在行至长深高速公路江苏无锡段时，冲破道路中央隔离带驶入对向车道，与一辆半挂货车相撞，造成36人死亡、36人受伤，直接经济损失7100余万元。事故的直接原因是大客车驾驶员在高速行驶过程中大客车左前轮轮胎发生爆破，导致车辆失控。经专业机构检验检测和专家综合分析论证，认为轮胎爆破与轮胎气压过高、车辆高速行驶、车辆重载引起轮胎气密层与内衬层脱层有关[①]。

肇事大客车是一辆车龄8年的二手车，在郑州市公安局交通警察支队车管所办理了车辆转入登记业务，行驶证使用性质依申请登记为"旅游客运"。该大客车未取得道路运输证，使用伪造的包车客运标志牌，自2019年6月至事发时往返于安徽省阜阳市临泉县和浙江省绍兴市柯桥区，非法从事道路客运经营活动，直到9月28日发生交通事故。

这辆车在郑州挂了车牌后离开郑州非法从事道路客运经营活动了，但郑州市的管理机构并不知情。

肇事大客车挂靠在一家私营企业国立公司，国立公司在取得营业执照后没有申请道路运输许可，非法从事道路客运经营活动。车管所在肇

---

① 国务院长深高速江苏无锡"9·28"特别重大道路交通事故调查组：《长深高速江苏无锡"9·28"特别重大道路交通事故调查报告》。

事大客车登记查验过程中应该查验行驶记录装置，登记机动车档案并交验机动车。交警支队应监督检查重点单位GPS监控平台情况和各项制度落实情况，发现违规经营应抄告交通运输局。交通运输局应将违法信息和线索移交道路运输管理局，道路运输管理局应将未取得道路客运经营许可、涉嫌非法从事客运经营的抄告信息转给郑州交委执法支队，交通运输委员会执法处（支队）应对有关部门发来的抄告函进行逐函核查，责令非法从事道路客运经营的企业及其车辆停止经营。很明显，在这件重大事故中，有关部门没有严格遵守相关规定做好监管工作。

2020年9月，国务院批复长深高速江苏无锡"9·28"特别重大道路交通事故调查报告，认定长深高速江苏无锡"9·28"特别重大道路交通事故是一起生产安全责任事故。

这件事对郑州市"两客一危"[①]管理敲响了警钟。做好"两客一危"管理，最直接有效的办法就是把工商局、交通局、运管局、交警队、交通运输委等相关部门召集起来，把相关业务数据全部打通。通过数据持续对接，尽可能地避免出现由于信息不对称导致的监管漏洞。其实，原来的政府办公系统也要求数据同步。例如，车管所给车辆上牌照后就要把留档文件推送给相关部门，但是别的部门由于人力资源紧张，很少看这些信息。还有的部门干脆就在自己部门的网站角落公示一下，这就更难被其他部门注意到。信息不全面就很容易被违法企业钻空子。对大客车应该尽可能地进行全方位监管：车管所管上牌，交通运输局管客运资质，市场监管局管理企业，特殊的涉及文广旅用途的大客车，监管部门还要加入文旅局和教育局，此外，所有车辆都必须安装摄像头。这些措施都采取之后，能最大程度地堵住合规车辆监管的漏洞。如果大

---

① 两客一危，是指从事旅游的包车、三类以上班线客车和运输危险化学品、烟花爆竹、民用爆炸物品的道路专用车辆。

客车仅在一个部门办了手续，而其他部门手续不全，那这类车辆很容易被发现和管住。以前，关系户搞定一个部门就能钻空子，现在想钻空子需要搞定多个部门，大大增加了违法成本。

由于重大事故的警示作用，所以交通运输数据的打通推进很快，相关部门的跨部门协同意识也有了进一步增强。

第四章 伦敦和上海数字化转型：
在不确定性中提高韧性

城市数字化转型的关键在于城市层面的整体性转变，而不是局限于分领域分行业分部门的局部的、相互分割的数字化过程，因此，站在全局的角度，研究一座城市怎样从整体上实现数字化转型是当前理论和实践工作的现实需要。根据全球化与世界城市研究网络（GaWC）发布《世界城市名册2020》[①]，伦敦和上海分别被评为Alpha＋＋级和Alpha＋级，都是全球最有影响力的城市。两座城市都保持了较快的经济增长速度和较强的创新能力，也都面临着人口增加、城市安全风险加大、交通拥堵、资源环境压力大等共同问题。2008年金融危机之后，两座全球城市都不约而同地开始谋划以提高城市韧性为目标的城市数字化转型战略，并根据发展情况分阶段分步骤出台了一系列政策措施，完整地呈现了城市数字化转型的演进路径。笔者的研究显示，这两座城市的转型背景、转型过程和转型效果具有较强的一致性，能够体现城市数字化转型的一般规律，并为其他城市的数字化转型提供借鉴。

---

① GaWC自2000年开始不定期发布《世界城市名册》，通过检验城市间金融、专业、创新知识流情况，确定城市在世界城市网络中所处之位置。该榜单对城市进行Alpha, Beta, Gamma, Sufficiency四个级别的划分，以表明城市在全球化中的位置及融入度。2020年的世界城市名册见https：//www.lboro.ac.uk/microsites/geography/gawc/world2020t.html.

一、伦敦数字化转型的背景、过程、做法和成效

（一）转型背景和思路

1. 转型背景：应对全球金融危机的冲击

作为全球城市的伦敦，在二战之后的 70 多年里历经风雨沧桑。当英国的 GDP 在世界排名下滑至第 6 位时，"日不落帝国"的辉煌不再，但伦敦依然傲立于全球城市体系的金字塔尖。回顾其城市发展史，伦敦成功地实现了从"工业经济"向"服务经济"的转型，并完成了从"工业之城"向"金融之都""创意之都"的华丽蜕变。

尽管伦敦高居全球城市体系的金字塔尖，但其能否长期维持这一地位一直受到质疑，甚至有舆论认为："伦敦失去世界之都的地位，这不是会不会发生的问题，而是什么时候发生的问题。"[①] 在全球化浪潮快速推进、世界经济格局不断变化的时代，国内市场狭小、后工业化社会特征明显的伦敦时刻感受到来自欧洲其他城市的挑战。

（1）过分依赖金融服务业增大了经济风险，培育新的经济增长点迫在眉睫

20 世纪 60 年代初，伦敦的国际金融中心地位日渐式微，英国在全球经济中的重要性也随之降低。1966 年美国政府强制执行了"Q 条例"和利息平衡税，刺激了投资者将美元投放到国外。伦敦因而吸引了比纽约还多的国际银行驻扎，赢得了新的发展机会，成为欧洲共同市场的中心。1997—2007 年间，英国的人均 GDP 在七国集团中居于首位，而伦敦金融城保持了与纽约和东京并驾齐驱的全球金融中心地位。英国的金融业为全世界提供金融服务，行业利润从 20 世纪 90 年代中叶起连年猛

---

① 〔加拿大〕克里斯托弗·库塔纳：《伦敦为什么办奥运》，《社会观察》2012 年第 8 期。

增。2007年，伦敦经济增长很快，年度经济增长率（Gross Value Added，缩写为GVA）高达6.5%。2008年国际金融危机对伦敦金融服务业造成了严重冲击，导致伦敦经济迅速下滑，从2008年第一季度的5.9%下降到2009年第一季度的-7%，直到2010年才恢复到2.4%的年增长水平（图4—1）。这次经济衰退使伦敦政府看到了过分依赖金融服务业的局限性，自2009年以来制定了一系列发展战略，力图充分利用其在信息技术方面的先发优势，通过实施数字化战略，努力打造伦敦在全球信息产业领域的领先地位，为其经济的可持续发展注入新的动力。

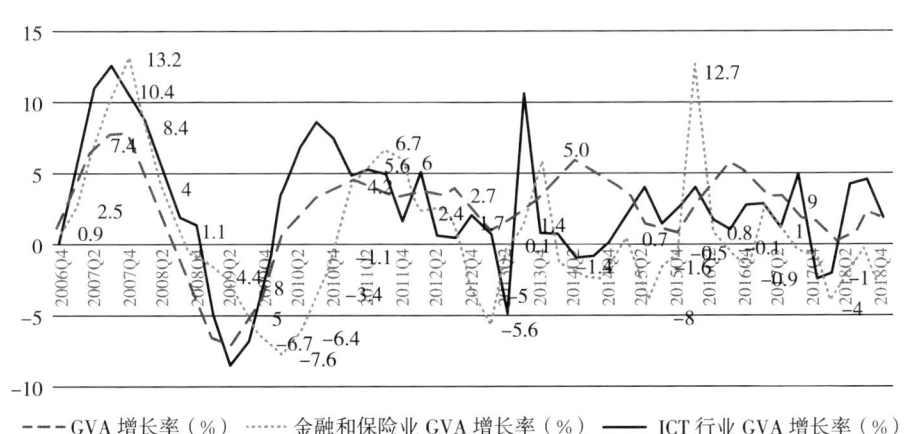

图4—1 伦敦部分经济指标变化情况（2006—2018）①

（2）城市人口持续增加，扩大城市基础设施建设规模及提高其运行效率愈加迫切

伦敦人口在经历了二战之后到20世纪80年代的缓慢流失过程之后，进入20世纪90年代开始持续增长，从1991年的682万人快速增加到2001年的732万人。在21世纪头10年，伦敦的再城市化速度明显加快，人口数量不断刷新历史纪录，到2011年达到817万。大量的

---

① 资料来源：根据伦敦数据仓库的经济数据绘制。Economy Dashboard-London Datastore.

人口流入对伦敦的基础设施供应带来不小的压力。

资金供给不足始终困扰着伦敦基础设施建设和维护升级。以公共交通为例。在2012年伦敦奥运会交通建设中，随着2008年下半年全球金融危机的加剧，英镑贬值、通货压力等因素的影响，伦敦奥运会的预算较申办奥运会时增加了一倍多，其中包括主要用于城市交通建设的16.73亿英镑的基础设施费用。奥运公共交通的建设主要由政府投资，原计划吸引一定的私人投资。但据英国政府环境战略规划的顾问彼得·霍尔评价，在金融危机的严重影响下，伦敦奥运私人投资的预期没有表现出应有的作用，很多公司在建设伦敦奥运工程的过程中得不到银行的有力支持而不得不放缓甚至停止奥运项目建设[1]。私人投资不足对政府投资造成了更大的压力。此外，能源紧缺也日益严重。2008年英国能源分析和咨询公司Inenco发表的报告预计，到2012年，英国将因报废电厂、电站而丧失大约1/7的发电量，而新的发电设施尚未建成，伦敦奥运期间有可能出现电力供应不足。

城市基础设施建成之后，运营资金也是个大问题。伦敦地铁由国营伦敦地铁公司（London Underground Limited，LUL）拥有并运营。20世纪90年代英国政府面临地铁投资严重不足的局面，致使地铁系统产生许多不稳定因素。英国政府在反复权衡后，最终选择了以政府和私人部门合作的方式（Public-Private Partnership，PPP）对地铁系统升级改造。该PPP项目于2003年签约，2008年即宣告失败，直接导致英国政府损失超过41亿英镑。2010年伦敦地铁由政府收回管理后依然面临着严峻的资金压力。事实上，公共交通在世界上少有盈利的案例，营运方、政府、公众很难找到平衡点，且高昂的维修成本和折旧费也让这项

---

[1] 倪敏东：《奥运会轨道交通规划的影响因子分析——以北京和伦敦奥运会为例》，华中科技大学硕士学位论文2010年。

服务公众的民生工程成为政府必须要负担的支出。因此，伦敦亟须采用现代信息技术提高公共基础设施运营效率，并吸引更多的私人机构参与到基础设施建设和运营中来，才有可能满足人口增长对城市基础设施建设的需求。

(3) 环境污染治理任重道远，城市可持续发展面临严峻挑战

21世纪以来，尽管伦敦已经采取了一系列措施来改善空气质量，但与欧洲的大城市一样，伦敦的污染仍然严重。2012年春，伦敦的各种颗粒、二氧化氮、二氧化硫以及其他污染物已达到了自2008年推出新严格测量法以来所没有记载过的高浓度，面临被巨额罚款的危险。根据欧洲新实施的悬浮颗粒物处理标准（PM10），有一个委员会考察了欧洲17个主要城市在2005年至2010年间的空气污染治理措施后，认为伦敦市的空气质量等级低于欧洲国家的平均值，是欧洲最不健康的主要城市之一。2012年，大伦敦成为英国唯一要求延期达到PM10标准的城市[1]。

2008年以后的伦敦规划将气候变化作为伦敦市所需要面对的重要威胁之一。1999年《京都议定书》签订以后，英国是世界上第一个承诺到2050年减少80%碳排量的国家。可持续发展既是伦敦规划应对城市发展资源短缺的一种对策，更是伦敦从城市发展模式、经济导向、社会平衡等更广泛的角度全面转型的主动选择。在伦敦规划的修订过程中，越来越重视可持续发展的问题，2004年伦敦规划中，利文斯顿市长提出将伦敦建设成为"可持续发展的样板城市"[2]，到2011年，约翰逊市长则提出更高的要求："要按照最高的环境质量和生活质量标准建

---

[1] 余志乔、陆伟芳：《现代大伦敦的空气污染成因与治理》，《城市观察》2012年第6期。

[2] The London Plan 2004, Forward. https://www.london.gov.uk/what-we-do/planning/london-plan/past-versions-and-alterations-london-plan/london-plan-2004.

设伦敦,在应对气候变化的问题上,伦敦应当引领全球"[1]。新目标的设定为城市可持续发展提出了更高的要求,在保持城市增长的同时优化城市环境质量需要引入新的治理技术、方法和模式。

(4) 城市治理碎片化严重,政府部门间和各级政府间的协同程度亟须提高[2]

伦敦大都市区由33个相对独立的行政区划单元共同构成。2011年,伦敦人口817万人,面积1588.36平方公里,每个自治市的平均人口规模近25万人,平均面积规模近50平方公里。为了实现协同治理,2000年以来,伦敦采取了"大伦敦管理局(Great London Authority,GLA)—自治市议会"双层治理结构,除了基层自治外,在上一层设置了大伦敦管理局。大伦敦管理局的主要职责范围包括交通运输、土地利用规划、经济发展、环境保护、社会治安维持、火灾和紧急事务处理、文化体育和公众健康,等等。伦敦区级政区主要承担着本区的日常事务,具体包括:教育、社会服务(儿童保护、日常护理和家政服务等)、住宅建设、公路维护、区域规划、街道清扫和垃圾处理、文化和休闲产业(图书馆)等。事实上,伦敦政府由数量众多、规模不等、级别不一的分散机构组合而成。这些机构按照性质可以划分为正式的组织和非正式的组织、中央政府、地方政府、半官方组织、联合委员会,以及中央政府和地方政府指派的组织,等等。各式各样的组织的职能领域和管辖范围相互掺杂,共同行使着伦敦大都市区的管理职能。由于体制复杂,利益交错,导致许多大都市区层面的管理职能不能被很好地行使。面对伦敦城市治理的复杂局面,有学者认为,不管伦敦的政府组织怎样变革,"在伦敦实现全市性的、协调的、有效的规划与管理的愿望

---

[1] The London Plan 2011, Forward. https://www.london.gov.uk/what-we-do/planning/london-plan/past-versions-and-alterations-london-plan/london-plan-2011.

[2] 马祖琦:《伦敦大都市管理体制研究评述》,《城市问题》2006年第8期。

与权衡众多有实力的地方利益的需要之间将永远存在冲突"①。因而，大伦敦管理局迫切希望通过数字化转型建设整体政府，提高区域协同水平和城市治理能力。

2. 转型思路：以数字化转型提高城市韧性

21世纪的第一个十年末期，伦敦面临着产业结构过于集中受世界经济波动影响大、人口增长导致基础设施供给缺口加大、环境污染影响城市可持续发展能力、城市管理碎片化阻碍政府管理和服务效能提升这四个方面的主要问题，利用新一代信息技术培育新的经济增长点、提高基础设施建设运营和污染治理水平、提升政府治理效能，建设韧性城市，成为这个时期伦敦推动数字化转型的逻辑起点。

伦敦在十多年前就认识到数字化转型对提高城市韧性的重要作用。伦敦将韧性城市定义为"一座城市在经历长期压力和剧烈冲击之后，其系统、商业、制度、社区和个人生存、适应和增长的能力"，认为韧性城市具有八个标准：接受不确定性和变化；反思过去以吸取经验教训；适应不断变化的条件以变得更强大和更有效；遭遇中断时系统能够继续工作的耐用性；基础设施系统和资源供应的适当冗余；系统的整合；多样性；包容性②。2011年10月，伦敦市长发布的《管理风险和增强韧性》报告中就明确提出通过数字化转型提高城市韧性的思路。该报告制定了韧性城市路线图，而且在前言中宣示，"在后奥运时代的伦敦，我们也可以抓住机遇，把首都打造成数字领袖、智慧城市。通过利用数据的力量，我们可以更有效地管理我们的城市，理解环境与经济发展之间的平衡，更好地与伦敦人沟通，使他们能够在生活和工作方式上做出更

---

① 〔英〕德克·林高：《伦敦的城市规划和管理：最近的变化》，《国外城市规划》1997年第4期。

② ARUP. Smart Cities: Transforming the 21st century city via the creative use of technology, 2010, p. 4. https://www.arup.com/perspectives/publications/research/section/smart-cities.

明智和可持续的选择"[1]。此后，以数字化转型提高城市韧性的思路贯穿于此后十余年间伦敦出台的相关政策文件之中。

(二) 转型过程和做法

2009年以来，英国政府和伦敦市政府先后出台了一系列数字化发展政策，根据这些政策的目标设定和重点内容，可以将伦敦数字化转型划分为四个阶段。

1. 加大基础设施数字化，汇聚城市数字化发展新资源阶段（2009—2014年）

在这个阶段，伦敦抓住举办奥运会的契机，大力倡导数字化理念，加大数字基础设施建设规模，积极支持信息技术产业发展。

(1) 主要做法

①建设数字基础设施。

为响应英国政府打造"数字之都"的战略规划，伦敦加快推进升级包括有线网、无线网、宽带网在内的数字网络建设，努力成为欧洲网络最畅通的城市。按照《智慧伦敦规划——使用新技术的创造力服务伦敦和改善伦敦人的生活》（简称《智慧伦敦规划》），到2014年，全市150座地铁站实现Wi-Fi覆盖；投资100万英镑为美术馆和博物馆提供免费Wi-Fi；投资2400万英镑为中小企业提供负担得起的光纤宽带；到2015年，确保伦敦有全球最快的无线网络[2]。伦敦将伊丽莎白奥林匹克公园作为一个智能技术的全球展示窗口，在公园中建设iCity数字广场，提供欧洲最先进的数字基础设施，并支持在公园建设便捷交通、可持续性

---

[1] Mayor of London. Managing Risk and Enhancing Resilience，2011.
[2] Mayor of London. Smart London Plan. Using the Creative Power of New Technologies to Serve London and Improve Londoner's Lives，2013. https：//www.london.gov.uk/sites/default/files/smart_london_plan.pdf.

和数字连接类项目，为游客提供智能化体验，打造数字化转型样板，发挥引领示范作用。

②推进传统基础设施数字化。

伦敦一方面加快数字基础设施建设，另一方面努力对传统基础设施进行数字化改造。2013年，伦敦即通过市长的长期基础设施投资计划调查该市到2050年的长期基础设施需求，研究如何通过现代信息技术去更好地满足这些需求。伦敦利用物联网技术和大数据分析进行道路、铁路、桥梁、隧道等传统基础设施的监控、自动化和优化，从而减少事故、加强应急处置协同，提高服务质量，降低运营成本。伦敦还在供水、供能、污水管理等系统的智能管理和分配网络中大量应用数据驱动的解决方案。为了最大限度地提高基础设施使用效率，伦敦制定了家庭、办公和运输能源消费"能源和温室气体调查目录""伦敦大气排放目录"，对目录中的指标进行数字化监控，使城市性能、能耗和环境数据成为开放数据，并为管理者提供决策依据。通过将能源生产、消费、供给和利用数据的全面整合，促进各个环节的有效协同，实现保障供给、成本节约、环境友好等多重目标。

（2）主要进展和存在的问题

随着大量信息化项目的推进，伦敦的数字产业发展很快，产业规模和就业人数增长速度都超过了传统的优势产业金融保险业，成为新的经济增长点。从图4—1可知，2009年下半年之后，ICT产业较伦敦传统优势产业金融保险业更早走出低谷，并保持了相对较高的增长速度。2010年到2014年间，ICT产业年均增长率为2.94%，而同期金融保险业仅为0.07%。从就业人数来看，ICT产业从2011年开始超过金融保险业，到2014年前者比后者就业人数多4万人，此后这一差距持续扩大（图4—2）。

除了数字产业迅速发展之外，这一阶段的建设在客观上也为城市数据资源的产生、传输、存储和汇聚打下了坚实的基础。

这一阶段伦敦面临的主要问题，一是财政经费紧张，数字产业建设规模受限；二是低收入群体信息化水平偏低，难以适应数字化发展的需要。

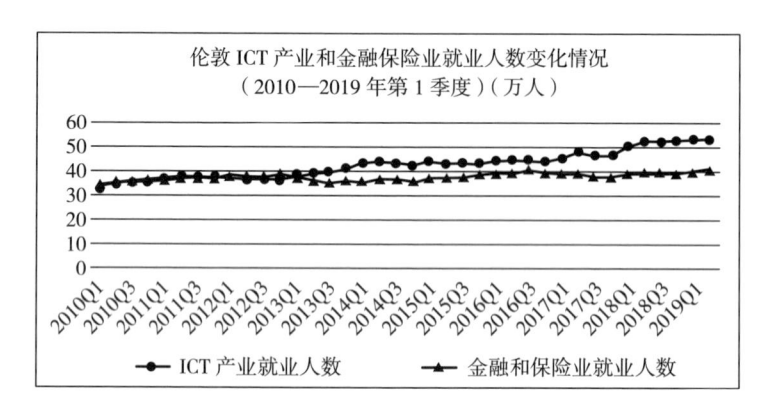

图 4—2　伦敦 ICT 产业和金融保险业就业人数变化情况（2010—2019 年第 1 季度）[①]

2. 建设城市运行系统，搭建城市数字化发展新底座阶段（2015—2016 年）

在上一个阶段，伦敦通过推进数字基础设施建设和传统基础设施数字化改造、促进移动互联网应用等措施，搭建了城市数据流通的基础设施网络，丰富了城市数据的产生、采集和汇聚的场景和载体，让城市拥有了有史以来最为丰富的数据资源。接下来要考虑的是搭建城市数字化底座，实现城市数据资源的整合和共享。所谓城市数字底座，是指以政务云和城市数据湖为依托，通过城市物联网、城市视联网、城市时空信息构成的城市感知体系。其构成包括三个层次：第一层是在城市框架内收集数据的基础设施，包括收集和传输数据并对数据进行进一步处理和分析的技术和解决方案；第二层是对汇集的数据进行存储、管理、处理

---

① 资料来源：根据伦敦数据仓库就业数据绘制，https://data.london.gov.uk/gla-economics/gla-economics-dashboard/。

和分析的专用工具,例如,城市运行系统;第三层是所有相关方之间的数据交换,以及在分析数据的基础上采用解决方案,包括具有开放数据和数据可视化工具功能的平台,例如,城市仪表盘和城市运营中心。

(1) 主要做法

城市运行系统使用不同的现代信息技术将各种城市系统和领域整合起来。早在 2010 年 1 月 8 日,伦敦市政厅就推出了伦敦数据仓库(London Datastore),可以免费提供伦敦的大量数据。2010 年时,该数据仓库只有 500 个数据集,主要用于电子政务,以提高政府透明度,便于市民监督。2014 年以后,伦敦认识到城市级数字连接基础设施的重要作用,将数据仓库的功能进行了大范围的拓展,从原先主要服务于电子政务转变为服务于整个城市的经济、社会和治理,并通过不断完善发展成为城市运行系统。因而,伦敦数据仓库不仅纳入了更多的数据集,还整合了伦敦的传感器网络(据统计,2013 年伦敦就有超过 2000 万个传感器)。到 2016 年,该数据集整合了全市交通、安全、经济发展、旅游等跨部门跨行政区数据,能提供 700 多个数据集,涵盖艺术和文化、商业和经济、犯罪和社区安全、人口、教育、就业等 17 个大类,可通过免费的统一的应用程序接口(API)为开发人员提供超过 80 种数据资源,每个月该数据库的使用量高达近 7 万人次[①],从而为应对城市挑战和改善公共服务提供更多可用的数据资源。

在城市运行系统的支持下,伦敦城市治理的方式方法不断创新。例如,伦敦利用传感器数据绘制一系列空气质量地图,显示不同地点的污染水平,以决定新的电动巴士路线的优先次序。再例如,以前,伦敦道路工程占道路中断成本的 36%,相当于每年要支付约 7.2 亿英镑的间

---

① Mayor of London. Smarter London Together _ The Mayor's roadmap to transform London into the smartest city in the world [R]. 2018. https://www.london.gov.uk/what-we-do/business-and-economy/supporting-londons-sectors/smart-london/smarter-london-together.

接成本。而地下资产受损导致的费用高达1.5亿英镑。为了最大限度地减少基础设施建设的意外成本，伦敦数据仓库整合了公用事业公司资产位置和状况数据，不同公用事业公司可以共享这些数据，并负责"实时"更新，从而将不同建设项目之间的干扰降到最小。

（2）主要进展和存在的问题

作为伦敦的城市运行系统，伦敦数据仓库为政府跨区域、跨部门、跨层级地做好公共服务和提高公共服务效率提供了基本的数字化平台，促进了众多组成部分协同工作。通过城市运营系统，伦敦将城市各个机构和部门（包括公共交通运输、电网、市政和公共设施服务、应急服务、天气预报、政务信息等）的实时数据整合起来，成为一体化的数据分析中心，对城市级的数据进行监控、处理、分析和可视化，从而帮助决策者迅速做出决策，及时解决问题，城市管理实现了"超过各部分之和"的整体效应。

这一阶段的主要问题，一是跨行政区域、跨部门整合数据资源难度仍然很大，行政人员和公共服务人员的数字素养和数字技能也有待提高；二是伦敦制造业比重很低，产业数字化主要集中于金融科技等少数领域，数字资源优势难以得到充分发挥。

3. 重视数据资源的战略地位，释放城市数字化发展新价值阶段（2017—2018年）

2017年，英国政府发布了《数字英国战略》（*UK Digital Strategy*），预计2015年到2020年间，数据将使英国经济增加2410亿英镑，因而必须确保企业和政府能够以创新和有效的方式使用数据[1]。因此，本阶段伦敦致力于为数据可访问和可使用创造适宜的环境，以促进各种

---

[1] Department for Digital, Culture, Media & Sport and The Rt Hon Karen Bradley MP: *UK Digital Strategy*, 2017.3.1. https://www.gov.uk/government/publications/uk-digital-strategy.

组织的成长。

(1) 主要做法

伦敦将加强协作能力作为公共服务的使命，致力于通过采取更加联合的方式，帮助各种机构利用数据解决伦敦面临的一些重大挑战。为了让伦敦数据仓库升级为伦敦数据集的"中央寄存器"（通过元数据/描述链接到数据持有者），从而在伦敦的33个行政区、商业和研究机构之间实现更好的共享，就需要对数据资源的全生命周期进行更加系统的研究，商定数据标准、创建数据共享协议和开发帮助解决问题的工具，把伦敦数据仓库从单纯提供数据存储转变为提供一揽子数据服务，以更好地满足用户的需求。

①夯实可信、可用、安全、稳定的数据基础。

只有当数据被以标准化的格式保存于安全可靠的现代信息系统中，并且这些数据可查找、可访问、可互操作、可重复使用，数据的真实价值才能得以充分实现。因此，拥有高质量的数据基础是城市数字化转型的首要条件。为了建立高质量的数据基础，伦敦主要采取了三项措施。第一，制定政府数据质量标准和技术流程，确保政府间采用一致的数据标准。第二，建设政府综合数据平台，提供数据标准、工具和方法，为政府数据的安全存储和大范围汇聚提供可靠的数据基础设施，并帮助决策者使用实时数据和分析工具进行政策制定和提供优质公共服务。第三，建立跨部门数据治理机制，并通过示范项目促进部门之间的相互学习。

②确保数据可用性。

数据资源要发挥作用，就必须在适当的条件下可访问、可移动和可重复使用。这意味着公共部门、私营部门和第三方组织之间更好地协调、获取和共享适当质量的数据，并确保对数据的国际流动提供适当的保护。伦敦着重从四个方面提高数据可用性。

第一，经济和社会数据的可用性。推动智能数据开放计划，让消费者和中小企业方便、安全地与经授权的第三方共享公司共同持有关于他们的数据，以减少商业摩擦，降低初创企业的成本，创造就业机会。

第二，保障数字市场有效运作。大规模收集和存储数据成本很高，只有实力雄厚的大企业能够做到。这种状况会导致数据垄断，抬高市场进入的门槛，影响市场公平竞争。因此，伦敦积极采取措施促进数据共享。

第三，开放数据。伦敦市政府对所有部门的公共数据都采取了"默认开放"的政策，充分释放公共数据的价值。如图4—3所示，学术机构可以利用政府开放的公共数据开发城市仪表盘和公共自行车App免费提供给公众使用，成为政府公共服务的有效补充。

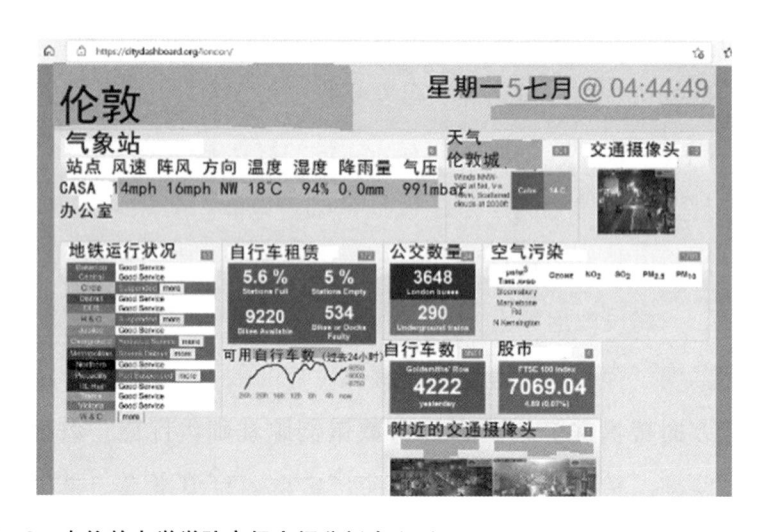

图4—3 由伦敦大学学院高级空间分析中心（Centre for Advanced Spatial Analysis）的人员使用开放和免费数据开发的伦敦数据仪表盘

第四，促进公共部门和私人组织之间的数据共享。有些数据可以对公众开放，但有些数据因为隐私、国家安全或商业竞争等原因，无法直接向公众开放。在这种情况下，伦敦政府尝试通过向私营企业开放政府数据来解决城市的公共利益问题。

③提高数据技能。

要充分利用数据，使用者必须具备足够的数据技能，包括掌握编程、数据可视化、数据分析和数据库管理等技术，以及解决问题、项目管理和沟通等能力。伦敦主要从两个方面提高数据技能。

第一，发展劳动力数字化能力。伦敦政府从基础教育、大学和职业教育三个方面增加数据技能的教育和培训，提高市民的基本数据素养，培养高水平的数据人才。大伦敦委员会推出许多针对学龄儿童和年轻人的数字技能学习计划。例如，对小学教师进行编程培训，举办"代码伦敦"小学生编程挑战赛等。针对16～24岁的年轻人，伦敦市长设置了数字人才计划，帮助青年人在数字产业就业。此外，伦敦还每年征收学徒税用于提供数字化技能培训。

第二，提高公共服务的数字领导力。伦敦大力提高公共部门领导和工作人员的数据技能，在政府和公共部门中推动和完善数据文化。此外，伦敦市长与互联网公司的Doteveryone计划合作在市政厅开展数字领导力计划，对公共部门领导人提供培训，以帮助各级公共服务部门跟上数字化变革的速度。

（2）主要进展和存在的问题

这一阶段，伦敦围绕数据流动这一主线，从标准、制度、治理、环境等各个方面提供保障，着力夯实数据资源基础，打造"数字高地"。到2018年底，伦敦数据仓库已经汇集了6000多个数据集，能够提供更加丰富的公共服务，市民使用数据资源的意识和能力也都有了较大提高。2018年，有超过8万人使用由估价局提供的伦敦房租地图找到了心仪的住房；家长们利用GLA提供的学校地图集为孩子选择适合的学校（图4—4）；居民利用GLA开发的文化基础设施图方便地找到附近的音乐厅、工作室和社区大厅……此外，共享数据的格式和范围都有进一步的扩大，例如，在欧盟资助的共享城市项目中，GLA与格林威治议会合作在地方政府出租住房中使用智能灯柱和能源管理等新技术，采集的实时数据（而非以前数据库提供的静态数据）在从事该项目的不同组织之间共享。

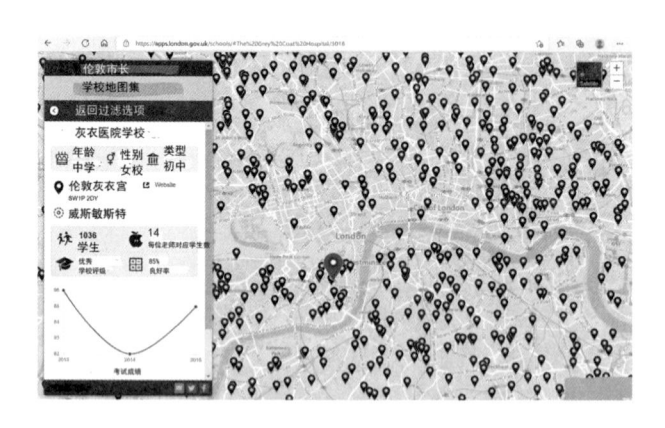

图 4—4　伦敦学校地图集（London Schools Atlas）[1]

这一阶段存在的主要问题，一是如何平衡保护个人隐私与降低中小企业使用数据资源成本之间的关系；二是公共部门与私人部门之间数据共享和数据流动的通道及政策仍不完善，公共部门在公共服务中使用数据创新的模式还有待探索，在一些领域取得的有特色的成功经验有待总结和向更大范围推广。

4. 促进数据流动，激发城市数字化发展新动能阶段（2019 年至今）

数据是数字经济时代的关键要素。当城市搭建了数字化底座，确立了数据资源的战略地位，接下来要做的就是如何让数据更自由更顺畅地流动，并与城市中的其他要素相结合，激发城市发展的新动能。英国政府认为，"对于企业和其他组织而言，数据是一种极其宝贵的资源"，"释放数据的价值是推动数字行业和整个经济增长的关键"[2]。这一阶段

---

[1] 资料来源：https://Apps.london.gov.uk/schools/.

[2] Department for Digital, Culture, Media & Sport and The Rt Hon Karen Bradley MP: *UK Digital Strategy*, 2017.3.1. https://www.gov.uk/government/publications/uk-digital-strategy.

的主要特点是进一步凸显数据作为战略资源的核心价值，逐步完善城市创新生态，充分发挥数据价值化的作用。所谓数据价值化，是指数据作为全新的、关键的生产要素，贯穿于数字经济发展的全部流程，与其他生产要素不断组合迭代，加速交叉融合，从而引发生产要素结构方式多领域、多维度、系统性的变革。

（1）主要做法

2018年6月发布的《共建智慧伦敦——让伦敦向世界最智慧的城市转型的路线图》（以下简称《智慧伦敦路线图》）大力促进数据流动，提出要将伦敦建设成为"未来创始人和欧洲最大的技术促进社区的所在地，利用数字技术和数据应对机会挑战"，并呼吁33个自治市政府和公共服务机构在数据和数字技术的帮助下更好地工作和合作，以"提升数字和数据领导力，使公共服务更加开放创新"[1]。因而，2019年以来，伦敦从企业和政府两个方面着手，为激发城市数字化发展新动能进行了积极的探索。

①支持企业利用数据创新，创造数据产业优势和创新优势。

为了降低中小企业和初创企业使用数据创新的成本，伦敦大力推动公共数据向市场开放。伦敦数据仓库是世界上最早开放和访问公共数据的平台之一，拥有关于城市所有区域的大量数据，科技初创公司使用这些数据开发创新应用。伦敦市政府大力支持中小企业积极争取公共部门的合同，由伦敦交通局（Transport for London，TFL）代表大伦敦管理局来管理相关采购工作。伦敦交通局专门设立了技术创新门户网站，用于征集中小企业的项目方案，入选的项目方案将进入政府采购。伦敦交通局的实时交通信息数据库是伦敦数据仓库中上线最早的数据库之

---

[1] Mayor of London. Smarter London Together _ The Mayor's roadmap to transform London into the smartest city in the world，2018. https：//www. london. gov. uk/what-we-do/business-and-economy/supporting-londons-sectors/smart-london/smarter-london-together.

一，其他企业利用该数据库开发的 App 就有 675 个，有超过 41%伦敦人使用这些 App。德勤企业管理咨询有限公司估计，仅伦敦交通局提供的开放数据，每年产生的经济效益和节余可达 1.3 亿英镑[①]。通过利用城市数据创新，伦敦已经产生了 Deepmind 这样的全球领先的人工智能公司和世界领先的虚拟现实技术公司 Improbable，后者获得了英国技术公司有史以来最大的风险投资额 5.02 亿美元。

②加强全市数据协作，构筑整体政府精简高效服务新模式。

伦敦将加强数据流动和共享作为促进自治市协作和提高城市治理能力的重要手段，并在 2019 年以后将这一思想进一步落实到实践层面。市长提议设立了"伦敦科技创新办公室"（The London Office of Technology and Innovation，LOTI），专门负责帮助伦敦各自治市通力合作，通过数字化改善公共服务。伦敦科技创新办公室于 2019 年 6 月 10 日在伦敦科技周上发布，并于 2019 年 7 月 15 日开始正式运营。伦敦科技创新办公室的工作领域主要有六个方面：引入数字人才帮助地方政府领导者在数字化发展中发挥更大作用；促进同行之间对业务需求、数字化思想、数字化工具和模式等的共享；鼓励公共部门的各个机构、供应商、政府技术机构、政府采购机构、大学和非营利组织之间建立更高效的合作关系；建立通用的技术标准和方法并加以推广；帮助各区联合进行数据分析和应用；帮助各区在数字化过程中分散风险、降低成本和分享创新。成立伊始，伦敦科技创新办公室就开发了交互式仪表盘"City Tools：London"，直观展示伦敦大部分自治市使用的软件系统、硬件制造商和独特供应商以及采购情况，以帮助用户了解哪些自治市正在使用哪些特定的系统或某个自治市正在使用的所有系统，以发现区域

---

① Mayor of London. Annual Report and Statement of Accounts，2017（18）. https：//www. london. gov. uk/about-us/governance-and-spending/spending-money-wisely/annual-accounts-and-governance-statement.

协作和共享采购的机会。地方当局也可以使用这个仪表盘发现系统共享和联合采购的机会，让自己获得更大的议价能力，减少行政开支。同时，这个平台也为供应商及早参与政府新的数字化应用提供了条件，因为供应商介入越早，越能充分了解政府的业务需求，而政府部门也越能了解技术前沿进展情况，使新的应用更能有效地解决实际问题。

除了交互式仪表盘之外，伦敦科技创新办公室还不断在全市范围内推出"数字排斥互动地图系统""充电桩仪表盘"等项目，一改以前各自治市各自为政的做法，从全市层面实现基础设施布局的优化。

（2）主要进展和存在的问题

伦敦设立专门机构促进公共数据在全市层面的整合、共享和开放，极大地丰富了伦敦数据仓库的数据集数量和质量，为中小企业利用这些数据创新提供了良好的条件。伦敦政府还积极鼓励政府在数字化转型过程中加强与企业的合作，为企业创造更多的市场机会。供给与需求双管齐下，城市数字化发展新动能初露端倪。英国中央银行英格兰银行2021年5月6日发布公告称，随着新冠疫情限制的取消，英国经济将在2021年获得超过7%的增长，将是英国经济自1949年开始官方记录以来最强劲的经济扩张[1]。

值得注意的是，伦敦正面临着将所有使用数据共享为开放数据的挑战。英国国家基础保护中心对伦敦的公共数据开放提出了建议，认为公开发布和共享政府汇总的数据存在安全风险，一个孤立的数据集也许风险没那么大，但如果与其他开放数据集结合起来进行分析，就可能对国家安全造成潜在的威胁。因此，伦敦面临着如何平衡好数据开放带来的利益与潜在的安全风险之间的挑战，在公开发布任何数据之前，需要进

---

[1] 英国央行：《英国经济将获快速增长》，中国新闻网，2021年5月7日。

行数据隐私影响评估并采取所有相关的信息治理步骤，以确保公开发布的数据不会产生意外后果。

（三）转型成效

1. 数字经济蓬勃发展，数字产业新生态迅速形成

数字经济成为伦敦新的经济增长点，经济多元化程度不断提高。从2013年起，伦敦ICT产业取代金融保险业，成为提供就业岗位增长最快、提供就业岗位最多的行业之一。2019年上半年，ICT产业就业人数53.1万人，而金融保险业仅为40.2万人（图4—4）。城市数字化建设生产和汇集了海量数据，这些数据为伦敦发展数字技术和人工智能提供了宝贵的资源，帮助伦敦维持了欧洲科技之都的地位。目前，伦敦已成为清洁技术、数字健康、教育科技、移动创新的中心，还是金融科技、法律科技和支持创新的专业服务的全球枢纽。从2006年到2016年，伦敦的数字部门就业增长77%，数字企业数量增加90%；2016年技术产值达到560亿美元，近5年增长106%[①]，远高于英国平均水平。2017年，伦敦有4.6万家技术公司，提供了24万个工作岗位，形成的生态系统估值440亿美元。即使是在2020年新冠疫情期间，伦敦科技公司仍表现出强劲的发展势头，吸引了整个欧洲1/4的科技融资额（431亿美元）。作为欧洲"独角兽"之都，伦敦还孕育了一批全球发展最快的科技公司，现拥有47家独角兽公司，其中，金融科技（Fintech）公司18家，占整个欧洲所有金融科技公司的一半。2020年，伦敦金融科技公司共吸引了43亿美元的投资，过去5年共筹资154亿

[①] Mayor of London. Smarter London Together _ The Mayor's roadmap to transform London into the smartest city in the world，2018. https：//www. london. gov. uk/what-we-do/business-and-economy/supporting-londons-sectors/smart-london/smarter-london-together.

美元[①]。

伦敦还聚集了许多文化、学术和市民社会机构,例如,开放数据研究院(Open Data Institute,ODI)、英国科学技术及艺术基金会(Nesta)、未来城市弹射器(Future Cities Catapult,FCC)及有国际影响的大学和创新中心,其中有不少机构是数字技术领域的思想领导者,这些机构深厚的研究基础和活跃的学术气氛帮助伦敦在基础研究方面走在世界前列。

2. 数字社会建设凸显共建共治,社会治理共同体加速构建

伦敦城市数字化发展高度强调市民和各种组织参与城市"共创"。大伦敦委员会创建了"对话伦敦"网上社区,采取在线讨论、直播问答、专门项目调查等形式,吸引更多的伦敦市民参与城市数字化发展规划和政策的讨论,让市民在城市治理中发挥更积极的作用。例如,市民在网上社区讨论如何减少自行车与机动车碰撞的事故发生率,大学生Emily Brooke 发现了这一需求,研发出一款激光自行车灯,通过在自行车面前五至六米处映射出一幅绿色的激光图,帮助汽车司机留意到自行车,以此提高骑车人的安全系数(图4—5)。2016年伦敦公共自行车的赞助商桑坦德银行和伦敦交通局共同出资130万美元为所有的公共自行车安装了此款车灯,进一步保障道路交通安全。

大伦敦委员会还创建了"伦敦众筹"数字平台,由伦敦市政府提供部分资金来支持社会团体的社区改造计划。建筑师Chris Romer-Lee策划了复建社区泳池众筹项目,从700多位赞助人处筹得近2.9万英镑,并成功获得市政府资金的资助。伦敦市政府发现,众筹是一种重要工具,本质上是一种新型的参与式财政。这种自下而上的公众参与方法在改造建城环境的同时,增强社区的参与。在财政紧缩时期,这一方式也

[①] 《伦敦科技公司逆势破局 疫情下融资总额领先欧洲市场》,http://london.cn/londontechcompaniesleading/.

能持续推进社区项目开发。由于地方政府的资金配备被削减，英国每年建设公众项目的花费由 30 亿英镑锐减至 6 亿英镑。在不加重所有纳税人负担的情况下，众筹为自愿资助者提供了"发光发热"的空间。它同时也让当地政府在支持某一项目时无需承担得失成败的压力，也不用承担职工开支及其他费用。

图 4—5　大学生 Emily Brooke 研发的激光自行车灯[①]

3. 数字政府建设有序推进，整体政府新平台不断完善

大伦敦有 33 个地方自治市、40 多个 NHS 信托基金以及多个主要公共服务机构，为 900 万人提供服务。因此，无论是公共服务与治理部门的创造力，还是城市对未来科技发展的适应性方面均面临挑战。地方政府之间，以及各个公共服务机构之间，都缺乏有效的数据共享和业务协同的平台和方法。

2014 年以来，伦敦数据仓库成为支撑政府数字化转型的基础设施平台，不仅具有发布开放数据的职能，还成为了政府部门安全地共享数据集的平台，使得各区之间、各部门之间的业务协同更加简便和安全。例如，2020 年新冠疫情突发，大伦敦管理局要求各区在两天之内汇总在其居住的行政区以外上学的接受免费校餐的弱势儿童数据。如果按照

---

① 图片来源：https://www.inoutfield.com/wp-content/uploads/2016/09/BLAZE-bus-02-S.jpg.

传统方法，每个自治市都需要与另外32个自治市分别共享数据，共需要建立528个数据共享关系，工作量巨大。但是，在伦敦数据仓库的共享泛伦敦数据集功能支持下，这项任务在规定时间内得以轻松完成，大大提高了工作效率。

2019年成立的LOTI成为支撑伦敦数字化转型的组织平台，专门负责发展和解决阻碍33个地方政府协同开展业务的问题。LOTI通过政府间的横向协作，以共享数据与开放能力的方式，实现数字政府建设的战略统一、资源集约与创新自主，打造可复制、可复用的未来城市服务与产品。LOTI开发的"伦敦城市工具仪表盘"帮助全市实现数字化建设软硬件设施的统筹规划部署和各区联合采购。LOTI还与GLA、伦敦议会和其他合作伙伴密切合作，开发了电动车充电仪表盘，显示伦敦电动汽车充电点的位置和占用情况，为车主提供免费服务。该系统采集的数据则开放给各区政府，用于科学规划新的充电点规划和建设。LOTI还开发了专门针对政府工作人员的城市数字化应用典型案例数据库，促进数字化应用经验的推广和交流。

这些政府数字平台的建设，以"数字优先"为原则，在项目决策、资金使用、流程监管等方面进行跨部门的横向集中，有效克服数字化项目建设浪费、重复建设等弊端，提升能力共享协同效应，充分落实了当下政府和城市数字化在组织建设与机制设计方面的重要变阵策略。

4. 城市治理日渐敏捷高效，数字孪生城市新形态优势显现

利用数字技术提高城市治理能力是伦敦数字化转型的重点。例如，使用车牌识别系统征收交通拥堵费；在公共交通系统使用牡蛎卡和非接触式支付卡提高通行效率，并将采集到的数据用于优化交通管理；安装智能电表和智能水表减少资源损耗，引导合理消费；开发敏捷物流项目，帮助商家共享物流负载，优化货车出行时间和行车路线，以减少物流耗能和环境污染。在2020年应对新冠疫情期间，伦敦充分发挥了现

有数据基础的作用，有效地提高了控制疫情传播、救治危重病人、保障城市供应等工作的效率。

在数字技术的帮助下，伦敦空气质量得到了明显改善（图4—6）。2018年1月中旬，伦敦空气质量首次达标。为了巩固大气污染治理效果，2019年4月8日，伦敦正式实施"史上最严"的车辆尾气超低排放区政策。超低排放区是一项极具创新性的交通控排举措，旨在减少伦敦机动车尾气排放导致的空气污染，推动交通系统的清洁化转型。"超低排放区"一年365天，每周7天，每天24小时，对驶入该区域的所有不符合新排放标准的车辆（不符合欧4排放标准的汽油车和不符合欧6排放标准的柴油车）按日收费。验证超低排放区的实施效果有赖于准确的监测数据。因此，伦敦同步启动了世界上最大的空气质量检测网络，将传感器安装到空气污染最严重的地区的灯柱和建筑物等处，对空气污染指标进行实时监控，并辅以装有移动传感器的Google街景汽车进行移动数据采集。这些监测数据为识别局部污染事件、发现持续存在的污染热点并提供精细化监管提供了可能，也为超低排放区政策在街区层面的实施效果提供了评价依据。伦敦这一街道级大气监测网的建立为城市精细化管理提供了"革命性的大气污染监测和管控新模式"[1]。

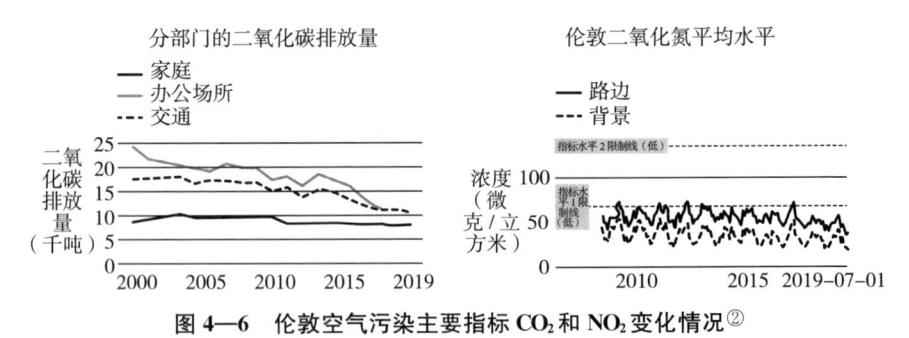

图4—6 伦敦空气污染主要指标 CO_2 和 NO_2 变化情况[2]

---

[1] 《利用传感器+物联网的黑科技 EDF等机构欲为伦敦打造一张超精细污染地图》，http://www.cet.net.cn/m/article.php?id=335.

[2] 资料来源：https://data.london.gov.uk/.

伦敦率先尝试在基础设施领域试点数字孪生城市试点。该市建设了城市基础设施 3D 数据库,包括地上基础设施和地下管网的数据,允许数据集相互关联,并基于应用程序使数据可视化。通过对不同市政公司基础设施数据的整合和公开,大大提高了市政工程规划和建设的效率,避免了不同市政公司在同一地点重复开挖造成的浪费。

二、上海数字化转型的背景、过程、做法和成效

(一)转型背景

1. 上海进入城市转型发展关键时期

2008 年,上海进入经济社会转型发展关键时期,结构调整和经济转型成为上海经济社会跨越发展的重要途径[①]。自 1992 年到 2007 年,上海经济保持了 16 年的两位数增长速度。到 2007 年,上海的外贸依存度已经接近 90%,远远高于全国不足 40% 的平均水平,因此,2008 年全球金融危机爆发之时,上海也明显地感受到寒意。2008 年,上海 GDP 增长率为 9.7%,低于全国平均水平,增幅也比 2007 年回落了 4.6 个百分点;反映经济运行效益的指标出现大幅下滑,地方财政收入下降 18.1%;工业企业利润总额下降 28.9%。这些指标表明,经过 16 年的高速增长,上海的发展遭遇了瓶颈,从 20 世纪 90 年代以来上海经济增长所依托的工业和投资增长已出现比较明显下滑。一方面,由于部分原有优势产业增长潜能已充分释放,产业向外转移速度加快,而新兴产业的发展还没有跟上。另一方面,由于经济结构处于调整过程中,城市经济抗风险能力较弱,容易受到外部冲击。如何培育新的发展动力,提高城市内生增长能力,抵御世界经济波动,保持经济持续稳定增长,是上

---

① 肖林、王楠:《上海经济转型与战略路径》,《宏观经济管理》2012 年第 9 期。

海面临的重要问题，城市转型迫在眉睫①。

2. 上海迫切需要重建现代城市治理模式

2010年，IBM提出了智慧城市的概念，希望借由信息技术在城市范围的大规模应用为经济发展创造新的增长机会并提高城市各领域的管理水平和服务效率。智慧城市的概念得到上海的认可。上海城市管理难度高早就是人们的共识。首先，人口总数大，人口密度高。2010年，上海常住人口2301.91万人，人口密度高达3631人/平方公里，是全国人口密度最高的城市。其次，交通运输量巨大，高层建筑数量多。全市轨道交通线路达到12条，运营线路长度达到452.57公里；全年市内公共交通客运量59.25亿人次，平均每天高达1600多万人次；全市8层以上的高层建筑超过3万幢，其中30层以上的超高层建筑超过1200幢。再次，环境污染治理困难，容易遭受自然灾害。上海工业化开始早、进程快，污染物排放多，环境容量脆弱，酸雨、臭氧、灰霾污染严重，PM2.5浓度高；上海滨江临海，易发生"风、暴、潮、洪"等自然灾害，每年因洪水、干旱、热浪等自然灾害风险造成的直接或间接经济损失或达12.1亿美元②……上述这些因素令上海城市管理工作时刻面临严峻挑战。2010年11月15日静安区高层大火事件暴露出传统的粗放式城市管理已经无法跟上现代城市发展的速度，令上海提高城市管理水平的诉求更加强烈。因此，2011年1月发布的《上海市国民经济和社会发展第十二个五年规划纲要（2011—2015年）》中明确提出"城市管理和城市安全任务艰巨"，要求"全面促进城市信息化"，拉开了城市数字化转型的序幕。

---

① 高炜宇：《上海经济当前发展阶段和未来发展思路研判》，《上海经济研究》2010年第4期。

② 上海发展战略研究所课题组：《构建全球城市营商环境指标体系，持续提升上海城市功能》，《科学发展》2021年第2期。

（二）转型过程和做法

《上海市"十二五"规划建议》提出建设"智慧城市"，要求"加快推进信息技术与城市发展全面深入融合"，并于2011年成立由市主要领导挂帅的智慧城市建设领导小组，统筹推进全市智慧城市建设，正式开启城市数字化发展之路。

2011年以来，根据着力点和重点领域不同，可以将上海数字化发展历程划分为四个阶段：

1. 数字产业化阶段（2011—2016年）

这个阶段上海数字化发展的着力点是大力建设信息技术设施，提高信息化水平。数字产业是指信息技术产业，是数字经济发展的先导产业，为数字经济发展提供技术、产品、服务和解决方案等，具体包括电子信息制造业、电信业、软件和信息技术服务业、互联网行业等[①]。

2012年10月，上海正式发布了《推进智慧城市建设2011—2013年行动计划》（以下简称《2011—2013年行动计划》），要求"围绕构建国际水平的信息基础设施体系，……重点实施宽带城市、无线城市、通信枢纽、三网融合、功能设施5个专项，……全面提升上海信息基础设施服务能级"。《2011—2013年行动计划》成效非常显著，仅从2011年到2012年，光纤到户覆盖能力和用户规模、WLAN覆盖密度、城域网出口带宽和高清片源高清电视高清IPTV用户数等就创下"四个国内第一"。2014年12月，上海发布《推进智慧城市建设行动计划（2014—2016）》，以"进一步提升信息基础设施能级，加快新一代信息技术产业发展"为指导思想，"将信息感知和智能应用作为发展重点"。

---

① 中国信息通信研究院：《中国数字经济发展白皮书（2020年）》，2020，http://www.caict.ac.cn/kxyj/qwfb/bps/202007/t20200702_285535.htm。

经过两个三年行动计划，上海的数字化、网络化及智能化水平都得到显著提升。信息化应用全面渗透到民生保障、政府服务和城市管理等领域，数字惠民的效果逐步显现，数字城市管理能力和电子政务效率明显提高；信息化与工业化深度融合，推动了产业高端化发展，信息技术的自主创新及产业化能力得到进一步增强，电子商务日渐蓬勃发展；信息安全的技术支撑及保障机制得到不断完善，可信、可靠之区域性信息安全的保障体系也基本形成；网络带宽、通信质量、综合服务之能力明显提高，基本建成了宽带、泛在、融合和安全之信息基础设施体系[1]。

这一时期的数字化转型在两个方面存在比较突出的问题。一是分行业、分部门开展信息化建设，客观上形成了新的"信息孤岛"，跨领域、跨部门的协调难度更大，亟须在全局上做好数据共享和业务协同的机制安排。二是信息化应用感受度有待提高，政府各部门主导推进的信息化应用已无法满足快速增长的公众信息化服务需求，沉淀在政府层面的数据资源价值尚未充分挖掘，亟须形成有效的政企合作机制，并注重消除"数字差距"[2]。

2. 产业数字化阶段（2016年8月—2018年2月）

本阶段的着力点是推动产业数字化。产业数字化是指传统第一、二、三产业由于应用数字技术所带来的生产数量和生产效率提升，其新增产出构成数字经济的重要组成部分。

2016年9月，上海市人民政府发布《推进智慧城市建设"十三五"规划》（以下简称《智慧城市"十三五"规划》），在指导思想中明确提

---

[1] 上海市人民政府：《上海市推进智慧城市建设"十三五"规划》，https://www.shanghai.gov.cn/nw41166/20200823/0001-41166_50224.html.

[2] 上海市人民政府：《上海市推进智慧城市建设"十三五"规划》，https://www.shanghai.gov.cn/nw41166/20200823/0001-41166_50224.html.

出"实施信息化领先发展和融合带动战略,确立大数据作为城市创新发展要素的地位,实施互联网与经济社会融合发展的'互联网＋'战略,拓展网络经济空间,释放信息生产力"。在推进原则上,进一步强调了"需求牵引、应用为先"和"激活市场、鼓励众创",要求"坚持以需求为导向,立足于市民生活、企业生产经营、政府服务管理的实际需求,鼓励各类内容创新、技术创新、模式创新"。这表明,上海数字化转型已经进入产业数字化阶段。这个阶段,产业数字化是数字经济发展的主要领域。产业数字化包括但不限于工业互联网、两化融合、平台经济等融合型新产业新模式新业态。上海通过促进产业数字化,推动实体经济发生深刻变革,加快互联网、大数据、人工智能等新一代信息技术与实体经济的广泛深度融合,培育智能化新生产方式和平台化产业新生态,鼓励发展新技术、新产业、新模式、新业态,为产业转型、经济发展和社会进步提供新动能。

在这一阶段,上海新生代互联网经济蓬勃兴起,工业互联网加速赋能,不断催生出新模式、新业态。在社交电商领域,以拼多多、小红书为代表的电商企业发展迅速。2017年1月,上海市发布《工业互联网创新发展应用三年行动计划(2017—2019年)》,通过实施互联互通改造、试点示范引领等措施,实现上海制造业转型发展。2017年,上海建成了全国首个工业互联网创新中心,在临港地区、化学工业区、松江区设立了"工业互联网创新实践基地"。这些政策的出台、载体的设置和平台的搭建,为上海工业互联网的发展创造了良好的条件。

在这一阶段的最突出问题是仍然缺少市级层面的跨行业、跨领域、跨层级的公共数据平台,难以推进更大范围和更深层次的数据共享和业务协同。此外,本阶段延续了由信息化部门主导数字化项目建设的传统路径,用户感知度和体验效果仍有待提高。

3. 数字化治理阶段（2018年3月—2020年11月）

本阶段的着力点是数字化治理，即运用数字技术，建立健全行政管理的制度体系，创新服务监管方式，形成行政决策、行政执行、行政组织、行政监督等体制更加优化的新政府治理模式。

2018年3月，上海发布《全面推进"一网通办"加快建设智慧政府工作方案》，将发展目标设定为"2018年建成上海政务'一网通办'总门户。对面向群众和企业的所有线上线下服务事项，逐步做到一网受理、只跑一次、一次办成，逐步实现协同服务、一网通办、全市通办，逐步实现网上办理事项全覆盖，实现全市网上政务服务统一入口和出口。……应用大数据、人工智能、物联网等新技术，提升政府管理科学化、精细化、智能化水平。"按照"一网通办"的要求，2018年4月12日，上海成立大数据中心，全面负责数据整合和应用，充分发挥城市公共数据平台的支撑作用，令"一网通办"和智慧政府建设快速推进。

2019年，上海设立城市运行管理中心，着力建设城市运行"一网统管"，推动城市治理向智慧化、精细化迈进，实现"一屏观天下、一网管全城"。2020年4月，上海已经建成城市运行系统，统筹推进上海城市运行管理和应急处置系统建设，系统框架基本成型，硬件、软件和数据基础逐步夯实，并推出了一套较为完整的城市运行基本体征指标，直观反映城市运行的宏观态势，初步实现"一屏观天下"。依托市、区两级大数据资源平台，上海城市运行管理中心整个接入反映城市运行体征指标的相关领域22家单位33个专题应用，初步实现"一网管全城"。

"一网通办"和"一网统管"建设对于上海数字化发展具有里程碑意义。首先，两网建设是上海数字化发展路径实现重大转变的标志，即从信息化部门主导转变为需求导向、用户导向。其次，两网建设奠定了上海数字化发展的关键新型基础设施。2020年4月16日，上海市委常委会审议通过了《上海市城市运行"一网统管"建设三年行动计划》，进一步明确未来三年"一网统管"建设将依托市、区两级大数据资源平台，推动"一网统管"业务数据、视频数据、物联数据以及地图数据的集中统一管理，实现"治理要素一张图、互联互通一张网、数据汇聚一个湖、城市大脑一朵云、移动应用一门户"。这表明，上海的信息化建设从分部门、分行业、分领域真正转变为全市统筹之一体化建设，搭建了城市公共数据平台和城市运营中心，为城市数字化发展构筑了关键新型基础设施。

这一阶段存在的主要问题是在新型数字化基础设施支撑下，如何突破原有体制机制障碍，为城市数字化转型提供制度保障。首先是解决数据共享"通畅"的问题，不仅要促使数据在政府部门内部上下流动、横向流动更加通畅，而且要深化政社数据融合，促进全社会的数据流动。其次是解决数据资源"赋能"的问题。数据库向基层的开放有助于基层组织和人员自主决策，大幅度提高反应速度和工作效率，激发基层组织和人员自主参与的积极性，实现"在最低层级，以最快速度和最小成本解决问题，取得最佳效益"的目标。

4. 数据价值化阶段（2020年12月至今）

本阶段着力点为数据价值化，即以数据资源化为起点，经历数据资产化、数据资本化，实现数据价值化[①]。数据价值化重构生产要素体系，是数字经济发展的基础。生产要素是经济社会生产经营所需的各种资源，数据作为数字经济全新的、关键的生产要素，贯穿于数字经济发展的全部流程，与其他生产要素不断组合迭代，加速交叉融合，引发生产要素多领域、多维度、系统性、革命性群体突破。

2021年1月，上海发布《关于全面推进上海城市数字化转型的意

---

① 中国信通院：《2021年数据价值化与数据要素市场发展专题研究报告》，http：//www.caict.ac.cn/kxyj/qwfb/ztbg/202105/t20210527_378042.htm.

见》（以下简称《意见》），要求把数字化转型作为上海"十四五"经济社会发展主攻方向之一，统筹推进城市经济、生活、治理全面数字化转型。《意见》特别强调，要以全面数字化转型，推动城市各领域全方位的流程再造、规则重构、功能塑造、生态构建，创造全新的生产生活方式和发展路径。《意见》充分体现了通过数据价值化重构城市生产体系的思想。

2020年12月以来，上海主要从三个方面促进数据价值化。

①夯实可信、可用、安全、稳定的数据基础，实现数据资源化。数据资源化是使无序、混乱的原始数据成为有序、有使用价值的数据资源，具体内容包括通过数据采集、整理、聚合、分析等，形成可采、可见、标准、互通、可信的高质量数据资源。上海着力构建分领域、分行业、分区域的城市数据资源体系。首先是推动公共数据的共享、归集和治理。公共数据是机关、事业单位和具有公共管理和服务职能的组织在履职过程中收集和产生的各类数据，具有基础性、权威性、丰富性等特点，是最重要的数据资源。上海从三个方面采取措施加强公共数据资源基础。第一个方面是颁布《上海市公共数据和一网通办管理办法》《上海市公共数据开放暂行办法》两部政府规章，出台《上海市数据条例》，在法律法规框架下，全面摸清公共数据的底数，建立数据编目机制，形成衔接一致、完整有效、动态更新的数据资源目录。第二个方面是成立了数据标准化技术委员会，发布数据地方标准和指导性技术文件，构建涵盖"采集、归集、治理、应用、安全、运营"相关环节的标准化体系。同时，严格落实安全管理责任，制定了公共数据安全分级分类指南，开展数据安全分级管控。第三个方面是优化大数据资源平台的功能，实现数据抽取、数据治理、共享交换、质量检测、安全防护等功能。

②确保数据可用性，实现数据资产化。数据资源充分发挥作用的

条件是在适当的条件下可访问、可移动和可重复使用,即数据通过流通交易给使用者或所有者带来经济利益,这一过程就是数据资产化。上海努力推动数据开放计划,让企业、研究机构和社会组织方便、安全地使用公共数据,以降低企业成本,激发社会创新。2019年出台的《上海市公共数据开放暂行办法》是全国首部专门针对公共数据开放的地方政府规章。上海按照该办法开通了全市统一公共数据开放平台,截至2020年底已累计开放4100余项公共数据集。为了促进和规范数据流动,2021年11月29日,上海成立数据交易所,针对数据交易确权、定价、互信、入场、监管等难题进行了一系列具有开创性的探索。

③提高使用数据积极性,实现数据资本化。数据资本化是拓展数据价值的途径,其本质是实现数据要素的社会化配置。实现数据资本化的关键是让数据要素贯穿于经济社会各个领域,提高方方面面使用数据的积极性和能力。2021年7月,上海同时发布了《推进上海经济数字化转型 赋能高质量发展行动方案(2021—2023年)》和《推进上海生活数字化转型 构建高品质数字生活行动方案(2021—2023年)》,大力推动数字化关键技术、算法、智能硬件产品和流量型企业的发展,并通过生活数字化场景的开发和建设创造巨大的数字化需求,在提高市民生活质量的同时,为企业提供新的数字化市场。

经过数据资源化、数据资产化和数据资本化三方面工作的同步推进,上海的数据要素社会化配置程度不断提高,而数据要素与其他生产要素交叉融合、组合迭代带来的城市系统中多领域、多维度的创新性突破有望逐步涌现。

(三)转型成效

经过多年努力,上海数字化水平已经名列世界前茅。

1. 数字经济蓬勃发展，数字产业新生态迅速形成

数字经济在上海已经占据主导地位。2021年1月25日亿欧智库联合天眼查发布的《2021上海市数字经济发展研究报告》显示，GDP中数字经济占比已超过50%[1]。产业数字化能级不断提升，工业互联网赋能全产业链协同、价值链整合，率先建成标识解析国家顶级节点并辐射长三角，标识注册量突破16亿，已培育26个具有行业影响力的工业互联网行业平台。数字产业化持续深化，在线新经济快速发展，基本形成以浦东、杨浦、静安、长宁为主产业发展布局的"浦江C圈"，网络视听、网络零售、消费金融等信息消费的新业态不断涌现[2]。

2. 数字社会建设凸显共建共治，社会治理共同体加速构建

上海聚焦人民群众最关心、最现实、需求最迫切的问题，筛选出若干数字生活标杆应用，加快建设有感受度和体验度的数字生活场景。例如，围绕"便捷就医少等待"，以医院、医护、患者的诊疗知识库为核心，支撑就诊流程再造，上海市卫生健康委员会、上海申康医院发展中心[3]以及瑞金、中山等试点医院通过结构化的电子病历实现就医数据互联共享，大大方便了群众就医。在这些应用场景的建设过程中，上海充分发挥社会力量参与建设，培育创新生态圈。以"数字酒店智管家"应用为例，上海市文旅局充分发挥行业数字化转型领军企业的牵引作用，在酒店行业推广30秒入住自助办理应用，节省了大量人力成本。

3. 推进政务服务"一网通办"，实现"高效办成一件事"

上海2018年开始建设"一网通办"，把各个部分各个区的所有政府

---

[1] 亿欧智库和天眼查：《2021上海市数字经济发展研究报告》。
[2] 上海市人民政府：《上海市全面推进城市数字化转型"十四五"规划》。
[3] 上海申康医院发展中心成立于2005年9月，是由上海市人民政府批准成立的国有非营利性事业法人，是市级公立医疗机构国有资产投资、管理、运营的责任主体和政府办医的责任主体，主要负责预算、资产管理、规划以及院长绩效考核。

服务集中这个统一的受理平台上,进行统一的对外服务和输出,对内连接所有的市、区、街镇各个部门,对外对所有的企业、个人提供服务。截至2023年3月底,实名注册个人用户超过7968.93万,法人用户超过311.06万,接入事项3622项,累计办件量达3.36亿件,2022年年度网办率(即政府和企业个人不见面即可完成)83.97%,实名"好差评"好评率达99.96%。"一网通办"实施"一件事"办理,通过政务部门再造业务流程,将职能部门多个相关联的"单项事"整合为"一件事",打造线上线下方便快捷的升级版集成服务。2020年以来,相继推出小孩出生、新能源汽车专用牌照申领、居住证登记等"36件事",实现平均减环节70%、减时间58%、减材料77%、减跑动72%[①]。

4. 推进城市运行"一网统管",实现"高效处置一件事"

上海探索搭建了以"三级平台、五级应用"为核心的"王"字形城市运营体系架构。"三级平台"是指市、区和乡镇、街道三级城市运行管理机构,具体负责本级"一网统管"建设工作的统筹规划、协调推进和监督指导。"五级应用"是指市、区、乡镇和街道、网格化区域、社区和楼宇五级应用体系,分别负责指挥协调和现场处置工作,实现线上线下协同高效处置一件事。"一网统管"探索形成了一套现代化的运行机制,即运用大数据、云计算、物联网、区块链、人工智能等现代信息技术,建设"一网统管"平台,由城市运行管理机构负责规划建设和运行维护,整合部门业务系统,实现数据规范采集、标准统一、实时更新、互联互通,为及时精准发现问题、对接需求、研判形势、预防风险和有效处置问题提供支撑。

---

① 澎湃新闻:《上海"一网通办"用户已超八千万,累计办件量达3.36亿件》,2023年5月11日,https://baijiahao.baidu.com/s?id=1765579216636993694&wfr=spider&for=pc。

三、伦敦和上海数字化转型的阶段和经验

伦敦和上海城市数字化转型的案例都表明，提高韧性是数字化转型的逻辑起点。2008年金融危机令世界城市暴露出城市发展的短板，经济发展速度下降，城市管理压力不断上升，政府治理水平亟待提高，世界城市地位受到挑战。此时，两座城市都意识到世界城市必须具有在经历长期压力和剧烈冲击之后保持适应、恢复和增长的能力，即具有韧性。城市应对危机要经过危机识别、快速反应、抗压恢复、变化创新和布局未来五个阶段，成功走过这五个阶段需要具备八大核心能力。提高这八大核心能力是建设高韧性城市的关键，而现代信息技术为提高城市核心能力提供了有力支撑。2009年以后，两座城市都明确提出以数字化发展提高城市韧性的思路，并采取了一系列措施，经过经济、社会、政府和治理的全方位转型，有效打破了制约城市可持续发展的四大瓶颈，逐步建立起韧性城市的八大核心能力。

（一）城市数字化转型的阶段

根据伦敦和上海这两座城市在转型过程中的共同特点，可以总结出城市数字化转型的四个阶段。

1. 发展数字产业，构筑基础设施数字化新系统

数字技术是城市数字化转型的技术基础。2008年金融危机之后，世界主要城市，尤其是外向程度高、金融等生产性服务业占比高的城市，都认识到发展以现代信息技术为代表的战略性新兴产业的重要性，开始采取措施大力支持现代信息技术产业的发展。如第三章所述，现代信息技术产业是一个技术生态系统，完善的网络基础设施构成了这个技术生态系统发育的基本条件。因此，城市数字化转型的早期都是以培育

信息技术产业，建设网络基础设施为主。由于切入点是信息技术产业，城市大多沿用信息化建设的基本思路和方法，由政府部门，主要是经济和信息化相关部门主导推进。

这个时期也是智慧城市在世界范围广泛铺开的时期。智慧城市建设强调城市信息基础设施建设和城市公共信息平台建设，其中，硬件建设和城市安全、城市交通等部分领域的信息系统整合推进较快。摄像头、线圈等大量传感器在城市环境中分布越来越多，交通、安全等部分领域出现了有代表性的应用。城市级的大规模信息基础设施建设和利用信息技术对传统基础设施改造的需要，为信息技术产业创造了庞大的市场，大大促进了信息技术产业的发展。

在这个阶段，由于政府加大了对信息基础设施网络建设的投资，城市的宽带覆盖区域、网速、接入人数都有大幅度增加，很多城市在公共空间推出了免费Wi-Fi，城市交通、管网等传统基础设施通过信息化改造提高了智能化程度，分别建设了智能交通、智慧安防、智慧水务、智慧小区等应用。就单个领域和单个部门而言，信息化程度都有不同程度的提高，政府的办公效率得到一定提升。需要注意的是，由于沿用了信息化建设的传统方法，这个阶段的信息化投入在很多城市造成了更多的信息孤岛和更高的信息烟囱，除了信息化工作人员，其他业务人员和广大市民对信息化建设的成果感受度不高，也缺少主动参与的渠道。

2. 汇聚数据资源，搭建城市运行数字化新底座

虽然第一个阶段很少有城市真正搭建起城市级的公共信息平台，但是大规模的信息技术设施建设使城市环境中增加了更多采集数据的传感器、使用移动信息设备的人，部署了传输数据更快的网络，云计算技术的发展使得云计算中心逐渐成为企业和政府部门接受和使用的数据存储和处理的载体。作为城市新的资源，数据的数量呈指数形式增长，越来越多的企业基于数据开发出更多具有创新性的应用并从中获益，迅速成

长为平台企业，数据的价值受到更广泛的关注。

平台企业努力在原来核心业务的基础上大力开展多元化经营以获得更加全面和综合的用户数据的时候，城市也开始思考如何将城市中不同领域不同行业不同部门不同层级的数据整合起来，形成新的城市运行基础设施。首先要做的是将第一个阶段不同部门不同领域不同层级建设的信息中心加以统筹整合，建立更加综合的城市公共信息平台，并将新的信息来源采集的数据整合进来。

在这个阶段，伦敦率先扩充了城市级公共信息平台——伦敦数据仓库的数据集合的广度和深度，从 2010 年的 500 多个数据集扩充到 2016 年的 700 多个数据集，从原来主要涉及政府电子政务数据扩充到覆盖全市交通、安全、经济发展、旅游等领域，并整合伦敦的传感器网络。上海市在 2018 年 4 月成立了大数据中心，依托电子政务云归集政府部门数据，并推动党委部门和其他相关单位的数据归集，实现全市公共数据完整归集，以后还要推动社会相关数据归集和整合[①]。以前，各部门独立存储和维护数据，彼此不联通，这种"数据孤岛"现象一直存在，一栋楼里十个部门，就设置有十个机房。2018 年 11 月 1 日施行的《上海市公共数据和一网通办管理办法》明确，公共数据共享为原则，不共享为例外。此办法为上海市推动公共数据整合共享提供了政策依据，截至 2018 年底，上海市大数据中心已汇聚数据 55 亿条，完成各部门 362 个信息系统的上云迁移，实现 50% 的政务数据归集；完成了统一的数据共享交换平台建设，通过统一的对接，确保各项数据实时连通和同步更新。截至 2020 年底，市级部门 1712 个信息系统已迁移上云。上海还在 2019 年 4 月成立了城市运行管理中心，在上海市大数据中心的基础上

---

① 澎湃新闻：《全国首例！上海今年有 150 多个部门的数据将迁移上云》，2019 年 4 月 2 日，https://www.sohu.com/a/305508974_260616.

整合更多的城市管理运用数据。截至 2022 年,上海依托市、区两级大数据资源平台,整合上下的业务数据、视频数据、物联数据及地图数据,实现了"治理要素一张图、互联互通一张网、数据汇聚一个湖、城市大脑一朵云、城运系统一平台、移动应用一门户"的"六个一"基础规范[①]。

正是在城市运行数字化底座的支撑下,上海市以"一网通办""一网统管"为代表的政府部门的业务协同和城市的精细化治理才能得以开展。

3. 重视数据应用,释放城市数字化发展新价值

归集整合数据是为了更好地使用数据。伦敦除了利用公共数据促进跨区域的政府业务协同之外,还通过公共数据开放,鼓励更多的企业和研究机构开发更多的创新性应用。例如,伦敦的城市数据仪表盘就是由伦敦大学学员高级空间分析中心利用伦敦数据仓库的数据开发的,政府和市民都可以访问该仪表盘获得对自己有用的信息。各种身份的开发者利用伦敦数据仓库的交通数据开发出几百种交通类 App 供市民选择使用,既方便了市民出行,又创造了新的创业机会。上海则是在城市数字底座支撑下推出了"一网通办"和"一网统管",分别服务于政府部门提高公共服务能力和城市治理水平。"一网通办"是上海的首创,在 2018 年 3 月提出后,即成为国家标准,被定义为全国政务服务的目标。"一网通办"实现了网上办、掌上办、一网办,也就是市民和企业登录"中国上海"一个门户网站即可进行所有事项的办理,同样的事项也可以通过政务服务 App"随申办"来办理,而且网上网下办理同步。通过业务流程革命再造,上海市政务服务实现了六个一:一次告知、一表申请、

---

① 丁玲:《一屏观天下 一网管全城——上海探索超大城市数字化治理新路径纪实》,《中国建设报》2022 年 10 月 10 日。

一口受理、一网办理、统一发证和一体管理。像小孩出生这样的"一件事",上海每年都会推出一批,大大方便了市民和企业(见表4—1)。截至2023年5月,上海市"一网通办"已上线49项"一件事",办件量已突破600万件[①]。

表4—1 上海市"一网通办"27个市级重点"一件事"清单[②]

序号	"一件事"名称	序号	"一件事"名称
1	小孩出生"一件事"	15	公务员职业生涯全周期管理"一件事"
2	医疗付费"一件事"	16	市级支持资金申请"一件事"
3	企业纳税缴费"一件事"	17	公共信用信息修复"一件事"
4	创新创业"一件事"	18	残疾人就业保障金征缴"一件事"
5	新能源汽车专用牌照申请"一件事"	19	支持科技型企业创新发展"一件事"
6	涉外服务"一件事"	20	居住证办理"一件事"
7	公民身故"一件事"	21	企业招用员工(稳就业)"一件事"
8	企业职工退休"一件事"	22	社会救助"一件事"
9	二手房交易登记和水电气等相关业务过户联办"一件事"	23	校车使用许可"一件事"
10	医疗费用报销"一件事"	24	职业健康"一件事"
11	非上海生源应届普通高校毕业生落户"一件事"	25	一般项目挖掘道路施工"一件事"
12	廉租房申请"一件事"	26	船舶开航"一件事"
13	扶残助残"一件事"	27	企业高频证照变更联办"一件事"
14	军人退役"一件事"		

有了数据之后,政府也可以对企业和市民进行画像,提供精准服

---

① 薛宁薇:《"一件事"办件量破600万件!上海"一网通办"服务百姓办事见实效》,https://j.eastday.com/p/1683806599032373。

② 资料来源:上海市人民政府网站,https：//zwdt.sh.gov.cn/govPortals/column/ot/one-thing.html。

务、自助服务、个性化服务，实现政务服务创新。例如，上海的"一网通办"为各个企业也提供了企业的专属网页，为企业提供个性化、精准化、智能化、主动化服务，通过AI技术给每个企业画像，再跟政府的政策和服务条款进行匹配，把跟企业匹配的政策和服务精准推送给企业，做到智能化、精准化、个性化的自动服务。截至2023年4月，上海市大数据中心已累计推出152项高频事项"免申即享"，2022年累计覆盖受益群众超305万人次、企业超6.8万家次[①]。

当城市数据得到充分采集和归集，并对这些数据进行治理之后，还可以产生出更多的创新性应用。例如，杭州市利用城市交通数据开发出"城市大脑"，综合利用数字技术提高城市交通运行效率。上海的"一网统管"也有很多创新性的应用。未来更多的城市可以学习这些城市的经验，结合本市实际开发出更多的应用，让数据产生更大的价值。

4. 促进数据流动，激发城市数字化发展新动能

自从2020年4月9日发布的《中共中央 国务院关于构建更加完善的要素市场化配置体制机制的意见》将数据作为一种新型生产要素，与土地、劳动力、资本、技术一同作为市场化要素以来，我国不断出台政策促进数据流动，将其视为数字经济高质量发展的核心引擎。国务院印发促进大数据发展行动纲要；国家发展改革委、工信部、中央网信办联合批复贵州、上海、京津冀、珠三角等8个大数据综合试验区；组建国家数据局，负责协调推进数据基础制度建设，统筹数据资源整合共享和开发利用，统筹推进数字中国、数字经济、数字社会规划和建设等。正如劳动力和土地是农业经济时代主要的生产要素，资本和技术是工业经济时代重要的生产要素，进入数字经济时代，数据正逐渐成为驱动经

---

① 澎湃新闻：《上海"一网通办"用户已超八千万，累计办件量达3.36亿件》，2023年5月11日，https://baijiahao.baidu.com/s?id=1765579216636993694&wfr=spider&for=pc。

济社会发展的新的生产要素。

城市是人流、物流、信息流、资金流高度集中的节点区域，也是产生数据最多的区域。随着城市信息基础设施上汇集的数据快速增加，如何让更多的组织和个人利用这些数据进行创新，培育出更多的新应用、新模式、新技术，是贯穿城市数字化转型过程的重要问题。

在利用数据流动激发城市发展新动能方面，伦敦市政府很有前瞻性。早在城市数字化转型的第一个阶段，他们就利用筹备伦敦奥运会的机会，划出伊丽莎白奥林匹克公园作为企业进行数字创新的实验基地。当城市数据仓库的数据越来越丰富之后，伦敦市政府又通过多种渠道促进企业利用开放的公共数据开发新产品和新应用，甚至政府出面帮助这些企业扩大宣传，开拓市场。丰富的开放数据资源为伦敦吸引和培育独角兽企业创造了难得的条件。金融科技、医疗科技和绿色科技是伦敦科技产业的主要支柱。2014年，伦敦只有15家独角兽企业，到2022年，伦敦一共诞生了101家独角兽企业，遥遥领先于巴黎（32家）、柏林（34家）以及欧洲其他城市。活跃的科技生态圈氛围以及成功的营商环境同时吸引全球资本涌入，过去十年，伦敦科技产业总共吸引超过1070亿美元的风险资金，增长8倍[①]。

上海同样重视促进数据流动、释放数字红利。早在2021年11月25日，上海就成立了数据交易所，作为由上海市人民政府指导下组建的准公共服务机构，尝试打造引领全国数据要素市场发展的"上海模式"。上海数据交易所承担数据要素流通制度和规范探索创新、数据要素流通基础设施服务、数据产品登记和数据产品交易等职能，积极打造高效便捷、合规安全的数据要素流通与交易体系，引领并培育发展"数商"[②]

[①] 新闻晨报：《伦敦科技创新产业十年融资超千亿美金，打造全球顶尖创新生态》，2023年6月20日，https://baijiahao.baidu.com/s?id=1769206051831190557&wfr=spider&for=pc.

[②] "数商"是指以数据作为业务活动的主要对象或主要生产原料的经济主体。

新业态,在全国率先探索数据要素市场化配置基础制度建设、数据要素流通规则建立等。2023年1月3日,上海数据交易所转入正式运营。此外,上海还非常重视吸引企业参与城市数字基础设施建设和数字化场景开发,支持企业在上海的创新产品和服务向更大市场拓展。例如,万达信息与上海市政府合作,创新性开发了"一站式""互联网＋城市服务""市民云",截至2022年4月,市民云已经推广至上海、成都、石家庄、长沙、海口、张家界、柳州等20多个城市,服务用户数超过1.2亿。

城市数字化转型的四个阶段及每个阶段采取的关键政策,共同构成了城市数字化转型的实施框架。伦敦和上海的数字化转型,都肇始于应对城市发展危机,在经过数字产业化,构筑基础设施数字化新系统之后,或快或慢地搭建起城市运行的数字化底座,再过渡到加强数据应用和促进数据流动阶段。当然,如果了解了这一规律,再结合城市自身的基础和特点,城市也可以从数据应用阶段切入,再去补足前两个阶段的短板。2020—2022年郑州市的做法即具有这一特点(见第六章)。

(二)城市数字化转型的经验

1. 重视数据的战略资源价值,稳步推进数字化治理,提高城市"提前预警、敏捷反应"能力

在某种意义上,城市数字化转型过程就是数据资源化的过程,通过产生、开发、整合和使用城市数据资源,使城市这一复杂大系统由于新资源的引入及其与其他资源的融合重组而产生一系列创新,实现系统的能级跃升。因此,数据资源在城市数字化转型中具有举足轻重的地位。

缺乏对数据资源的重视是影响很多城市推进数字化转型的主要障

碍。首先，有的城市数据的采集、汇聚、整合力度不够，即使成立城市大数据平台，也会由于数据资源不足以支撑决策而难以发挥平台应有的作用。其次，有的城市政府部门工作人员不知道如何使用数据资源、使用哪些数据资源，更无法对大数据中心提出具体需求，导致平台归集的数据资源使用不足。

供给与需求共同决定着城市数据资源能够发挥的作用效果，必须从这两个方面同时发力。伦敦在推动数字化转型的过程中，首先考虑的就是夯实数据资源基础，围绕数据流动这一主线，从资金、技术、标准、制度、环境等各个方面提供保障，为下一步开展数字化治理做好准备。上海在推动数字化转型的过程中，首先考虑的也是夯实数据资源基础，不仅最大限度地挖掘数据资源，而且想方设法鼓励各种组织使用数据资源，在供给与需求的循环中不断完善数据平台，为开展数字化治理做好了准备。高质量的数据平台为城市提供了形成"数据+算法"决策模式的必要条件，通过数据的自由流动，大大提高城市应对变化的"提前预警"和"敏捷反应"能力，实现从传统城市治理方式向数字化治理的转变。

新冠疫情的暴发，无情地暴露出传统城市治理的短板：治理分散化、多头化；公共服务供给不足；资源配置行政化；条块关系时有冲突；城市部门各自为政……所有这些问题都制约着城市治理效能的提升，亟须向数字化治理转型。所谓数字化治理，是运用数字技术，建立健全行政管理的制度体系，创新服务监管方式，实行行政决策、行政执行、行政组织、行政监督等体制更加优化的新政府治理模式。近十年来，伦敦和上海都不断完善城市数字底座，加大数据整合力度，并将数字技术和数据资源广泛应用于基础设施建设、交通管理、能源管理等领域，加强了城市应对危机的"提前预警、敏捷反应"能力。应借鉴这两座城市的经验，在治理主体上，加速构建部门协同、社会参与的协同治理体系，不断提升城市治理能力；在治理方式上，采用数字技术推动治理由"个人判断""经验主义"的模糊治理向"细致精准""数据驱动"的数字化治理转型；在治理手段上，应用云计算、大数据、人工智能等技术，增强态势感知、科学决策、风险防范能力；在服务内容上，促进数字技术与传统公共服务多领域、多行业、多区域融合发展，加速推动公共服务均等化进程。

2. 凸显"以人和企业为核心"，积极鼓励广泛参与，培养城市"多元包容、融合创新"能力

人是城市发展的出发点和目的，也是城市数字化转型的出发点和目的[1]。城市推动数字化转型，绝不是为了将城市变为各种信息技术的试验场，而是为了通过现代信息技术的综合应用，为城市居民解决实际问题，提高服务效率，创造就业机会，营造更适宜的人居环境[2]。这是每座计划开展数字化转型的城市都必须坚守的价值观。中西方都有不少城市在进行智慧城市顶层设计的时候，忽视了以人为本的价值观，过于专注于在城市中使用各种先进技术，尽管花费了巨额资金，却无法取得市民的认可和支持，甚至建设进程难以为继。城市进行数字化转型，一定要吸取这些失败的智慧城市建设的教训，始终把人的需求放在首位。

以人为本、需求导向已经成为世界各国城市在推进数字化发展过程中形成的共识。伦敦在城市数字化转型的规划、政策和方案中都明确了以市民和企业为核心的战略定位，有助于准确把握市民和企业的真实需求，动员更多的市民、企业、研究机构和社会组织参与城市数字化转型，并让数字化转型惠及更多的群体。例如，伦敦制定每一版的智慧城

---

[1] 郑磊：《城市数字化转型的内容、路径与方向》，《城市》2021年第4期。
[2] 楚天骄：《借鉴国际经验，建设面向未来的智慧城市——"十四五"期间上海智慧城市建设目标和思路研究》，《科学发展》2019年第9期。

市规划之前，都会通过"对话伦敦"网上社区等渠道，广泛征求民众对智慧城市建设的需求和愿望。《智慧伦敦路线图》清醒地认识到，"很多时候，智慧城市的思维都是由一股整合新数字技术的热潮推动的，而没有首先了解市民的需求"，因此，率先提出智慧伦敦规划和建设的第一个任务就是提供"更多用户设计的服务"，强调"在设计数字服务或采用技术时，以人为本，尊重多样性"[①]。上海在推动数字化转型的过程中，也较好地贯彻了以人为本的理念，致力于从市民、企业和城市运行的高频急难问题中找寻和发现数字化转型的应用场景，引导市场主体参与场景运营，激发市场活力和社会创造力。此外，上海通过规划、政策和方案来凸显以人为核心的理念，吸引和鼓励市民、企业、研究机构和社会组织参与进来，让数字化转型惠及更多的群体，尽最大可能弥合数字鸿沟，提高城市的包容性。只有"多元包容"和"融合创新"的城市，才是和谐稳定、发展动力强劲的城市，才是真正有韧性的城市。

2019年11月，习近平总书记在上海视察时提出"人民城市人民建，人民城市为人民"的重要理念，深刻回答了建设什么样的城市，怎样建设城市的重大命题，为深入推进人民城市建设提供了根本遵循。按照人民城市重要理念的要求，城市要从企业市民和城市运行高频急难的问题难点中发现数字化转型的应用场景，引导市场主体参与数字化转型场景运营，全面激发社会创造力和市场活力。此外，城市还要大力引导、支持建设各类数字化公共平台，吸引各类创新要素、创新资源集聚，打造成为链接协同创新的开放平台，链接城市治理的智慧平台，链接美好生活的服务平台，形成共建共治共享的数字城市

[①] Mayor of London. Smarter London Together _ The Mayor's roadmap to transform London into the smartest city in the world，2018. https: //www. london. gov. uk/what-we-do/business-and-economy/supporting-londons-sectors/smart-london/smarter-london-together.

创新生态圈。

3. 采用"政府主导，社会共建"的组织模式，实现"城市共造"，提高城市"指挥协作、动员沟通"能力

自下而上联合公民与社会力量，实现城市共造，是伦敦城市数字化转型的一个特色，但伦敦市政府的主导作用不容小觑。伦敦政府通过一系列数字化战略和计划的推出，对城市进行整体设计，着眼长远和大局，有计划、分步骤地有序推进，统筹各个方面的资源，明确各部分建设目标和判断标准，制定统一的规划、理念、路线图和行动计划，并定期评估目标达成情况，以提高"指挥协作"能力。在城市建设中，伦敦鼓励大集团和新创公司共同参与数字化项目建设。例如，伦敦地铁公司专门从新的中小型企业和非常规供应商中采购不受限于现有思维定式的智慧解决方案，同时还举行中小企业比赛以发掘创新成果。通过社会共建，城市的"动员沟通"能力得以加强。

与西方城市相比，中国特色社会主义制度在社会动员方面具有强大的组织优势。具体到城市数字化转型工作，只要城市政府确定了转型战略，设定了转型目标，制订了转型计划，形成了政策措施，则各级政府部门都会相互配合，尽可能地按时完成工作任务。但是，城市数字化转型绝不仅仅是政府部门的事，而是需要政府牵头，充分发动整个社会共同参与的宏大事业。为了推进这一事业，上海市政府采用数字化转型工作领导小组这一组织形式，建立健全统筹协调与推进机制，对于重大政策举措做好统筹推进和考核评估，加强跨区域、跨部门、跨层级的组织联动，在城市数字化平台支持下，最大程度地增强城市的指挥协作能力。在具体建设中，上海充分发挥企业、科研机构等组织的积极性和能动性，通过数据开放共享，让政府、企业、市民、社会组织等参与主体改变传统的分工模式，成为集数据的采集者、数据应用的分享者和数据治理的决策者于一身的建设主体，并基于共同利益基础、共同责任担当

及共同价值遵循等诸多"共同性",形成了人人有责、人人尽责、人人享有的城市建设共同体。可以说,城市数字化转型的过程,也是城市增强"指挥协作"和"动员沟通"能力的过程。

4. 发挥数据资源的作用,充分利用数据资源将创新链、产业链、价值链有机衔接,提高城市"分散缓冲、平衡致远"能力

产业结构、人口结构和城市功能过于简单会让城市在经济环境变化或遭遇危机事件时变得被动,因此,城市需要提前布局新兴产业,广泛吸纳多元人才,不断提升城市能级。

城市产生了大量的城市问题,但城市同时也是解决这些问题的试验场。恩格斯指出:"社会上一旦有技术上的需要,则这种需要会比十所大学更能把科学推向前进"[1]。城市数字化转型的需要产生了大量的技术需求,伦敦的高水平大学和科研院所在满足这些需求的过程中不断研发出新的技术,并将这些新技术进行产业化,应用于城市的数字化项目。这些技术、产品及商业模式在实际应用中得以持续优化和改进,日趋成熟的技术和产品在通过伦敦市场的检验和展示之后,有望推向国际市场,成为城市经济新的增长点。伦敦将城市作为大型的"生活实验室",培育城市创新生态系统,以此作为提升城市竞争力的重要抓手,去抵御世界经济波动和产业结构变动对城市的不利影响[2]。

数据资源的高度汇聚,可以帮助城市高层决策者更加迅速地进行科学决策。同时,数据资源向基层的开放,则可以为一线工作人员赋能,帮助他们在第一时间进行自主决策。危机发生之初,如果能得到及时和正确的处置,很可能会将危机消灭于萌芽状态,不至于酿成大祸。一座城市在处置风险事件时,如果想要实现"在最短时间,以最小代价,取

---

[1] 《马克思恩格斯选集》第4卷,人民出版社1995年版,第731—734页。
[2] 楚天骄:《伦敦智慧城市建设经验及其对上海的启示》,《世界地理研究》2019年第4期。

得最好效果"这一目标，则促进数据资源流动和公共数据开放是最佳选择。上海就采取了由大数据中心根据各区应用需求下发数据的措施，例如，结合自然人、法人和社保等多方数据，融合计算后得到疫苗接种数据返还各区，帮助各区提供精准化服务，支持基层疫情防控工作。由基层及时完成对危机的有效处置，无疑增强了城市的"分散缓冲"能力。此外，城市通过开放公共数据、建立数据市场、完善数据交换制度等途径，可以大幅度减少市民、企业、社会组织等使用数据资源的资金成本和制度成本，助力城市成为创新宝地。可见，数据资源的顺畅、合理流动能够为城市探索多元发展路径提供机会，增强城市发展的"平衡致远"能力。

我国城市体量巨大，数据资源丰富，应用场景复杂，市场需求旺盛，为围绕数字化形成创新链、供应链、生产链、价值链提供了优越的条件。城市政府要深刻认识数据资源的战略地位，抓住数据资源开放共享这个牛鼻子，积极建设可信、可用、安全、稳定的数据基础，通过公共数据开放、数据市场建设、数据交换制度建设等途径，降低企业和社会各界使用数据资源的资金成本和制度成本，将城市打造成为创新、创业、创意的沃土和吸引人才、资金、技术的高地。

第五章　海口数字化转型：
走向国际自贸港

海南是我国最大的经济特区，具有实施全面深化改革和试验最高水平开放政策的独特优势。支持海南逐步探索、稳步推进中国特色自由贸易港建设，分步骤、分阶段建立自由贸易港政策和制度体系，是习近平总书记亲自谋划、亲自部署、亲自推动的改革开放重大举措，是党中央着眼国内国际两个大局，深入研究、统筹考虑、科学谋划作出的战略决策。自 2018 年 4 月 13 日习近平总书记宣布支持海南建设自由贸易试验区起，促进贸易投资自由化便利化，加快各类生产要素跨境自由有序安全便捷流动，建设现代产业体系，深化政府机构改革，推动政府职能转变，打造共建共治共享的社会治理格局，创新生态文明体制机制，建立和完善风险防控机制就成为海南省的重点工作。这些重点工作的一个重要抓手就是城市的数字化转型，因此，在宣布海南建设自由贸易试验区 13 天之后，海南省政府就与阿里巴巴集团和蚂蚁金服集团签订了全面深化战略合作框架协议[1]，着力以数字化转型助力海南国际自贸港建设。

一、转型背景：探索建设中国特色自由贸易港

2018 年 4 月 13 日，习近平总书记在庆祝海南建省办经济特区 30 周

---

[1] 《海南省政府与阿里巴巴集团、蚂蚁金服集团签订合作协议》，新华网，2018 年 4 月 27 日。

年大会上宣布，"党中央决定支持海南全岛建设自由贸易试验区，支持海南逐步探索、稳步推进中国特色自由贸易港建设，分步骤、分阶段建立自由贸易港政策和制度体系"。4月14日，中共中央、国务院发布《关于支持海南全面深化改革开放的指导意见》，要求"高标准高质量建设自由贸易试验区，探索建设中国特色自由贸易港"。自由贸易试验区（以下简称"自贸试验区"）建设是党中央、国务院在新形势下全面深化改革和扩大开放的战略举措，根本目的是为全面深化改革和扩大开放探索新途径、积累新经验，在中国改革开放进程中具有里程碑意义。

自贸试验区建设的主要任务之一是探索国际化、市场化、法治化的营商环境，促进投资贸易自由化、便利化。优化营商环境，一方面要大力推进行政体制改革，另一方面也离不开现代化信息技术的有力支撑。最早设立自贸试验区的上海，为了尽快优化营商环境，按照世界银行的营商环境评估的要求，大幅削减开办企业所需程序、缩短办理时间。2018年3月31日，上海市开始实施《关于加快企业登记流程再造　推行开办企业"一窗通"服务平台的意见》，企业设立后，当招收员工需要办理就业参保登记时，企业可通过"一窗通"服务平台网上一步办结，无须现场提交或领取任何书面文书。上海的营商环境建设是通过"一窗通"服务平台提供政府信息共享，实现了原有办事流程从串联向并联的转变，创办人在"一窗通"服务平台填报数据后，各部门即可获得拟开办企业的数据用于审查的准备。工商部门一旦核准后，其核准的结果信息即同步推送公安、税务部门，企业可以同步办理公安、税务的事项。依托电子政务云等技术，创办人与登记机关间的信息交互，政府部门间的信息共享均可以在十几分钟内实现，从而大幅缩短企业办事流程和时间，营商环境明显改善。上海的经验表明，政府部门的数据互联互通和共享应用是优化营商环境必不可少的利器。

在政务信息化方面，海南省及海口市已经有一定的基础。早在2002

年，海南省人民政府发布《海南省政务信息化管理办法》；2009 年，海口市科学技术工业信息化局（以下简称为市科工信局）成立；2017 年 9 月，出台《海南省政务信息整合共享专项行动实施方案》；2017 年，海口市数据共享交换平台（政务畅通工程一期）上线试运行，推动海口市 30 多个业务部门的政务信息共享，并且建设"12345"平台，包括"12345 热线""12345 市民云"等。但是，与自贸试验区建设要求的高水平的营商环境标准相比，海口的政务服务一体化建设还难以提供足够的支撑。

按照 2018 年 4 月 14 日中共中央、国务院《关于支持海南全面深化改革开放的指导意见》，海南要"统筹实施网络强国战略、大数据战略、'互联网＋'行动，大力推进新一代信息技术产业发展，推动互联网、物联网、大数据、卫星导航、人工智能和实体经济深度融合""深化'放管服'改革，在进一步简政放权、放管结合、优化服务方面走在全国前列，推动自由贸易试验区和自由贸易港建设"。党中央、国务院对海南自贸港建设寄予了厚望，也提出了更高的要求。在现有基础条件不足的情况下，如何尽快补齐短板，形成与海南自贸港建设相适应的现代化信息技术基础，是海南省特别关心的紧要问题。

二、起步：致力于做成"全国第一、全国唯一"的城市大脑

2018 年 4 月 27 日，海南省政府与阿里巴巴集团、蚂蚁金服集团签订全面深化战略合作框架协议，以海口为试点，协力打造以云计算、人工智能为支撑的"城市大脑"，提高城市综合治理能力和公共服务水平。在签约会上，当时的海口市市长对海口城市大脑提出要求："我们要做成全国第一、全国唯一的城市大脑。"这个要求很高，但也很模糊。怎样建成"全国第一、全国唯一"的城市大脑呢？海口市相关政府部门与

承建方技术团队经过共同研究，确定了三个大目标：第一，要通过城市大脑改善营商环境，投资贸易更自由、更便利；第二，中央要求海口将旅游业作为主导产业，发展旅游业要改善交通出行、旅游服务、大型活动管理等，更好地服务社会公众；第三，推动数字政府转型，提升数据资产的应用能力，提升服务人员的专业化水平。

海口市明确由市科工信局作为海口城市大脑建设的牵头单位，负责项目的整体规划、设计和项目建设管理。在规划和设计阶段，市科工信局做了很多工作。首先，在项目启动和设计阶段，集中收集市级各单位业务需求与痛点，并组织相关业务部门统一到天津、杭州、上海多地的实际案例考察学习，对标国内先进城市建设成果，识别本地信息化建设弱项，整理各领域的需求。随后，市科工信局进行了一轮评估，基于海口市信息化顶层设计，按照"统一标准""共享是原则、不共享是例外的数据共享制度"和"避免重复建设"的原则，筛选了一批与改革重点、城市治理难点、民生热点相关的政务信息化项目内容，统筹纳入"城市大脑"建设范围。

经过市科工信局的深度沟通，各个业务部门列举出了一个个具体的业务场景及相应的痛点：例如，数据方面，存在各单位的数据标准不一、共享应用困难等问题；交通方面，存在整体出行效率低下、出警效率不高等问题；政务方面，存在市民办事"跑多个窗口、跑动多次、提交多份材料"的办事难问题；医疗方面，存在市民看病难、挂号难、查阅个人诊疗记录难等问题。

根据海口市政府部门提出的具体需求，结合在杭州等地的项目经验，阿里技术团队形成了一个海口城市大脑的顶层设计（见图5—1）。该顶层设计将海口城市大脑的愿景确定为"助力智慧海口建设，让海口成为生活舒心、营商便利、管理高效、服务便捷的美丽城市"，并确立了建设成为国内智慧城市样板和全球自由贸易港智慧新标杆两大目标。

围绕两大建设目标，海口城市大脑的建设内容聚焦 6 大领域，分别是民生服务、城市治理、营商环境、市场监管、生态环保和数字化新基建。

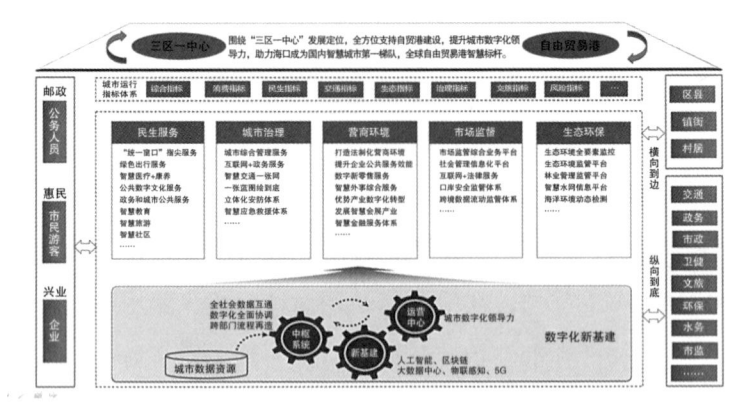

图5—1　海口城市大脑顶层设计示意图①

这一顶层设计方案得到海口市政府的认可。2018 年 9 月，阿里云以 4.55 亿元中标海口市城市大脑 2018 年示范项目。该项目以整合海口市 2018 年既有的信息化项目为起点，结合城市大脑的设计理念和建设内容，构建海口市城市大脑。2018 年 10 月，海口城市大脑建设正式启动，计划年内完成海口市城市大脑基础构建，完成城市大脑计算平台和城市大脑数据智能平台构建，让所有的城市数据都通过"城市大脑"进行最合理的配置和调度，提高城市管理的承载力和运行效率。项目建设内容包括建设计算平台、数据资源平台和安全平台，以及构建交通、旅游、医疗、政务、物联网、移动办公等六个领域的智能化相关应用。

三、建设全国第一个综合性城市大脑标杆

海口城市大脑一期工程以"打基础，树样板"为目标，弥补了海口政府信息化之前建设欠账落后的短板，建设完成海口城市数字基础设施

---

① 资料来源：阿里云提供。

（包括计算资源平台、物联网平台、视觉计算平台、AI 平台、数据资源平台 5 大基础性平台），树立了海口政务服务数字化转型标杆，同时开发了交警、医疗、旅文、美舍河物联感知、椰城市民云、政府办公移动端等部分示范应用。

（一）高水平打造一体化数字基础设施，夯实智慧海口"新基建"

1. 建设稳定可靠的云平台，为城市大脑提供充足的计算能力

长期以来，海口的数据库建设主要存在三方面的问题。一是重复建设，各个委办局数据和业务系统自建机房，运维难，建设、管理成本高；二是各委办局独立建设业务系统，形成众多数据孤岛，数据无法有效联通；三是建设周期长，无法应对疫情等突发场景需快速构建业务系统的需求。

统一建设云平台能够有效解决这些问题。第一，统一建设，各个委办局仅需要提资源需求，就能使用计算资源，减少资源浪费；第二，通过平台的统一部署，委办局业务系统数据全量汇聚到统一的云平台上；第三，响应及时，使用便利。

海口城市大脑一期工程建设了 2 个云节点、639 条网络、984 台服务器、28000 核计算能力、7500Tb 存储容量，为全市 31 个委办局、海南省交警、海南省健康码等 160 多个应用系统提供"云＋大数据服务"。这一新建的数字基础设施为海口政府信息化建设和数字化转型提供了基础支撑能力，同时也为海南省交警总队等省内其他单位提供了基础支撑能力。2020 年至 2022 年新冠疫情期间，该云平台支持政府快速上线防疫信息化系统，为省大数据局提供应急算力支撑，助力省健康码平稳运行。此外，云平台能有效提高政府的信息安全能力，海南省使用该云平台保障了消博会、国庆、博鳌论坛等重大活动。

2. 建设整合共享的数据资源平台，为城市大脑提供新鲜的数据"血液"

针对海口市各政府部门的信息系统存在缺乏统一数据入口，缺乏数

据质量控制，缺乏数据有效监控，缺乏数据标准管理机制，造成数据归集、整合和共享非常困难的问题，海口城市大脑一期建设了数据中台。依托数据中台，海口市制定实施数据共享业务标准及流程规范，建成共用共享的数据资源池，完成全市35家单位788个政务信息资源编目，归集数据总量达11.23亿条，基本解决数据共享纵横通道畅通问题。横向方面，海口数据资源平台已接入30家市级单位、16家社会单位的信息系统，为全市各业务系统提供691个数据共享接口（其中支撑政务服务审批的市级单位8家，社会单位2家，政务服务接口161个）。纵向方面，海口数据资源平台已接入4个国家部委、31个省级单位，为全市提供625个共享数据接口（其中支撑政务服务审批的已接入1个国家部委、11个省级单位，服务政务接口有185个）。

数据资源平台为海口城市大脑各行业系统、公众数据开放提供全量、即时数据。通过该平台，可以自动对全市政务信息资源进行全量数据摸底、核心业务数据筛选识别，并且实现了数据表的秒级即时同步归集，让数据真正具有了支撑实时业务的能力。该平台的建设彻底破解了数据整合共享工作中存在的人工依赖性强、调研周期长、数据摸底难、数据时效性差等难题，能时刻做到"数据清、家底明"，为民生服务、城市治理、产业经济注入鲜活、流动的数据血液。

（二）全面提升政务服务能力，打造便利高效的营商环境

1. 建成全市审批服务"一张网"，努力提高政务服务标准化、规范化、协同化水平

按照全国一体化在线政务服务平台建设"三融五跨"标准[①]及海南

[①] "三融五跨"，"三融"是指技术融合、业务融合、数据融合，"五跨"是指跨层级、跨地域、跨系统、跨部门、跨业务。

省政府"统分结合"要求，海口城市大脑搭建了全市政务服务统一综合管理信息平台，并已在市（含开发区）、区、镇街、村居四级政务服务大厅部署使用，支撑了政务服务标准化、规范化、协同化办理，实现了政务服务事项统一申请、统一受理、集中办理、统一反馈和全流程监督。海口城市大脑打造了统一事项管理系统，市（开发区）、区、镇街、社区四级实现了事项的统一管理；对接了财政非税缴款系统，畅通了在线缴费通道，并已在不动产30多个缴费事项中成功应用；对接了邮政EMS物流系统，实现了审批结果免费邮寄送达；对接了省级电子证照系统，通过高频证照共享，2654个事项、45042份材料可免提交；对接了省电子印章系统，有效支撑了各区"一枚公章管审批"改革[①]落地；对接了省统一身份认证平台，实现了省市两级身份认证平台的互通认证；对接了省政务服务"好差评"系统，政务服务"好差评"工作开展得以落地；对接了市数据共享交换平台，个人身份信息、法人注册登记、全省房屋产权信息、全省房屋网签备案信息等200多项数据已在线上线下办件办理中使用。截至2021年年底，海口市政务服务综合管理信息平台已经对接了将近40个各类系统，200多个数据接口，通过技术融合、业务融合、数据融合，支撑了全市政务服务跨层级、跨地域、跨系统、跨部门、跨业务的协同管理和服务。

2. 建成全市在线政务服务统一门户，着力推进"进一网，能通办"

依托海南省政务服务网与椰城市民云App，全新打造了全市统一网上办事大厅"海南政务服务网海口旗舰店"以及掌上办理平台"海好办"，集中展示市、区、镇街、社区四级共计2.6万个依申请类政务服务事项及办事指南。市本级入驻网厅的部门数量达到62个，实现所有

---

① "一枚公章管审批"改革是指成立区行政审批服务局，将政府服务事项应划尽划至区行政审批服务局集中审批，推行政府服务事项"一窗受理"，优化再造区级审批事项流程，实现审批、监管、执法工作随时、随处"在一起"等，通过这些措施提升行政审批效率。

部门事项应进驻、必进驻。海口市网上、掌上办理入口已实现了与省建设项目、省市投资项目、省 e 登记、省公积金、省社保、省税务、市不动产、市企业开办、市烟草、市水务、省农保等 12 个重要在线办理平台完成对接，实现了单点登录、统一入口。市网上办事大厅已经完成了与海南省网厅的对接，并通过省网厅实现了与全国一体化在线政务服务平台的对接，融入了全省、全国政务服务统一门户。依托全市统一门户，市级事项网上可办率已达 92.29%，网上办件比例已由早期的 30% 提升至 2021 年底的 57%（不含税务、公积金数据）。

3. 提高网上政务服务便利度，全力推进政务服务"零跑动"

一是推进"秒批快办"改革，实现各类政务服务事项"即报、即批"。截至 2021 年年底，共有 287 项"秒批快办"事项在海南政务服务网海口旗舰店"秒批"专区上线运行。二是探索推进"智能审批"改革。开展事项精细化梳理，明确事项审查规则和数据比对规则、开发优化智能审批数据比对系统，通过全量数据比对探索推进政务服务事项实现全流程无人工干预的"智能审批"。到 2021 年年底，"老年人优待证办理""权属登记证书换发""高龄老人长寿补贴"等 8 个事项已实现了"线上办、即刻批"。三是深入推进"高龄老人长寿补贴""零跑动改革"。该系统实现高龄老人长寿补贴核发和延续服务在线"刷脸办""智能批""帮代办"，办理全程"零材料""零时限""零跑动"，受到社会广泛好评。截至 2021 年 12 月中旬，高龄长寿老人补贴首次申请和延续申请办件量总计已超过 14 万件，超过 88.1% 的办件为线上申请，智能审批办件达到 70.9% 以上，显著提升了群众体验感和获得感，提高了政府服务效能。四是推进"自助就近办"。在海口市建设了 163 个便民服务站，设置了 166 台政务服务自助机，为市民提供 24 小时全天候自助服务，市民可就近选择站点自助办理公安、社保、公积金、民政、住建、发改、资规、建行、市政等 9 家单位 41 个部门的 456 个政务事项。

五是推进"跨省通办",通过线上、自助机、智慧小屋等方式,实现了与福建、广西等省区及广州、佛山、湛江、肇庆、郑州、哈尔滨等城市的"跨省通办",在上述区域可办海口市政务服务事项 415 项,在海口市可跨省办理上述区域政务服务事项 1646 项。六是推出"情形导办"服务。已累计对 44 个委办单位的 501 个热门事项按照最小颗粒度拆分办理情形,通过政务中台系统提供引导式服务,为群众及企业提供场景式、步入式办理体验。

4. 开展事项梳理,精心打造各类创新业务场景系统

海口城市大脑对全市 17528 个事项实施了标准化梳理,对 532 个事项实施精细化梳理,并上线场景式服务。在精细化梳理的业务基础上,进一步实施了"一件事"智能审批、信用审批、政务超市等数百项创新业务场景(见图 5—2)。

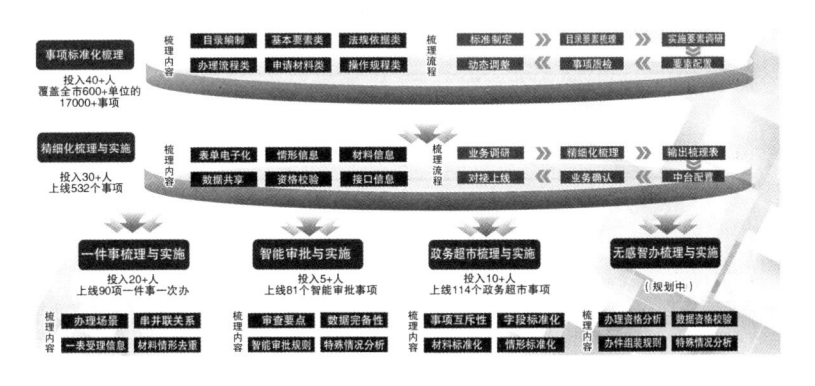

图 5—2 通过事项精细化梳理创新业务场景示意图[①]

在"一件事"方面,海口已上线 61 个个人一件事,29 个涉企一件事。例如,以服务企业"办好一件事"为标准,城市大脑打通了市监局企业设立登记、公安局公章刻制、银行开户、税务局税务登记、人社局社保登记 5 个基础事项,通过流程再造、表单及材料整合、数据共享等

---

① 资料来源:阿里云提供。

措施，打造涉企集成套餐式服务，形成一次告知、一次表单、一次联办、一次办好，线上一次登录的"一次办"服务平台，实现企业开办29个事项半天办结。

所谓智能审批，是指申请人提交申请信息，系统按照既定规则实时比对核验申请信息，自动做出审批决定，并将审批结果及时告知申请人。以"高龄长寿老人补贴"智能审批业务为例。以前，高龄长寿老人申请补贴需要提交6份材料，跑两次，等32个工作日。而且由于审批规则标准不统一、主观判断有差异，还有人为因素的影响，并存在暗箱操作的空间，无法保障公开公平公正。现在只需要3份材料，还无须申请人提交，由办理部门通过共享获取，一次不跑，刷脸在线即办，表单自动生产，材料OCR核验[①]，系统自动审批，即时告知结果。这一事项自2021年7月1日起上线试运行，海口市户籍且年龄在80周岁以上的老年人足不出户即可办理，累计办件达到20多万宗。再比如，龙华区打造了"房屋租赁登记备案"极简办理系统，通过信息互通、数据比对，大幅提升了该热门事项的审批服务效率，审批期限从原来的7个工作日压缩至即收即办。

"信用＋审批"是海口在营商环境建设方面的一个特色应用。为加快一流营商环境信用体系建设，提高行政审批效率，海口市发展改革委和市政务管理局制定了《在行政审批服务领域中开展"信易批"工作的实施意见（试行）》，自2021年12月28日起，"信易批"服务机制在全市行政审批服务领域全面推行。"信易批"服务机制是依托一体化在线政务服务平台，在保护企业和个人信息安全的前提下，将信用信息、信用承诺的查询嵌入各级政府部门的审批流程。对符合条件的守信主体开

---

① OCR（Optical Character Recognition）文字识别是指通过电子设备（例如扫描仪或数码相机）检查纸上打印的字符，然后用字符识别方法将形状翻译成计算机文字的过程，即对文本资料进行扫描，然后对图像文件进行分析处理，获取文字及版面信息。

通绿色通道，在申报材料不齐备的情况下实施"容缺受理"和"承诺制办理"两种审批服务，加快办理进度的一种方式。"容缺办理"是对申请人主要申报材料齐全、基本条件具备，但辅助材料有欠缺的，书面承诺补齐，可先行受理、审核办理，申请人在规定时限内补齐补足容缺材料后，即可及时办结的审批服务方式。"承诺制办理"是申请人对申请材料或事项作出书面承诺后，审批服务部门不再事前审批审核，先行发放批准的证照文书，再通过事中事后监管或验收环节，对申请人履行承诺的情况予以复核监督的审批服务方式。对于信用状况差，存在被列入失信联合惩戒对象名单或违背信用承诺记录的申请人，不适用"信易批"服务；对不适用"信易批"服务的申请人，仍可按照普通审批模式的条件要求进行受理和审批。"信易批"可以有效化解"审批挡路"难题，让信用好的市场主体和群众享受"容缺受理"带来的便利和高效，实现"信用越好、审批越容易"，创新拓展"信用＋"守信激励机制，使市场主体"信用有价"获得感，也有助于完善海南自由贸易港信用环境建设。

（三）努力提升城市精细化治理水平，营造通畅安全的美丽城市

1. 交通治理更高效

海口城市大脑融合汇聚5个政府部门、4类企业、880多路视频、2400多个车辆卡口、2305辆公交、2698辆"两客一危"车辆（公路客运车辆、旅游客运车辆和危化品运输车）等实时数据，以及静态路网数据和高精地图数据，全范围覆盖了海口的道路、港口、公交、运输等交通管理和民生领域。利用这些数据，城市大脑构建了海口交通的数字化底盘，助力海口市政府实现城市交通管理智慧化，同时也为交通运输和公众出行提供更高效的服务。

城市大脑建设前，海口的交通管理主要存在五个问题。一是前端感知数据分散存储，交通多维感知能力弱；二是路口信号机缺乏统一管理、调度，道路周期性拥堵；三是警情处置方式单一，缺少可视化立体指挥调度；四是重点车辆实时监管能力弱，预警能力待提升；五是交通信息发布渠道单一，时效性及精准度不足。针对这五大问题，海口城市大脑在智慧交通方面着重采取五大措施。一是采用数据感知，融合了公安、交通、港口、教育、急救、气象、市政等政府部门和企业 75 类大交通数据等多源数据，打破底层数据孤岛；二是建立联控机制，打通全市 4 家信控系统，实现信号集中管控；三是重建指挥体系，警力跟着警情走，"视频＋AI"赋能就近派警；四是构建风险模型，通过疲劳驾驶、车辆闯禁等模型实时监管重点车辆；五是信息综合发布，使用互联网（高德、微信）渠道进行信息发布，不仅更高效而且更精确。

由于采取了这些措施，根据百度地图、清华大学、东南大学、中国社会科学院等联合发布的《2019 年度中国城市交通报告》，海口市在 2019 年全国百城交通拥堵指数排名中下降 5 名。通过全市 880 多路视频进行交通事件监测分析，AI 累计发现事件 192658 件。对城市两客一危车辆的管理上，实现了实时感知重点车辆的疲劳驾驶、非法闯禁、脱检上路等违法行为，平均每周自动推送重点车辆预警逾 7 万起。海口市有一个城中岛——海甸岛，该岛通过三座大桥（世纪大桥、人民桥、和平桥）与一水之隔的海口市中心相连接，早晚上下班高峰潮汐式拥堵严重。城市大脑根据海甸岛区域内车流情况，经过数据资源分析、人工智能配置，每日早晚高峰实现每 15 分钟更新下发红绿灯调优方案，根据 2020 年的统计，车辆平均行驶速度提高 7％，行车延误时间降低 10.9％。在交通态势的展示方面，城市大脑能够融合高德的平均车速、排队长度、停车次数及本地卡口电警数据，对海口市各个区的常发拥堵路段、路口排名情况进行实时自动推送报警。同时，可以宏观一览整个海口市的交通运行状况，如进出城流量、主干道平均车速、快速路平均车速、车辆在途量及各个区的拥堵排名等，便于交警对全市交通运行情况的整体把握。

2. 城市管理更精细

海口市以前物联网建设较弱，数据无统一标准，设备、各厂家平台难以互通，物联网设备无法统一管理。城市大脑一期建成了统一的智慧物联网平台，完善了物联网基础设施建设，并通过标准建设，统一数据标准。总体来说，城市物联网建成了3中心1基础（感知设备管理中心、感知数据开放中心、城市事件中心和平台基础配置）（见图5—3），构建了完整的智慧城市数字基础设施。

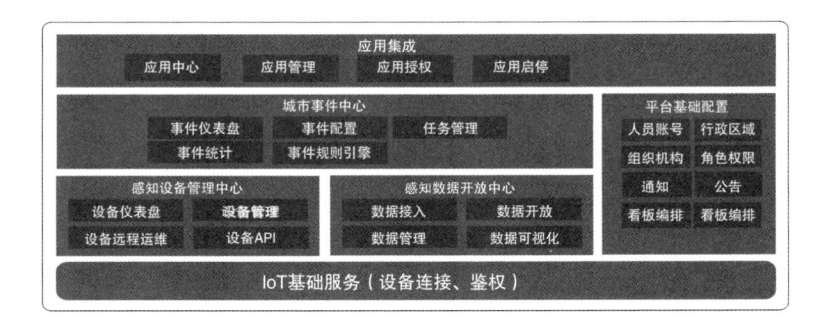

图5—3 海口智慧物联网平台架构示意图①

在城市物联网设施的支持下，城市内河流管理更加精细化。城市大脑先行在海口母亲河"美舍河"试点开展通过排水监控、移动巡检和在线监测提升排水管理能力。

以前的海口，城市内涝频繁，美舍河水体污染严重；监督管理手段智能化不足，缺乏可视化管理手段辅助；排水应急响应不及时，处置无闭环；道路积水无法向民众实时发布。

一期工程在美舍河流域建成了46个雨水液位、61个污水液位、23

---

① 资料来源：阿里云提供。

个污水流量、66个排口液位、4个河道水位、4个河道水质、5个闸站、10个雨量监测点、13个视频监控等感知设备，另外接入43个积水监测点和16个积水点视频，实时监测道路的积水情况，并通过公众平台向民众发布。通过对美舍河沿线管网、排口等液位高程以及水质水体的综合实时监控，实现了对下水道、井盖溢出、道路积水事件的主动预警，并及时联动一线处置员响应，改变了以往只能通过人力巡检或市民投诉的被动接收模式，提高了排水治理的响应速度。一期工程完成后，估计缩减内涝受灾面积20%~30%，水质污染程度和污染范围大大缩减，受灾人群数量大大减少。此外，通过城市大脑信息发布功能，实现对监测点位的道路积水问题及时发现、及时处置，并推送至高德系统，及时通知市民规避并给出合理路线，避免因为降水带来的安全隐患。

（四）多渠道提升市民游客获得感，提高公共服务水平

1. 智慧医疗更惠民

在医疗领域，海口城市大脑从便民惠民角度出发，整合了海口市7家医疗机构约53亿条医疗数据，实现医院间数据互联互通，搭建了海口全民健康信息平台。通过归集健康档案，市民可以使用城市大脑提供的移动端查询个人就诊记录。此外，城市大脑还为市民提供预约挂号、报告查询、智能导诊等众多惠民服务。

2. 椰城市民云更便民

椰城市民云作为海口城市大脑移动端服务总入口、一站式"互联网+"公共服务App，以海口城市大脑为数据支撑，汇聚全市政务、交通、医疗、旅游等508项公共服务，面向全市所有企业、市民、游客提供"一网通办、掌上可办"的移动化政务办事服务、生活便民服务。市民仅需登录一个App就能使用政府各部门和公共企事业单位提供的网

上＋预约、查询、办事和缴费等服务。

海口城市大脑先后荣获了工信部赛迪网评出的"智慧城市十大样板工程"、国际权威咨询机构IDC颁发的"亚太区智慧城市行政管理奖"等多个奖项，获得了业内的认可。作为最早落地的综合型城市大脑，海口城市大脑也为郑州、宁波、九江、佛山南海等其他城市的城市大脑建设提供了宝贵的经验。

四、向打造全球自由贸易港智慧新标杆迈进

海口城市大脑建成了城市数字底座，支撑了政府行政体制改革和智慧城市建设，初步实现了政务服务"一网通办"，城市管理精细高效，营商环境明显改善。但是，由于海口城市大脑建设较早，早期按照六大方向建设，造成"12345"、城管、交通、医疗等城市管理平台仍各自为政，缺少统筹，城市大脑作为统一的城市运行管理中心的作用无法得到充分发挥。因此，二期工程的主要任务是在一期建设的基础上，全面深化政务、交通、医疗、水务、环保、旅文、市场监管、城市运营中心8个业务板块应用建设，全面提升城市数字化运营能力，构建完善数字化城市治理体系。

海口城市大脑二期于2019年10月启动规划设计，历时1年多时间，组织了1700多人次对60多个委办局和相关单位进行了260多次调研，进行了120多次方案交流汇报。最终，二期工程明确了建设的三大主要目标，即：提升城市数字化领导力、助力自贸港建设先行先试和推动城市高质量发展。2021年12月底，大脑二期全面开工。

（一）对标评估体系，进一步提升政务服务水平

根据国务院电子政务办《省级政府和重点城市一体化政务服务能力

调查评估报告》，自2019年起海口政务服务能力排名不断提升，2019年海口市排名27名，2020年提升至24名，2021年大幅提升至17名，为全国提升较快城市。政务服务水平也从中等水平提升至高等水平。《2020年中国营商环境评价报告（海口市）》显示，2020年"政务服务"指标得分为69.33分，指标评价等次为"优良"，较2019年度60.03分提高了9.3分，排名百分位较2019年度提升21.55%，是海口市进步较快（排名较2019年测评提高20%以上）的指标之一，同时也是"政务服务"指标全国十大"进步较快城市"之一。这些成绩的取得，是由于海口城市大脑认真分析国办考核评估体系（见表5—1），逐项拆解指标、制定策略、专项提升，对标对表国家要求和先进城市，技术手段与机制改革双轮驱动，不断提升政务服务水平。

表5—1 《2020省级政府和重点城市网上政务服务能力（政务服务"好差评"）调查评估报告》评估导向和评估要点[1]

一级指标	评估要点
在线服务成效度（"好差评"制度建设）	重点从"效能线上可评"的角度，衡量政务服务平台的用户使用、网办效率、服务质量等方面的实施效果
在线办理成熟度	重点从"服务一网通办"的角度，衡量政务服务在线一体化办理程度
服务方式完备度	重点从"渠道一网通达"的角度，衡量公众和企业是否可以方便、快捷和准确地找到所需服务
服务事项覆盖度	重点从"事项应上尽上"的角度，衡量行政事项和公共服务事项通过一体化政务服务平台对外提供服务的情况
办事指南准确度	重点从"指南精准实用"的角度，衡量办事指南公布的相关要素信息的准确性、翔实性和易用性

[1] 资料来源：国家电子政务办：《2020省级政府和重点城市网上政务服务能力（政务服务"好差评"）调查评估报告》，2020年5月，http://zwpg.egovernment.gov.cn/xiazai/19pgbg.pdf。

1. 以数字倒逼改革，提高服务成效度

服务成效度主要考察群众好差评和服务的便利程度。有了一体化政府平台，就能准确发现哪些部门、哪些事项、哪些环节上群众不满意，服务的便利度不够高。这些数据对于政府部门有针对性地采取措施很有帮助。

为了提高群众满意度，海口市从多个方面采取了积极的措施。一是落实《关于建立政务服务"好差评"体系的实施意见》，建立完善"好差评"评价、反馈、整改、监督全流程闭环及"一事一评价"、对"差评"实行"一事一回访""一事一监督"的工作机制。还通过印发《关于进一步推进开展政务服务"好差评"工作的通知》，督促各级政务服务大厅安装窗口评价器，提升海口市政务办件"好差评"评价率。二是强化差评办件进行分析研判，针对申请海口市引进人才住房补贴集中办理效率不高引发的差评办件较多的问题，积极与市人才发展局、市人社局沟通，协调放开海口市引进人才住房补贴受理，提高办事效率；对差评较多的部门进行集体约谈，督促各部门提出整改举措。三是协调省市两级业务部门加快推进好差评系统对接工作，市、区政务大厅已全部安装使用窗口评价器，镇街便民服务中心完成窗口评价器购置安装完成100％；市税务局、市社保局、市场监管局（商事登记业务）、市公安局（自助机、海南警民通）、市交通局（运政业务）、市民政局（婚姻登记、低保）、市资规局（自然资源平台）、市住建局（工改、智慧房产系统）等省市主要业务自建业务系统已接入好差评系统，群众可通过网上办事大厅、实体大厅评价器、移动端、二维码、短信等线上线下多渠道接受申办人评价，增加了群众办事体验的评价渠道，增强群众办事体验感。通过采取这些措施，优化了群众办事体验。

在提高服务便利度方面，海口市也推出了多项改革措施。一是设立"未办成事协调服务窗口"。海口制定《海口市政务管理局"办不成事"

反映窗口工作制度》，切实解决群众的操心事、烦心事、揪心事，解决困扰企业和群众的办事难、来回跑等顽疾。二是推行延时服务。针对企业和群众在工作日内非正常工作时间遇到的特殊、紧急需办理事项、重点建设项目，按照特事特办、急事急办，为企业市民提供延时服务。三是优化预约服务。重点优化了不动产预约及窗口办理，实现不动产所有窗口均能受理除咨询、发证、网签、查解封外的所有不动产业务。通过审批制度机制的不断健全，不断优化审批程序、缩短审批时间、提高审批效率，让群众和企业实实在在感受到办事的便利化、规范化，提升办事的体验感。

2. 技术赋能，提高办理成熟度

办理成熟度主要考察政务服务事项的网办程度和线上政务服务的建设水平。海口城市大脑对接了海南省统一身份认证、电子印章和电子证照平台，实现44类高频证照共享减免，在3132个事项中实现相关材料的免提交。国家平台内海口市事项目录数1081项，其中支持在线办理的923项，占比达85%。城市大脑建设期间海口市的全程网办率从17%提升至61%，取得了明显的提升，其中457个事项在全程网办的基础上实现了场景式服务。所谓场景式服务，是指为帮助办事群众快速准确了解办事所需材料，对高频事项进行精细化梳理，按照最小颗粒度拆分事项办理情形，通过系统引导式服务，为群众及企业提供场景式、步入式办理体验，让用户在网上办理业务更顺畅、更便捷。以成熟度的主要指标网办深度为例，通过城市大脑的建设，2021年，海口市市本级的全程网办比例从67%提升至85%，超过沈阳、成都、长春等城市。但与杭州（92%）和深圳（98%）仍有一定差距。

3. 精准链接，提高服务方式完备度

服务方式完备度主要考察政务服务在各部门、各层级和各服务端中提供服务的完整性和同源情况。海口城市大脑完成了海口市掌上政务大

厅"海好办"和海南地区线上服务平台"海易办"的对接，实现"海好办"中的政务事项全部上线"海易办"，并检查各部门门户网站、区级政府网站政务服务相关栏目功能、办理入口等完成统一链接跳转至海口旗舰店。同步在各个服务站点（包括国家政务服务网、省政务服务网、海易办）定期人工抽查和整改。以完备度的主要指标办件数据归集为例，通过城市大脑的建设帮助海口市全年人均办件数据归集量从0.5提升至1.7，超过杭州、宁波、郑州等城市，但与深圳（2.2）仍有一定差距。

4. 开发政务服务优化系统，提高服务覆盖度和办事指南准确度

服务覆盖度和办事指南准确度主要考察事项的设立和办事指南内容的维护，属于各委办局的工作任务。海口城市大脑开发了一个政务服务优化系统，通过程序辅助检测出5万多条办事指南准确度问题，提交政务管理局下发整改，用数据辅助业务提升。以覆盖度的主要指标办件覆盖度为例，通过城市大脑的建设帮助海口市办件覆盖比例从11%提升至17%，超过西安等城市，但与深圳（95%）、杭州（41%）仍有一定差距。

营商环境考评中也有政务指标网上服务便利度、线上线下融合度和政务服务满意度等相应内容。对照一体化政务服务能力评估体系采取的一系列措施，也提高了营商环境考评的成绩。此外，营商环境考评还考核政务服务大厅服务便利度。为此，海口城市大脑配合市政务管理局进行政务服务大厅设备改造、丰富自助机办理事项、对接政务服务小屋，并建设智能知识库辅助综合窗口进行业务受理。

（二）增加新技术应用，提高业务支撑能力

1. 建设支付、物流、文书三大中心

在数据中台中建设了统一支付中心、统一物流中心、统一文书

中心。

统一支付中心可以实现在企业补贴政策自动审批完成之后，在自动支付环节实现一键兑付、补贴分钟级到账。这对于提高营商环境的评价得分非常重要。统一支付中心以城市大脑顶层设计技术规范、业务规范为基础，融合城市大脑的支付服务功能，对内形成非税支付业务闭环，对外拓展公共支付能力。

统一物流中心为其他应用提供统一物流管理能力，包括渠道管理、物流单据、物流对账、物流记录、统计等功能，向政府及公众提供统一标准的物流服务，最终构建政府与物流企业的标准服务枢纽，为群众和企业提供更好的用户体验。

统一文书中心为其他应用提供统一文书管理能力，包括模板管理，文书生成、发布管理、文件管理等功能，向政府及公众提供统一标准的文书服务。工作人员按照文书中心提供的文书模板制作规范，线下制作好模板，部门评审通过后，可以将文书模板上传到文书中心进行使用，提供相应文书生成服务。

2. 提供统一认证服务

海口城市大脑项目中的统一身份认证平台模块，将根据政策法规要求，政务发展需求，并结合先进的 IT 技术，整合各类政务应用，政务流程，实现自然人，法人与政府工作人员的身份集中管理，统一认证，一次实名认证可共享到所有政务应用，保证网上政务服务用户信息的真实、合法和有效，自然人和法人用户注册、认证应采用实名制。统一用户注册和认证体系是开展"互联网＋政务服务"、建立政务服务实施机构和行政相对人线上服务法律关系的前提，是全国政务服务网上"一地注册，各地互认"的基础。其中，针对现阶段的敏感性业务，需要强制性使用实名认证来保证安全性，平台提供了标准化的实名认证服务，供各个政务平台使用。在自然人法人注册时，可进行 3 级实名认证。支持

PC 端的身份证照片检测、App 端动态人脸识别的实名认证服务等。

3. 建设统一报表中心

海口城市大脑通过整合散落的各类数据，构建统一报表中心。报表中心的作用是对各类场景进行分析，既能做整体的指标概览，也能进行分层的细节指标数据的对比分析，从而全域支持数据指导业务精细化运营。统一的报表中心有助于打通多元数据孤岛，降低数据开发成本。

4. 增加智能化应用

一是建设智能搜索推荐系统，包括智能搜索、智能推荐、智能类目导服、政务知识图谱等。政务领域智能搜索支持基于搜索词的模糊查询，给出最相关的政务服务、政务动态、政策法规、公开信息、常见问题等搜索结果。

二是开发流程机器人，筛选出能够通过机器人来替代人力操作场景，利用机器人自动捕获行为，实现智能自动操作，降低人力成本，提升工作效能。

三是进行画像分析。针对特定事件，结合历史发展情况了解按照地域、时间等各种因素的发展趋势，有针对性地进行干预和控制。例如，分析教育适龄人口数量在不同阶段、区域等随时间的变化情况，并根据这些需求数据决定是否调整不同种类的教育资源供给。再比如，对复杂群体数据进行个性化建档，通过关系图谱、线索分析、智能推荐等来实现目标群体的精准定位，提升城市治理能力。

（三）完善数字城市运用中心功能，提高辅助决策、分析预警和精准服务能力

1. 建设领导驾驶舱大屏

建设海口城市数字底座及城市运行和监测评价体系，为海口城市大脑运行提供支撑。城市大脑将城市管理者所关心的城市运行和监测中的

关键城市体征，分解成从宏观到中观再到微观的城市指标，涵盖从公共服务、基础设施、社区活力等多个领域，分别归类到政务、交通、疫情、医疗、营商等板块，为城市大脑运行和领导关键决策提供科学、精准的数据智能辅助决策支撑。

2. 利用网格基础信令数据及区域人员分析预警

网格基础信令数据服务可以反映海口市内外来人口、各区之间人口迁移分布情况，以便各职能单位分析海口市内人口情况规划和指导政府行为。区域人员分析及预警服务上线后可以实时了解特定区域内人员聚集情况，针对区域内突发情况，进行快速精准的短信预警。

海口市是海南省省会，国家"一带一路"建设规划支点城市，海南自由贸易港核心城市，北部湾城市群重要节点城市，外来务工人员逐年增加，接待的国内外游客也日渐增多，亟须获取准确的外来人口及人口流动数据，以分析海口市各地区的人口情况。同时，海口市地处低纬度热带北缘，属于热带季风气候，台风多，雨水足，面临多种应急情况突发情况。对于可以预见的自然灾害，可以提前对影响区域内的人员进行精准快速的预警提醒，帮助群众减少生命财产损失。

3. 建设惠企直达板块

目前，海南省已在省内统一建设惠企政策兑现服务系统"海易兑"，汇聚全省惠企政策、事项，支持惠企政策检索、政策解读、事项申报、标签匹配、申报跟踪、兑付审批、政策推送、决策分析，满足全省企业一站式事项申报、兑付等共性服务。海口市政府部门希望在"海易兑"平台基础上，进一步提升企业服务的精准化、精细化水平，建设海口城市大脑——惠企直达板块。

海口城市大脑——惠企直达板块以"海易兑"平台为基础框架建设，在满足"全省统建、充分复用、交互一致、体现特色"的原则上，根据实际情况与需求，建设海口市的个性化、差异化功能。主要内容是建设海口市级惠企政策精准服务个性化专区，即基于政策算法化引擎，一方面为企业提供政策精准匹配、匹配指南、智能匹配、精准推荐、诉求咨询服务；另一方面，为政府政策推广部门提供主动为企业找政策、主动为政策找企业，以及政策评估分析等服务，从而提升海口市政府企业服务精准化、精细化水平。此外，该平台还担负着探索免申即享这一政策兑付新模式的任务，即，按照政策实施范围和条件，通过数据共享、大数据分析和人工智能辅助，精准匹配符合条件的企业或市民，企业或市民全程无须主动提出申请，就能直接享受或在确认申领意愿后享受相关政策，从而使政府的服务由被动响应向主动服务转变。

五、经验：实现从项目建设到生态营造的跃升

1. 鲜明的需求导向，精准服务于国家战略

海口城市大脑建设是在中央宣布海南建设自由贸易试验区之后快速启动的，目的非常明确，就是服务于自贸试验区建设的国家战略。因此，海口城市大脑在顶层设计中确立了建设成为国内智慧城市样板和全球自由贸易港智慧新标杆两个阶段目标，并围绕目标明确了六个领域的建设内容。由于背景特殊，目的明确，建设范围划定清楚，启动速度快，因此，海口城市大脑采用了项目建设的方式，即政府提需求，承建企业使用技术手段实现政府提出的需求。作为承建企业，阿里云有丰富的城市大脑建设相关经验，技术团队在项目设计和建设过程中都体现了鲜明的需求导向，严格按照政府提出的需求内容开展工作。在这种建设模式下，海口城市大脑推进很快，尤其是在一体化政务建设方面，在全国的排名迅速提高，也满足了海口优化营商环境的迫切需要。与此同时，海口的智慧交通建设也取得明显进展，为满足海南作为自贸港的大量物流运输需求打下了良好的基础。此外，在发展旅游产业、提高社会

治理水平和保障城市安全等方面，城市大脑建设的内容都体现出了海南独有的地方特色。例如，海口有很多外地人购买的房产，为了方便这些外地房主办理相关事项，海口的城市大脑有针对性地推出了相关应用。

2. 领先的技术应用，显著提升了政府数字化水平

2018年4月海口城市大脑项目刚启动时，该市的信息化基础还比较薄弱，政府业务部门信息化系统不够完善，距离其他发达地区城市有一定的差距。此外，政府工作人员尚未完全建立从百姓办事的视角看待政府业务的观念。当时的海口也没有明确地推动政府部门数字化建设的部门，各部门的数字化建设缺乏统筹。影响城市大脑建设效果的因素，一个是数字技术水平高低，另一个是能否通过改革，破除那些不能适应行政体制改革的政策和机制。在数字技术水平相差不大的条件下，行政体制改革的力度是影响城市大脑建设成败的关键因素。通过建设城市大脑，海口市在深入挖掘本市真实需求的基础上，充分借鉴杭州、上海等地一体化政府建设的先进理念和成功经验，并通过示范项目的推进，在较短的时间里形成了一体化政府观念，实现了从"以管理为中心"向"以服务为中心"的转变，形成了"数据多跑路、群众少跑腿"的工作方向，规范了行政事务的办事流程，大大提高了行政效率和科学决策能力。

3. 密切的政企合作，系统构筑了城市数字基础设施底座

按照传统的智慧城市建设模式，项目公司通常会根据智慧城市建设的基本框架提供一个顶层设计，然后召集政府部门各委办局的信息化负责同志开会调研需求，形成建设方案。这样的智慧城市规划是按照信息化建设的老路子开展的，并不能反映业务部门的真实业务需求，容易造成开发的应用缺少针对性，或者不方便最终用户使用，因而经常出现"上线即下线"的现象。所谓"上线即下线"，就是说，项目完成的标志是上线，但是，由于开发的应用不好用或者不实用，很少有用户愿意

用，看起来是项目完成，上线了，但是由于无人使用，相当于"下线"，造成大量的浪费。海口城市大脑很好地避免了传统的信息化建设模式的弊端。项目牵头单位与调研团队深入到业务部门的一线，跟工作人员一起发现业务痛点，梳理业务流程，寻找政策堵点，进而开发出真正能够解决问题的应用。此外，项目团队很好地借鉴了数字化企业内部平台建设的经验，将各部门都会复用的应用提取出来开发成业务中台，既实现了业务流程的标准化，提高了通用性，又大大节约了成本，方便了用户。由于政府部门和企业紧密合作，规划和建设的城市数字基础设施底座务实管用，为支撑各种应用的开发和运行提供了坚实的基础。

第六章　郑州数字化转型：探索政府治理能力与产业发展水平双提升

长期以来，河南省人均 GDP 在全国处于较为落后的地位，信息化水平落后得更多。2018 年，河南省人均 GDP 在内地 31 个省（市、自治区）中排第 18 位，软件业收入排第 22 位，在国务院办公厅电子政务办公室的《省级政府和重点城市网上政务服务能力调查评估报告》中排名第 26 位，省会城市郑州在 32 个重点城市中排名第 24 位。如果列出上述前三项指标中排名后 15 位的省、市、区的名单，在三项指标中同时出现的省区有七个，分别是青海、甘肃、新疆、云南、河南、广西和海南。其中，河南是唯一的一个中部省份。如何在数字化浪潮中不掉队，通过数字化促进传统产业转型升级，实现区域经济可持续发展，是河南省必须认真面对的重要课题。为了尽快缩小数字鸿沟，2019 年 8 月，郑州市人民政府与阿里巴巴集团签署战略合作协议，开始建设城市大脑，并很快见到了成效。2020 年 8 月 18 日发布的《中国城市数字治理报告（2020）》显示，郑州的城市数字治理指数得分位列第七位。按照《省级政府和重点城市一体化政务服务能力调查评估报告》，2020 年郑州市名列第 10 位，较 2018 年提高了 14 位；2021 年，河南省评估分数晋级全国第一梯队。由于郑州城市大脑建设对数字服务产业的带动作用，从 2018 年到 2022 年，河南省软件业务收入年均增速高达 56.34%，仅次于广西和贵州。

一、转型背景：欠发达城市寻求数字化发展契机

2019年6月16日，郑州市与阿里巴巴集团举行2020年数字郑州产业生态联盟座谈会并签署深化数字城市建设战略合作协议。座谈会后，郑州市政府，在郑有关高校、科研院所、企业，分别与阿里巴巴集团签署了《深化数字城市建设战略合作协议》《2020年数字郑州产业生态联盟》《数字郑州人才培养合作协议》。

2019年9月，郑州市政府成立了负责全市政府数据资源管理、开发、运营的国有独资公司——郑州大数据发展有限公司，负责政府政务数据资源管理工作。该公司与阿里巴巴集团合资成立数字郑州科技有限公司（以下简称数郑公司），负责郑州城市大脑建设与运营。该公司的主要任务是推进政府数字化转型，助推数字经济发展、数字社会建设，营造良好数字生态，助力郑州国家中心城市建设。公司的核心业务是全面负责郑州城市大脑的建设及运营，通过统一的数字底座，实现计算、存储、数据、网络等各类能力的统建共用，确保"资源一张网、数据全在线"。

在数字郑州科技有限公司成立之初，市领导就为郑州城市大脑建设提出了"一年突破，二年看齐，三年领先"的目标。所谓"一年突破"，指的是跟自己比取得明显进步；所谓"二年看齐"，指的是跟杭州达到同等水平；所谓"三年领先"，指的是能够在全国排到领先地位。对于基础相对薄弱的郑州市而言，要通过3年时间实现上述目标，还是颇有难度的。

二、主要做法

（一）应用牵引导向

郑州城市大脑的建设理念是打造"整体政府"，坚持以人为本的服务思维、多元开放的生态思维、因城制宜的特色思维和与时俱进的创新思维，以"惠民""善政""兴业"为切入点，打造"一脑、一网、一码、一端、一生态"五个方面于一身的城市大脑"郑州模式"，打通数据壁垒，促进跨部门协同共治，增强百姓获得感、实现政府数字化转型，助力郑州数字经济发展（见图6—1）。

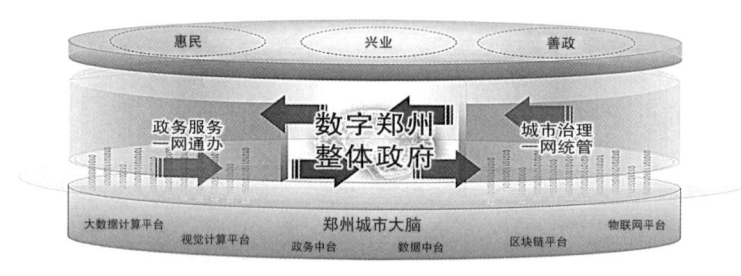

图6—1 郑州城市大脑顶层设计示意图①

一期工程主要是搭建城市"数字底座"，包括搭建整个城市的云计算、大数据、物联网、视觉计算等平台，作为政府数字化转型的核心基础支撑。2019年12月底，数郑公司的技术团队已经完成了城市大脑的架构设计，建设了城市基础设施平台。接下来的工作就是采集、归集、治理、共享和管理城市公共数据，以及丰富城市应用场景的开发了。

突如其来的新冠疫情成为郑州城市大脑的揭幕战。2020年1月23日武汉宣布封城。为了疫情防控，本来正打算回家过年的郑数公司的技

---

① 资料来源：数字郑州科技有限公司提供。

术人员立即返回办公室，会同郑州市大数据局的人员一起设计和开发防疫系统。当时还没有人了解新冠病毒的凶险程度和传播机理，首先想到的是第一时间发现传染源。于是，技术团队迅速开发了发热门诊系统，于1月25日在郑州的所有医院上线，如有发热人员就诊即可第一时间上报平台。2月2日下午6时，卡口码上线，全市93个交通卡口可以扫码在线填写信息，入市人员情况第一时间汇总到市级平台。在这个时期，很多城市采用的是亮码方式，健康码或行程码是绿色即放行。但是，亮码方式无法显示手机使用者都到过哪些地点，一旦发现阳性病例，开展流调的工作量非常大，效率也会因此降低。而采用扫场所码的方式，则将哪些人在哪个时间到过哪个地点精确地记录下来，能迅速找到阳性患者和密接人员。随着疫情防控工作的开展，场所码的优越性越来越凸显，后来在全国推广开来，也为郑州市更快、更全、更强、更准、更高效地筑牢疫情防线提供了全面支撑。特别是，在疫情防控期间推出的孕产妇绿色通道、疫情紧急求助通道、血透预约等特色应急功能，尽最大可能满足疫情防控期间市民的紧急需要。数字化疫情立体防控系统的建设和应用，让郑州市从市区领导、政府职能部门到群众，都强烈地感受到了数字支撑、科技赋能在城市治理中的重要作用，从上到下对城市大脑建设的接受度、配合度和支持度都大大提高了。

长期以来，城市数据的跨部门、跨层级、跨领域打通和共享都是最难完成的工作。在疫情防控工作中，出于疫情防控需要，需要深度融合疫情防控海量数据，以数字化手段支撑疫情态势研判决策，实现数据闭环、管理闭环、责任闭环，提升疫情预防和处置能力。在当时确立了数据共享"无条件归集、有条件使用"的原则，整合公安、卫健等多源数据，建立覆盖全市统一的疫情防控数据融合支撑平台，以实现精准防控的目标。按照这一数据整合共享原则，郑州市疫情防控数据中心整合了境外返郑数据、中高风险返郑数据、边检数据、集中隔离数据、教育打卡数据、核酸检测数据、疫苗接种数据、民航数据、铁路数据、人口数据、教育基础数据、通信管理数据等跨部门、跨领域、跨行业、跨区域的数据。正是由于尽可能多地整合了相关数据，郑州的数字化疫情防控系统得以有效运行。

郑州数字化疫情防控系统之所以成功，最主要的原因是疫情防控需求非常具体，防控一线发现新问题就马上反馈技术团队设法通过技术手段加以解决，整个系统在运行中不断修改和优化，真正实现了"务实""管用"。

数字化疫情防控系统的开发建设经验被应用于其他系统。数郑公司组建了88人的需求调研团队，到30多个委办局和县区开展了600多次调研交流，完成了5000多页的方案文档。通过这些在业务部门的实地调研，技术团队挖掘出这些部门的业务痛点，并为解决这些痛点提供了数字化解决方案。

由于采取了需求引导的城市大脑建设方针，郑州市开发建设的应用系统一经推出，就得到了广大市民和政府部门的高度认可。2020年12月20日，郑州市正式宣布，城市大脑118个应用场景全面上线运行，涵盖政务服务、智慧交通、智慧医疗、城市应急、环境保护、文化旅游等14个业务领域。以政务服务为例。截至2022年6月，"郑好办"App用户注册量突破1400万，上线事项总数达到1969项，线上累计办件超445万件，日均办件达5345件。实践证明，这些应用系统确实做到了实战管用、干部爱用、群众受用。

（二）统一平台建设

1. 城市大脑平台市区一体建设

在长期的信息化建设中，很多城市都建了不止一个云平台，市里有市里的云平台，区里有区里的云平台。这就在一定程度上造成建设资金的浪费，因为物联网、区块链、视觉计算等平台是各级部门都需要的，语音识别、自然语言识别等能力也是各级部门都需要的，能够统一建设和使用。统一建设云计算平台，既大大节约了政府的信息化建设资金，又有利于数据整合和业务协同，提高行政效率。郑州城市大脑在基础设施建设阶段完成了统一物联网平台、大数据计算平台、视觉计算平台和区块链平台的建设工作，并通过政务云建设提供弹性云计算服务、数据库服务、存储服务、网络服务和灾备服务。

2022年10月28日国务院办公厅发布的《关于印发全国一体化政务大数据体系建设指南的通知》中提出，"各地区政务数据主管部门要统筹管理辖区内政务数据资源和政务数据平台建设工作。可采用省级统建或省市两级分建的模式建设完善地方政务数据平台，并做好地方平台与国家政务大数据平台的对接，同步数据目录，支撑按需调用；同时，应当按照统分结合、共建共享的原则，统筹推进基础数据服务能力标准化、集约化建设。各县（市、区、旗）原则上不独立建设政务数据平台，可利用上级平台开展政务数据的汇聚整合、共享应用"。可见，郑州市采取的城市大脑平台市区一体建设的方式是符合国家政务大数据体系建设的发展方向的，而且通过这种一体化建设，确实体会到集约节约建设带来的好处。

2."管""办"合一

这里所说的"管""办"合一，指的是通过顶层设计融合"一网通办"和"一网统管"的底座，实现数据打通和业务流程统一。

随着全国政务服务信息化建设的逐步完善，服务公众能力不断增强，一体化政务服务平台满足群众对政务服务的要求从"能用"的合格标准升级到"好用"的高阶水平。当智能手机进一步普及、功能进一步提高之后，政务服务移动端也成为"互联网＋政务服务"最重要的载体。2021年9月29日国务院办公厅发布《关于印发全国一体化政务服务平台移动端建设指南的通知》，要求"加强政务服务平台移动端标准化、规范化建设和互联互通，创新服务方式、增强服务能力，推动更多政务服务事项网上办、掌上办，不断提升企业和群众的获得感和满意度"。郑州市的一体化政府服务平台建设与这个通知的精神保持了高度一致。

郑州着力打造城市级的政务服务移动端，按照切实优化管理方式、排摸业务流程等工作要求，努力将服务体验做到精致、细致、极致，将服务理念落实、落小、落细，以切实满足人民群众的需求，夯实后端平台基础支撑能力，优化前端办事服务体验，着力拓展移动端办事服务渠道，打造城市级超级App，形成多渠道、广覆盖的移动服务"组合拳"，力争使"一网通办"在业务模式上持续释放新动能、在服务创新上打造新亮点、在用户体验上映射新活力。

在市区一体城市大脑的支撑下，郑州市只用了15个月的时间就推出了城市超级App"郑好办"。之所以称其为城市超级App，是因为它实现了三个"一体化"。

第一个"一体化"是统一服务入口。郑州城市大脑大范围整合了公共服务资源，政府、企业、公益组织共同使用一个公共服务平台，共同为市民提供服务。同时，平台提供大数据分析技术，帮助服务主体针对居民各种需求进行处理，提供个性化城市服务。

第二个"一体化"是统筹建设主体。郑州城市大脑统筹建设主体及使用对象，通过建设统一的应用开放平台，将政务App的分厅能力开放给部门及县市区使用，分厅可自主开发及对接本部门或本县区特色的便民应用，实现分厅同频共振。

第三个"一体化"是加强建运一体。郑州城市大脑强化运营体系标准规范、工作机制、运营能力、热点应用的建设与保障，形成运作有序、服务有效的运营体系，在将政务App打造成城市级超级App的同时，强化线下服务体系建设，构建起较为完善的线上线下一体化平台。

由于"郑好办"App使用方便，在线服务能力强大，一经上线即受到市民追捧。在"2021智慧中国年会"上,"郑好办"在同全国各大城市的横向对比中,综合服务能力居于前列,在全国100多个城市App中名列前茅,并获得"2021城市App综合示范奖"。

郑州市的智慧城管平台与政务服务平台共享基础设施平台,在此基础设施平台的基础上,建设城管数据资源中心,汇集基础地形数据库、遥感影像数据库、法律法规库、执法人员库、业务管理库、物联感知库、部件和事件库等,并提供数据目录服务、数据标准服务、数据服务。同时,建设智能感知中心,包括物联感知中心、视频感知中心和事件感知中心,提高城市管理的全面感知和智能发现能力。基于上述两个中心,根据业务需要,开发一系列业务应用。

长期以来,郑州市的城市管理一直存在四类业务痛点:其一,城管事件采集智能化程度低,手段单一;其二,市民反馈城市管理问题渠道匮乏,城市治理缺少了城市主人翁的监督;其三,城管管理业务宽泛,数据资源丰富,但数据的利用率很低;其四,事件调度跨层级多,流转处置效率有待提升。针对解决这四类业务痛点,郑州市开发了特大级城市精细化治理系统,该系统具有四大特点:全面感知,主动发现;智能处置,流程闭环;管理决策,全面掌控;公众服务,快捷触达。

截至2022年8月,郑州市已接入近10000个物联感知设备的实时监测信息,共享连接2000余路视频监控数据。智能感知中心整合了市内视频感知、物联网传感器感知及监督员、网格员等人工感知、12345政府热线、"随手拍"等数据,根据业务规则,实现智能处置,处置率提升了40%。在智慧照明方面,在试点区域道路实施路灯智慧化改造,实现单灯控制、漏电保护和节能,试点区域整体能耗降低27%。在综合执法方面,完成了45个大型餐饮油烟点和29个小区二次供水水质检测设备安装,对接其他委办局等数据,实现对违章停车、占道经营、餐饮油烟、二次供水等违法行为进行实时监测,执法准确率提升了20%。

3. 业务和数据双中台

中台最早由企业提出和使用。对企业而言，所谓中台就是企业级能力复用平台（表6—1）。企业把所具有的能力进一步细分，把这些能力中具有共性的、重复使用率高的那些筛选出来，放在中台上，供所有的业务部门使用，让业务部门的需要能够得到快速响应。

表 6—1　业务数据双中台[①]

前台	前台应用1	前台应用2	前台应用3	前台应用4	前台应用5	前台应用6
业务中台＋数据中台	业务中台			数据中台		
技术中台	技术中台					
基础设施 IaaS	云平台					

中台可以分为业务中台和数据中台。业务中台需要具体承载支撑业务开展的必要业务元素，通过将不同业务线解决相同问题的解决方案进行抽象和封装，兼顾各条业务线的特性需求，实现对不同业务线的业务支撑。典型的业务中台包括会员中心、订单中心、结算中心、库存中心等。业务中台在运行中会产生大量的数据，对这些数据进行二次加工产生的结果就可以再服务于业务。对这些业务数据进行二次加工的功能就叫数据中台。业务中台与数据中台相辅相成，互相支撑，互为输入输出。业务中台承载了企业的通用业务能力，为多业务线赋能；数据中台通过对业务数据的二次加工，并反馈回业务中台，为业务进行数据和智能方面的赋能。两者的紧密配合一起为企业构建起了商业战场强大的后方炮火群，这也就构成了业务数据双中台模式。

城市大脑也存在不同的业务线，也需要城市的中台，以提升政府治理效率。对郑州而言，政府的公共服务可以通过政务服务大厅、郑州市

---

① 资料来源：数字郑州科技有限公司提供。

政务服务网（PC端）、街道社区的政务服务一体机和手机端（"郑好办"App）四种渠道提供。以前，这四种渠道虽然办事内容和办事流程完全相同，却是独立开发运行的，相互之间缺乏联系。现在，通过建设业务中台，居民和企业到政府办事需要填写的表单，统一放在表单中心；审批流转功能统一放在流程中心；物流、支付等功能也统一在中台上，可以供所有业务线方便地调用。任何一个部门，有任何新的事项，都可以调用中台提供的各种接口，快速上线，同时，还能实现四端（大厅、PC端、一体机、手机端）的同步发布。业务中台产生的数据，由数据中台进行加工和整合。目前，郑州市14个委办局的数据都实现了物理融合，形成了数据中台。郑州市大数据局提供了在线数据申请流程，业务部门可以在线申请调用数据。以疫情防控中的应检尽检工作为例。市民扫码做核酸的数据、常驻流动人口数据在数据中台上加以整合，可以快速识别出应检未检人员。如果有隔离人员的信息出现在场所码扫码信息中，就可以立即发现管理漏洞，反馈给相关部门。这就是通过数据解决业务问题的典型例子。所以说，数据中台是一整套数据管理机制和开放共享的流程，不仅仅是一个技术方案（图6—2）。

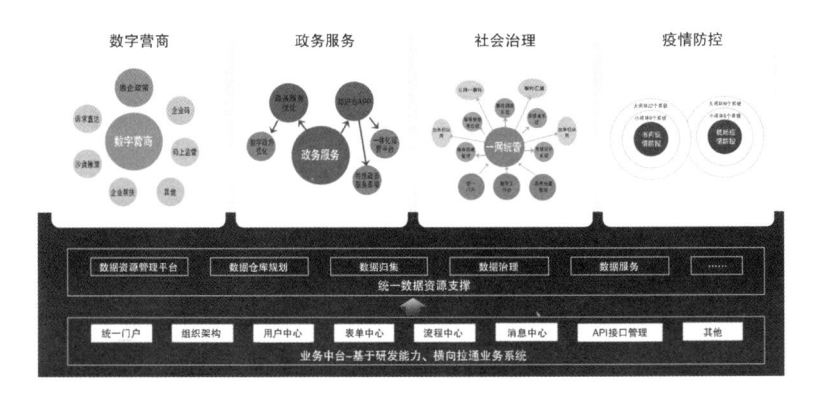

图6—2 郑州城市大脑的业务中台[①]

———————
① 资料来源：数字郑州科技有限公司提供。

（三）加强数据治理

城市数字化转型的高级阶段是数字资源化和数据价值化，也就是加强数据治理和数据应用。加强数据治理，需要在城市公共数据平台的支撑下，建立一体化的城市公共数据体系。目前的首要工作是先建立一体化的政务大数据体系。

党中央、国务院高度重视政务大数据体系建设。近些年来，全国各地按照党中央、国务院的决策部署，深入推进政务数据共享开放和平台建设，在调节经济运行、改进政务服务、优化营商环境、支撑疫情防控等方面政务数据都发挥了重要作用。但是，政务数据体系仍存在统筹管理机制不健全、供需对接不顺畅、共享应用不充分、标准规范不统一、安全保障不完善等问题。国务院办公厅于 2022 年 10 月 28 日印发了《全国一体化政务大数据体系建设指南的通知》（以下简称建设指南），要求各地按照建设指南要求，加强数据汇聚融合、共享开放和开发利用，促进数据依法有序流动，结合实际统筹推动本地区本部门政务数据平台建设，积极开展政务大数据体系相关体制机制和应用服务创新，增强数字政府效能，营造良好数字生态，不断提高政府管理水平和服务效能，为推进国家治理体系和治理能力现代化提供有力支撑。建设指南明确提出了八个一体化任务：统筹管理一体化、数据目录一体化、数据资源一体化、共享交换一体化、数据服务一体化、算力设施一体化、标准规范一体化和安全保障一体化。

在城市政务大数据一体化建设方面，郑州走在了前列。郑州城市大脑建立了数据资源管理平台，着重从数据的产生、管理和使用三个方面来开展数据治理相关工作。第一，为数据生产者厘清数据来源。主要工作内容为本地台账数据（区县各委办局、街道、社区）标准化；业务系统离散数据（已建设的应用内）归一化；业务需求数据回流（省市级已归集的区县数据）精准化。第二，为数据管理者实现数据汇聚。主要工作内容为强化数据自动汇聚能力，实现数据保量；打造数据质量管控能力，实现数据保准；提供数据实时更新看板，实现数据保鲜。第三，为数据使用者落实数据应用。主要工作内容是对数据内容分层分域快速编目，形成丰富的城市数据主题库，数据资源情况一目了然；数据共享服务支持各类方式，在线申请，一键审批，实时共享，安全可控，过程留痕。通过数据资源管理平台建设实现区县各类数据资源可管、可视、可用，为最终实现数据要素市场化服务提供有效支撑。可以说，郑州从数据生产者、数据管理者和数据使用者三方的数据治理需求入手，构建了完整的城市大数据一体化体系，努力探索完成建设指南提出的"八个一体化"任务。

截至2022年8月，郑州市数据资源管理平台累计归集数据1529亿条，4445张数据表，9.46万个字段，平均日增数据超过2.5亿条。以郑州市惠济区城市大脑项目为例，通过打通各级各部门间的数据壁垒，赋能各业务部门业务系统支撑，完成本地已建系统数据、回流省市共享数据、共建新建系统数据及其他渠道数据的归集。平台帮助惠济区大数据局打破数据孤岛，实现"底数清、情况明、数据准"，并支持数据线上化申请审批，从而对归集数据进行规范的共享交换及应用数据供给。

（四）营造创新生态

城市数字化转型的过程中会创造大量对现代信息技术产业的市场需求。政府应将城市大脑建设作为培育地方数字产业创新生态的重要抓手。在构思建城市大脑之初，郑州市就已经形成了完整的营造创新生态的思路，即，与阿里巴巴组建合资企业数郑公司，赋予该公司共建平台、共创生态、共育人才的使命。因此，数郑公司2019年9月成立，翌年即牵头组建了数字郑州产业生态联盟，致力于尽快汇聚和吸引更多的企业参与郑州城市大脑建设，带动郑州市整体数字经济水平的提高。

2020年7月13日，由郑州市人民政府倡导，郑州市大数据管理局组织，数郑公司发起成立了数字郑州产业生态联盟（以下简称"联盟"）。截至2022年8月，已有500家企业加入联盟。郑州将联盟作为"政、产、学、研、用"搭建合作交流的桥梁和纽带，聚合资源、繁荣业态、深化应用、促进创新，加快打造政府数字化、数字产业化、产业数字化的"郑州模式"，撬动整个城市的数字经济和大数据产业发展，共同支撑郑州乃至河南数字产业的发展壮大，形成可持续发展的智慧城市产业生态环境。联盟的任务是用三年左右的时间，实现"十百千万"的发展目标，即：与30家知名高校、科研院所共建产学研协作和人才培养机制；与500家本地优质企业开展深度合作，构建郑州"数字军团"；一年培养大约1000名具有阿里云资质认证的软件专业人才；三年培养大约1万名数字企业创业人才。

按照河南省委、省政府关于招才引智工作的总体部署和郑州市委、市政府的要求，在郑州市大数据局的主导下，联盟实施了"数字聚才 郑向未来"人才发展战略，举行了包括"走进北大"等名校、豫籍返乡招聘会、"郑才云招"大集等具有广泛影响力的招育人才活动，形成了"高层人才靠引进，走进名校宣传豫籍返乡""行业人才靠圈子，建立'招才猫'校地双向人才通道""中级人才靠培养，启动数字郑州人才认证""初级人才靠培育，用好省内高校资源"的人才工作方法论。至2022年，联盟已经初步构建了包括"人才大使"、"走进名校"、"联席会议"、"郑才云招"、校园人才联络站、地校人才工作室、数字郑州技术认证等构成的人才培育体系的"七种武器"。在已经举办过的人才招聘活动中，"线上联盟双选会"访问量高达上万人次，在线投递的简历有近千份。"郑才云招"大集的互联网访问量超过360万人次。2020年联盟第一次组团赴北京的几所高校宣讲，招聘到100多人回郑州工作。

2021年联盟组织了200家企业集体招聘，第一天联盟发布在猎聘网站上的招聘信息访问量就达到300万人次。这些回流人才在数郑公司找到了发挥聪明才智的新机会，焕发了"第二春"。

三、主要经验

（一）建立定期例会制度，保证城市大脑领导小组高效发挥高位统筹推动作用

自建设智慧城市的热潮形成之时，很多城市就已经认识到，成立由城市主要领导牵头的领导小组是推进建设工作的必要保障。因此，智慧城市也好，城市大脑也好，都被称作"一把手工程"。这是因为，这些城市超级工程建设的核心是实现各委办局数据的横向打通，以及建成城市公共信息平台，只有主要领导才能全面协调所有市级部门的工作。

（二）打造建管结合的城市大脑"郑州模式"，保障城市数据治理能力提高

城市数字化会经历两个发展阶段。第一个阶段是城市数据化阶段，将城市中的模拟数据和过程转换为机器可读格式，即制作一个与物理的城市——对应的数字化城市。利用数字化城市，人们可以开展规划建设模拟、城市部件管理、危机应对仿真演练等工作。20世纪第一个十年以来，城市数字化进入第二个阶段，即城市通过对数字技术和数据的使用，以及通过对这些技术和数据之间的相互连接，产生新的活动或改变现有的活动的阶段。在这个阶段，现代信息技术的应用更为广泛和深入，对数据的重视程度也大大提高，数据被视作重要的生产资料。

建设城市大脑是城市数字化转型进入第二阶段的典型做法。在城市

大脑的建设过程中，既要通过软件和硬件建设城市级的超级操作系统，又要特别重视系统运行中采集、汇聚、整合的城市公共数据。因此，郑州将基础设施和系统开发作为城市大脑建设的第一步，一期项目建成之后，建设团队仍要负责系统的长期运营，做好城市公共数据治理。在持续运营过程中，对城市大脑不断迭代升级，并通过大数据的持续输入不断提高其智能化程度。此外，郑州将数据作为城市的核心资源，努力提高城市公共数据资源对于提高城市社会治理水平、促进城市数字经济发展的作用。这种建管结合的城市大脑"郑州模式"值得其他城市借鉴。

（三）建设闭环数字治理新体系，推动城市大脑建设由政府自建自用向政企共建、多元共享转变

我国的城市大脑建设普遍采用两种方式。第一种是由城市提出城市大脑建设意向，由信息化企业结合城市政府提出的需求做出顶层设计，再招标进行建设。这些信息化企业根据城市大脑建设的技术逻辑和先进城市的做法经验形成了相对成熟的城市大脑体系，可以在多座城市推广。值得注意的是，采用这种方式的多是信息化实力相对薄弱的城市，这些城市在如何将城市大脑理论与当地具体实际相结合上没有形成自己的思路，因而难以提出具体的建设要求，容易接受信息化企业提出的通用方案。实际上，不同的城市有不同的基础条件，面临的困难和亟须解决的问题也大相径庭，所谓的城市级通用方案并不存在。因此，在这种方式下建设的城市大脑普遍存在场景功能不实用、政府工作人员不爱用、市民群众不爱用的问题。第二种是政府部门行政管理能力较强，能够根据工作需要提出具体的信息化需求，企业只需通过技术手段建设满足这些需求的系统即可。在这种强政府主导的方式中，企业的技术优势难以充分发挥，也缺乏创新的积极性和主动性。在这种情况下，城市大脑建设确实能够提高政府提供公共服务的能力和水平，但地方信息化企

业并不能从项目的建设中获得更多的成长机会。

郑州通过城市国资控股公司与信息化企业组建合资公司承担城市大脑规划和建设的方式，探索了一条结合政府需求与企业优势的创新之路。这种政企共建的方式有利于调动政府和企业双方的积极性，既能充分发挥政府组织协调和全面统筹的职能，又有利于企业借鉴自身数字化转型经验开展技术创新和模式创新，让城市大脑建设既能实现政府提高公共服务能力的目标，又能在前沿信息技术的支持下实现高效可持续运营。郑州城市大脑打造了一个闭环数字治理新体系，通过这个体系，首先是实现了管理上的强保障，领导小组、工作专班、大数据中心、城运中心等构成了较为完善的城市大脑管理架构；其次是实现了技术上的可持续性，通过市场化的方式，向专业的技术公司购买服务，技术与场景应用持续迭代；最后是实现了数据的管理与运营突破，即实现了数据的管理与运营分离，大数据局负责数据的管理职能，大数据中心负责数据运营，城市公共数据的资源化和价值化都得到了充分体现，也让更多的企业和组织能够通过数据开放和共享获得更多的发展机会。

（四）采用核心企业＋产业联盟方式，探索中西部城市发展数字经济的新路径

全国绝大多数城市都在致力于建设智慧城市，或者打造城市大脑，或者建设数字政府和数字城管。按照传统思路，城市开展这些建设项目大多是利用财政资金，委托信息化公司做顶层设计和系统建设，然后交由政府部门管理和运营。对中西部地区的城市而言，由于本地信息化公司实力不足，信息化人才匮乏，因而这类大型项目通常会由沿海发达地区的信息化企业中标。项目建成后，由于当地政府部门缺少高素质的信息化人才，在系统的管理和运营方面也难以提出更高的要求和创新性的应用，这又进一步制约了系统的优化升级。

郑州通过与大型互联网企业组建合资企业，承担从城市大脑的顶层设计，到项目建设，再到后期运营的全生命周期的工作，在城市的信息化建设与数字经济的发展之间形成了共生关系。合资企业通过建设政府信息化项目获得资金，政府从该合资公司承担的项目建设和运营中产生的收益中获得税收和红利。该合资公司在建设郑州城市大脑的过程中，累计申请55件计算机软件著作权、5件商标、6件发明专利，并孵化出数字化疫情防控、数字营商、社会治理、政务服务等四大领域七个产品，这些产品已经在西安、杭州、海口、保定等地部署落地。这些成果都可以在全国市场上推广产生收益。此外，该合资公司作为核心企业，一方面将先进省份的建设运营经验引入郑州，拔高郑州城市大脑的规划起点，加快其建设速度，另一方面带动了一批省内外相关企业共同参与建设，扩大了当地的信息产业规模。地方信息产业的发展无疑提供了更多的就业岗位，吸引中高端信息化人才向当地回流和汇聚。进一步地，大规模的信息化建设也促进了地方产学研各方的共同参与，从技术研发到人才培养都迎来了新的发展机遇。这种发展思路对广大中西部地区的城市具有很好的借鉴意义。

第七章　浦东新区城市大脑建设：勇当实验创新急先锋

浦东新区是国内信息化建设领先的现代化标杆城区，也是国内智慧城市和城市大脑建设起步最早的城区之一。作为"开放先行者、改革排头兵"，浦东新区在城市建设、经济发展、社会治理、政府职能转变等方面都进行过积极的尝试，通过"大胆闯、大胆试"，探索出了一系列具有开创性的改革经验，在多个领域起到了引领和示范作用。在上海的城市数字化转型中，浦东新区仍然发挥了急先锋的作用。尤其是浦东新区城市大脑建设成功地开创了数字化转型的新路径，实现了从信息化视角的技术主导到数字化视角的需求主导的根本转变，对上海市数字化转型的思路、方案和政策都起到了有效的促进作用。浦东新区城市大脑建设的新理念、新模式、新路径和新方法，及其对促进城市数字化转型的意义，都值得认真研究和总结。

一、建设背景：开放先行者面临更高城市治理新要求

（一）城市治理的重要讲话与要求

习近平总书记在 2015 年 12 月的中央城市工作会议上指出，"政府要创新城市治理方式，特别是要注意加强城市精细化管理。"2017 年 3 月，习近平总书记在参加十二届全国人大五次会议上海代表团审议时指出，"城市管理应该像绣花一样精细"。2018 年 11 月，习近平总书记在

上海考察时指出,"一流城市要有一流治理,要注重在科学化、精细化、智能化上下功夫。既要善于运用现代科技手段实现智能化,又要通过绣花般的细心、耐心、巧心提高精细化水平,绣出城市的品质品牌"。2020年3月,习近平总书记在湖北武汉考察时指出,"城市是生命体、有机体,要敬畏城市、善待城市,树立'全周期管理'意识,努力探索超大城市现代化治理新路子"。2020年3月,习近平总书记在浙江杭州考察时指出,"运用大数据、云计算、区块链、人工智能等前沿技术推动城市管理手段、管理模式、管理理念创新,从数字化到智能化再到智慧化,让城市更聪明一些、更智慧一些,是推动城市治理体系和治理能力现代化的必由之路,前景广阔"。习近平总书记的一系列重要讲话与要求为城市治理与现代化的改革创新提供了指导思想和根本遵循。

(二) 浦东新区城市治理的现状需求

城市治理是国家治理体系和治理能力现代化的重要内容。浦东因改革开放而生,因改革开放而兴,在经济社会取得高速发展的同时,一些城市治理领域的矛盾也日益凸显。

一是管理要素多与管理力量少的矛盾。浦东区域面积1210平方公里,约占上海的1/5,从南到北最远有70公里,下辖12个街道、24个镇;实有人口562.3万人,约占上海的1/4,其中外来人员228.4万人,境外人员8.9万人。浦东身负国际客运港和货运港两大身份,浦东机场年客流量达7405.42万人次,过境外国人达3600万人次,每天还有1.4万辆集装箱卡车、5700多辆渣土车、1100多辆危化品运输车在浦东大地运行,管理要素体量大、难度高、情况复杂。浦东自开发开放之初就确立了"小政府、大社会"的目标,党委政府部门数量低于全市水平,每万人公务员配比5.9名,远低于兄弟区的12.4名,每万人警力配比11.8名,同样低于全市的16.3名。在不增加编制的情况下,光靠人力很难实现对所有城市管理问题的全面感知和快速处理。

二是城市治理新问题层出不穷与管理手段匮乏单一的矛盾。随着浦东改革开放步伐的不断加快，同时伴随着互联网技术的快速发展，快递、外卖、网约车、共享单车、移动支付等新兴生活方式纷至沓来，近年来城市治理的问题数量逐年增长，问题类型不断增多，且越来越杂、越来越新。而不少管理部门管理理念和管理模式相对较为传统和单一，缺乏应对新问题的手段和经验，一时难以高效应对和有效处置。

日趋复杂的新生事物带来崭新的领域管理问题，"管什么？怎么管？如何管好？"这些问题对管理方式方法创新以及新型工具应用的要求越来越高。近年来，浦东新区通过网格化管理和热线投诉等方式发现的城市管理问题数量逐年增长，从2015年的490562件，增长到2018年的3261214件，上涨幅度超过565%。而不少管理部门缺少创新意识以及运用新技术的能力，仍习惯于沿用定期巡查检查、人工发现处置的传统管理模式，有些干部甚至不会上网、学网、用网，缺乏应对新问题的手段和经验，难以有效匹配时代潮流。

三是群众对高品质生活的追求与管理水平相对滞后的矛盾。进入新时代，群众对美好生活的需求日益广泛，更加注重安定有序的社会环境、公平透明的市场环境、生态宜居的生活环境，城市管理水平已经成为衡量城市品牌、生活品质的重要标志，与此相对的是，城市治理相关职能部门力量联动不够、响应不快、协同不足，加之工作方式仍然较为粗放，导致有限的资源力量难以及时、精准地满足群众需求。

这些矛盾导致城市管理中出现三个突出难题：一是"视而不见"。由于管理部门缺乏发现手段、管理方法和工作力量，一批城市管理问题长期得不到解决，到后来甚至管理者和老百姓都习以为常，新问题和老问题交织堆积，逐渐演变成顽瘴痼疾。二是"雾里看花"。相对于管理对象的高速、动态变化，仅仅依靠人力巡查、定期报表等传统方法采集的数据和情况时效性、准确度不够，难以做到对各类要素底数清、情况明，难以精准发现可能的隐患风险，难以深挖城市管理的深层次、规律性问题，难以制订有针对性的应对方案。三是"盲人摸象"。城市管理职能分散在多个部门，在缺乏协调中枢的情况下，相关部门只能各管一摊，这就导致在某些综合性管理工作中，大家活都没少干，但问题并未彻底解决，甚至连全貌都未能摸清。上述难题，制约了城市发展和稳定，影响了人民群众获得感、幸福感、安全感。

二、主要做法

如何适应新时代城市发展形势，提升城市管理水平？如何快速捕捉群众需求，提供精准的城市公共服务？如何运用新技术实现突破，创新地破解城市管理难题？浦东新区认真贯彻落实习近平总书记重要指示精神，把人民群众对美好生活的向往作为城市治理的方向，把提高城市科学化、精细化、智能化管理水平作为区委、区政府重点工作予以推进，积极创新理念、健全机制、构建平台。浦东"城市大脑"以数据共享为基础，以科技运用为方式，以流程再造为关键，以高效便民为目的，不断迭代应用功能，显著提升感知能力、响应能力、处置能力，实现了从社会管理到社会治理、再到社会智理的跨越。

（一）"城市大脑"1.0：体系搭建阶段（2018年1月—2019年1月）

2018年1月，浦东新区开始探索建设"城市大脑"信息平台，将其目标确定为：努力走出一条符合超大城市特点和规律的社会治理新路子，为人民群众创造更有序、更安全、更干净的生产、生活环境。浦东"城市大脑"涵盖城市设施、环境、交通、安全等6大领域50余个精细化管理场景。在数据上,将散布在城市各个角落的数据连接起来,实现数据归集、共享和应用,让数据帮助城市来做决策和思考。在流程上,以"智能推送、闭环管理"推动管理流程再造,提高处置效率。

1. 组建统筹协调机构,建设综合信息平台

2017年4月,浦东新区组建了城市运行综合管理中心(以下简称区城运中心),为区政府直属、委托区应急管理局管理的五级事业单位。该中心于2017年9月启动运行。区城运中心是浦东城市运行综合管理的统筹协调机构,也是浦东推进城市运行"一网统管"建设运行和推动构建社会治理体系和治理能力现代化的重要平台,具有统筹规划、信息汇聚、预警监控、联勤联动、监督考核、数据共享等职能。区城运中心的主要工作是以网格化精细管理为基础,以全覆盖、全过程、全天候和法治化、社会化、智能化、标准化为着力点,运用现代信息技术手段充分整合各种资源,有效推进部门协同和联勤联动,实现社会治理和城市管理问题的智能主动发现和快速高效处置,努力提高城市治理整体能力,全面提升城市管理精细化水平,使城市更有序、更安全、更干净。

2018年1月,浦东新区开始在区城运中心打造"城市大脑"综合信息平台,围绕上海市委提出的"三全四化"(全覆盖、全过程、全天候,法治化、社会化、智能化、标准化)要求,综合运用大数据、云计算、人工智能等技术,与物联网、视联网、数联网等感知平台对接,建设完善"神经元系统",增强对群众需求和城市管理问题的实时感知能力,增强对城市管理趋势和问题演化的认知研判能力,增强对城市突发事件和疑难问题的处置行动能力,全面提升浦东治理体系和治理能力现代化水平。

2. 集成信息资源,实现联勤联动

区城运中心成立之后,首先在横向上集中了所有城市运行管理事

务，以入驻或派驻方式，整合城管、公安、应急、环保、市场监管等15个区级单位和部门（至2019年10月接入109个市级部门、区级单位341个系统），集成110、119、120、12345市民服务热线等各类信息资源，将分属不同业务条线的"单一兵种"在区域内进行汇集，形成指挥统一、协同配合、集团作战的战区"大脑"，实现集运行监控、监督指挥、联勤联动功能等于一体，全面指挥协调所有城市运行管理事务。

通过广泛归集数据，浦东"城市大脑"具备了融视觉、听觉、嗅觉和触觉的一体化感知能力。与公安共享视频2万多路遍布浦东各区域的监控视频让"城市大脑"目明；"浦东e家园""浦东智理"等"互联网＋App"通过倾听市民呼声让"城市大脑"耳聪；接入市级部门和区级单位各个系统综合形成城市运行体征让"城市大脑"鼻灵；部署近4万个物联网感知设备让"城市大脑"触敏。

在数据广泛归集的基础上，浦东"城市大脑"强化全面、精准、定量的数据存储和加工，不断加强大数据分析能力，采取批量模块化方式进行管理与分析，聚焦重点、突出对象、特性视角，形成专题、专项、趋势、综合等分析报告，为预警预报、科学决策、精准施策提供有力支撑。

3. 监测城市体征，试点应用场景

浦东"城市大脑"围绕日常、专项、应急三类状态打造应用场景，进行动态管理。常态下，城市大脑提取了接警数、实有人口、地铁故障等25项城市核心管理要素，作为运行体征指标，及时发现问题、智能推送、闭环管理，一线人员在手机终端接受指令，快速处置。

在常态管理基础上，城市大脑围绕群众需求关注点和城市管理顽疾，尝试开发了市民热线、渣土治理、河长制等管理场景，通过打通城市治理各部门间的业务系统，把审批、管理、执法数据关联起来，进行管理流程再造，打造全域思考的浦东"城市大脑"。

以渣土车治理场景为例。浦东新区在建工地众多，渣土车偷拉乱倒、无证处置、野蛮驾驶、未密闭运输等行为常有发生。浦东"城市大脑"打破传统的管理方式，把建交、执法、环境、规划、市场等部门的相关联数据进行了系统集成，出土点、运输企业、回填点、执法信息等数据一应俱全，一线人员手机 App 可以秒查。同时，改变原来部门作战、各管一段的监管机制，变成数据牵引、管执联动。比如，公安只能卡口定点测试，而渣土专业管理部门就有车辆 GPS 全程信息，既能定位也能测速，这个数据一共享，交警部门就可以掌握车辆全程的车速状态，对于超出正常范围的就可以提前约谈司机。相关执法数据进入征信体系，为实施联合惩戒和"信用、风险、分类、动态"四种监管提供了有力支撑，也可以更好地压实主体责任、实现源头预防（关于渣土车治理的详细描述请参见第三章第三部分的第三小节）。南浦大桥原先是渣土车违规"重灾区"，但限于管理能力有限，周边四个街道一年才查处25 起，渣土治理模块上线后，两个月查处 39 起，此后该地区周边渣土车违规行为呈明显下降趋势，管理实效显著提升。

4. 运用智能化手段，提升治理水平

在传统的通过市民热线汇集群众诉求的基础上，浦东"城市大脑"运用感知设备，秒级掌握群众诉求和城市顽疾，为超大城市社会管理及时感知、发现问题提供了一种新的思路。全区实现数据共享的设备共有311.8 万个，这些设备会及时显示哪里的消防车道被堵占了，哪里缺了窨井盖，哪里的老人需要帮助。2018 年，浦东新区为 2000 多户高龄独居、失能失智老人免费安装"居家安防三件套"烟感检测、燃气探测和一键报警。老人家中起火了或者发生燃气泄漏，都会第一时间报警，随身带的紧急按钮可以让老人在遇到突发情况时及时求救。

针对城市运行管理中的顽症和难点，浦东"城市大脑"还创新性地运用智能化手段来提升专项治理水平。比如，群租治理应用场景。超大城市就业机会多、人口流动快，群租现象始终是困扰城市管理者的一个难题，群租带来的消防隐患、治安隐患和扰民问题也是居民深恶痛绝的问题。浦东"城市大脑"运用大数据分析的方法，调动企业积极性，与政府共享水电气和外卖等数据，同时结合小区门禁、市民投诉、舆情抓取等，通过多维数据研判，建立了多个算法模型，及时发现群租，有效开展整治。

（二）"城市大脑"2.0：功能完善阶段（2019年2月—2020年6月）

浦东打造的"城市大脑"2.0版本的主要特色是"更加智能、更加精细、更加高效、更加多元"。浦东"城市大脑"构建"组织成体系、发现智能化、管理可闭环"模式，形成对城市治理的即时感知、全域思考、预警研判、统筹指挥等功能。通过各种管理方法和技术方式的创新应用实现城市全方位"感、传、知、控"，以技防辅助人防，使城市治理者的"感知更灵、反应更快、决策更优、指挥更畅、成本更低"。

1. 贯通三级管理体系，实现管理"横向到边，纵向到底"

对照上海市委、市政府确定的城市运行管理"一屏观全域、一网管全城"的工作目标，浦东新区形成了横向到边、纵向到底，全覆盖、全天候、全过程的城市运行综合指挥体系，实现了管理体系、平台体系、力量体系"一体化"，形成全区合力。在管理体系上，浦东城市运行管理中心在纵向上形成"区城运中心、36个街镇城运分中心、1370个村居工作站"三级管理体系，所有街镇城运分中心和村居工作站实行统一的技术标准，实现不同管理层之间无缝衔接。

（1）新区日常管理总平台

在区城运中心层面，实行平急融合、领导轮值、联席指挥等工作机制，横向实现了部门的协同联动和资源共享，协调解决跨部门、跨地域、跨层级的"三跨"疑难问题。根据平台使用部门的工作需求，城市大脑主要建设AI视频智慧感知平台、神经元指挥感知平台、区块链城市治理赋能平台、业务智能协同平台、效能监管平台等，为监管部门创新开发更全面、更高效、更智能的"一网统管"智慧化解方案。

（2）街镇分中心平台

围绕经济、社会、城市三大治理领域，构建全覆盖的智能监管要素体系，以监管要素标准化、监管方式智能化、监管流程闭环化为出发点，建设街镇智能综合管理平台。立足扁平化、便利化、精细化、智能化原则，引导鼓励各街镇依托平台运行智能化开展更多的城市治理探索创新，切实强化街镇层面"一网统管"，进一步提升街镇对城市治理问题的智能发现和协同处置能力。

（3）居村联勤联动微平台

以社区隐患归零为目标，以党建引领、一网统管、力量下沉、治理创新为理念，以智能引领、资源共享、联勤联动、平急融合为方式，建设居村联勤联动微平台，推动基层治理数字化转型。微平台整合了各类数据信息，实现基础要素一张图；梳理了基层运行体征，实现动态监测预警；微平台通过视频识别、AI算法等技术建立算法模型，可识别噪声扰民等事项，实现智能发现、自动推送、高效处置。

总体上，区城运中心着重规范管理标准，重新理清工作流程，严格操作规范，确保新区城运体系在一个标准下高效高质、有序运行。通过积极搭建与街镇级分中心高效衔接平台，区城运中心不断强化综合协调机制，持续深化联席会商机制，努力健全联勤联动机制，创新建立大数据分析机制，高效推进城市管理难题顽症破解。此外，区城运中心还持续深化"手把手"精准指导，创新绩效提升管理举措，科学优化通报考核机制，以确保街镇管理水平有序提高。

2. 采用"智能科技＋联动响应"运作方式，打造活跃"头脑"发达"四肢"

三级城市运行综合管理体系建成之后，浦东"城市大脑"还着力提升城市精细化管理功能，将"大脑"的神经末梢延伸到村镇、街道，甚至楼宇室内。通过一键连线浦东城运中心，浦东"城市大脑"可以实现对多个相关职能部门的同步派单，多方联动，日常管理与应急响应效率均大幅提升。遍布全区的 300 万个物联感知设备，实时掌控着 1200 多平方公里浦东大地上发生的事情，一旦识别到信息异常，会在一秒钟内传达到"城市大脑"。

"头脑"活跃，"四肢"也要发达有力。位于村居的一线管理者，在"城市大脑"的强大支援下，也变得更加精准高效。街道和村镇可以根据自己区域的管理特点，在 2.0 标准版本的系统上开发嵌入自己个性化的应用场景；同时，50 多位单点联络员动态分布在全区重点区域，除日常巡防外，也成为突发事件下第一时间奔赴现场进行应急响应的"单兵"。在社区中，这样能够即时响应的"单兵"则是居委会和志愿者。例如周浦镇针对辖区老年人口多的情况，开发了老人防走失模块，向老人发放了 1 万多份专门研发的防走失手环，不仅可以自动报警、GPS 定位，还可在老人有突发状况时呼叫志愿者，及时求助。智能科技＋联动响应，让"城市大脑"的末梢神经愈加发达，大脑愈加智慧。

（三）"城市大脑"3.0：智能提升阶段（2020 年 7 月—2022 年 10 月）

深入践行"人民城市人民建、人民城市为人民"重要理念，坚持从群众需求和城市治理突出问题出发，2020 年 7 月，"一网统管"浦东"城市大脑"3.0 版上线。新版"城市大脑"在治理要素、平台体系、运行体征、智能应用、协同监管五大方面实现了迭代升级，打造更精细、更完善、更科学、更智慧、更高效的"一张网"。

1. 强力引入前沿技术，全面开发智能应用场景

智能应用场景是实现数字化高效管理的基本载体，浦东新区在全力建设城市运行管理体系的同时，以应用牵引智能化推进，在平台体系上，在纵向上构建了浦东"城市大脑"总平台＋街镇智能综合管理分平台和三个协同微平台（城管＋物业＋企业安全隐患）＋村居社会治理联勤联动微平台，在横向上打造专业智能综合管理平台＋迭代拓展专项应用场景的完整体系。同时，开发迭代了80余个应用场景，加快实现向城市管理和社会治理全面赋能。

浦东"城市大脑"将智能应用嵌入全场景。为了提高智能应用水平，浦东城运中心引入各类社会力量参与3.0版本建设，与行业顶尖企业展开积极合作，探索运用大数据、云计算、人工智能、区块链、5G技术等最新技术，建立实战化算法仓和模型库，并充分集成到各专项应用场景中，使场景更智慧、运行更智能、管理更高效。目前，浦东"城市大脑"已经实现的智能应用包括：通过智能分析，实现电力能源指数预警，动态掌握市场主体经济运行情况；通过智能算法，监测违法违规经营，助力打造更好的营商环境；还有在线智慧创城、智能抓取违法建筑、预警推送车辆超载超限、自动识别小包垃圾等。通过一个个智能化的场景，将城市的精细治理落到了实处。

2. 系统提高感知水平，建立"城市常态运行＋应急管理"的模式和平急融合的指挥机制

城市运行综合管理体系是浦东"城市大脑"的承载体，随着"城市大脑"的持续迭代，城运管理体系也随之不断完善。对照市委"一屏观全域、一网管全城"工作目标，在"区中心＋街镇分中心＋居村联勤联动站"横向到边、纵向到底，全覆盖、全天候、全过程的城市运行综合体系基础上，浦东率先探索建立"城市常态运行＋应急管理"的模式和

平急融合的指挥机制。

遵循"城市生命体、有机体"理念,树立"全周期管理"意识,3.0版依托城运数据中台,整合提取了行业领域、城市运行管理100余个指标,从中提取最关键、最直观、最核心的35个体征,作为重点"穿透"监管的目标,强化全面感知和态势分析。

3.0版本场景体系建设更加完善,80多个应用场景涵盖了日常、专项和应急三种状态。以村居联勤联动微平台为例。在周浦镇界浜村,联勤联动微平台聚合了辖区内人、房、企、物等各类基础情况,整合了村委会干部、党员、志愿者、楼组长等自有力量,公安、城管、市场监管、安监、法律顾问等协同力量,瞄准居村社会的治理顽症,发挥跨部门、跨层级、跨区域联勤联动优势,以操作简便的微信小程序为载体,实现了主动发现、共治上报、智能发现,能够满足日常、专项和应急三种状态下的工作需要。

3. 实时进行数据分析和智能交换,实现单一处置联合监管闭环

"高效处置一件事"是"城市大脑"3.0版本追求的效果导向,"用数据说话、用数据分析",推动跨层级、跨地域、跨系统的协同管理和服务,实现从单一事项处置小闭环到行业联动监管大闭环。以车辆违法超限超载整治为例,通过智能采集货车路面行驶信息,"城市大脑"实时进行数据分析和智能交换,浦东的城管执法局、建交委、城运中心、属地街镇等多部门共享管理数据,后台无缝切换,开启多部门联合治超和非现治超的新模式。

(四)"城市大脑"4.0:构建更完善的城市运行数字体征阶段(2022年10月—)

2022年10月21日,浦东"城市大脑"4.0正式上线运行。浦东"城市大脑"4.0紧扣上海市第十二次党代会以及全市治理数字化转型现场推进会的部署要求，坚持把"人民对美好生活的向往"作为建设目标，将"人民城市人民建，人民城市为人民"的重要理念，落实到建设运行全过程和各领域，以智能化信息化为突破口，努力绘就"生命体征无所不知、智能监管无时不有、精准服务无处不享"的治理新蓝图。

1. 聚焦全域感知、全数融通、全景赋能、全时响应等四方面内容，城市运行数字体征体系更加完善

此次迭代升级聚焦全域感知、全数融通、全景赋能、全时响应等四方面的内容，通过数字化能力提升、管理流程再造，构建更加完善的城市运行数字体征体系，努力打造态势全面感知、趋势智能预判、资源统筹调度、行动人机协同的城市治理平台。

全域感知方面，在率先打造全国首个城市运行体征系统的基础上，浦东"城市大脑"4.0对城市运行体征进行再探索、再升级，首次推出了城市运行体征指数的概念，并开展实践应用。体征指数将浦东城运中心已纳入监管的150项城市运行体征数据，按照安全、干净、有序三个维度进行分类，并分别进行加权计算，最终综合得出城市运行指数，较为客观、准确地反映浦东城市运行总体态势。

全数融通方面，"城市大脑"重在搭平台、强基础，通过建设、优化、完善城运中心数据中台、视频中台、业务中台以及城运数字底图，推动各类多元异构数据汇聚融合，并与时空位置有机联动，为向下实现数据赋能以及开展城市计算奠定扎实基础。

全景赋能方面，依托浦东城运中心视频、物联感知、12345市民热线等各类数据的汇聚优势，积极打造AI视频、神经元、民情民意、城感通四个智慧感知平台，不断提升感知端能力建设，并通过城运三级平台体系实现管理闭环，努力实现城市治理由人力密集型向人机交互型转变，由经验判断型向数据分析型转变、由被动处置型向主动发现型转变。

全时响应方面，浦东城运中心积极配合区应急管理局，开展安全风险监测预警信息平台试点工作。通过试点，浦东将进一步提升城市风险发现能力，完善智能监测预警网络。同时，通过建设城运协同业务线上审核平台，优化完善各类协同事项、预警信息处置规则，努力实现各类事件、信息全闭环管理，进一步提升全时响应能力。

浦东"城市大脑"4.0根据"大道至简，精于心，简于形"的理念，日常管理平台首次创新性使用"首屏＋主屏"的设计，旨在将复杂内容简单化，牢牢抓住事物本质。"首屏"重在体现关键信息和实景画面，助力"一屏观全域"，并可有效减少三维模型建设以及后续运维的成本压力。"主屏"重在体现全域数据以及各类事件、问题的全环节闭环处置流程，助力"一网管全城"。

2. 研究形成覆盖概念框架、数据资源建设、运行指标体系、功能要求等方面的标准体系，为形成"城市大脑"国家标准提供应用示范

浦东始终致力于"城市大脑"国家标准制定，研究形成覆盖概念框架、数据资源建设、运行指标体系、功能要求等方面的标准体系，并通过标准试验验证以及应用示范，充分发挥标准价值。浦东城市大脑的总体架构包括"三平台五中心多应用"，即经济治理平台、社会治理平台、城市治理平台，智慧监管流程中心、智慧体征监测中心、智慧赋能应用中心、智慧研判预警中心、智慧实景监控中心及综合性专项应用等场景。技术架构由数据汇集层、数据感知层、基础网络层、能力支撑层、智慧应用层、用户接入层、统一安全网关和标准规范组成。

数据汇集层通过小程序、App等提供政府、企业、事业单位等组织的数据资源汇聚服务。数据感知层通过摄像头、传感器等物联感知设施采集原始数据，提供信息采集服务。基础网络层由政务网、物联网、互联网、无线网络等模块组成，传递和处理感知层获取的数据信息。能

力支撑层提供算力支撑、数据支撑、人工智能支撑、业务支撑和人机交互等核心能力，是城市大脑的数字底座，赋能智慧应用层各种业务场景发展。智慧应用层包括城市运行综合指挥、城市大脑日常管理、效能评估中心，实现城市治理。社会治理和经济治理等各类智慧应用，满足各委办局业务需要。用户接入层通过智慧中心大屏、电脑端、城运通单兵等设备实现用户接入。通过安全网关为城市大脑信息技术设施、信息资源、服务能力在自主、安全、可控提供完善的网络和信息安全保障支撑。

浦东新区城市运行管理中心探索完成了完整的城市大脑标准规范体系，从内容上包括总体类、基础设施类、数据类、支撑技术类、建设运维类、应用类和安全保障类等 7 大类。总体标准：智慧城市的总体性、框架性、基础性标准和规范，包括城市大脑术语定义、城市运行指标、参考模型、评价指标体系等子类标准。基础设施标准：支撑和确保城市大脑项目建设和运营的基础设施的相关标准和规范，包括城市大脑的基础设施、信息系统、公共建筑等子类标准。数据标准：数据类标准包括数据出入口、数据处理、数据结果、数据安全等子类标准。支撑技术标准：包括智慧城市建设中所需的关键技术、公信平台及软件的标准规范总称，包括但不限于语义本体、智能专网、城市信息模型以及物联感知、网络通信、计算与存储、数据及服务融合等新兴技术领域的标准。建设运维标准：城市大脑建设作为一项系统工程，分运维技术标准和运营技术标准，主要包括通用建设、实施管理、运维保障等方面的标准。应用服务标准：包括但不限于智慧服务、辅助决策、应急管理等领域的标准。安全保障标准：包括信息安全、系统安全、网络安全、数据安全、平台安全等方面的标准[①]。

---

① 蒋彬、熊自伟、傅蕾：《浦东城市大脑建设实践》，《信息技术与标准化》2022 年第 3 期。

2022年,在浦东"城市大脑"实践探索基础上形成的《城市大脑发展白皮书(2022版)》《城市大脑案例集(2022版)》以及《城市大脑标准体系建设指南(2022版)》均已正式发布,为全国城市大脑标准化工作进行总体性、体系性规划,既可为当前和未来一段时间内的城市大脑标准体系建设工作提供指导,也能为支撑各地城市大脑建设、技术创新、产业发展等方面发挥实效。

三、主要经验

浦东新区认真贯彻落实习近平总书记关于创新社会治理加强城市管理的系列要求,以数据共享为基础,以科技运用为方式,以流程再造为关键,以服务民生为目的,探索了一条科学化、精细化、智能化的城市管理路径,为提升城市精细管理能力提供了有益借鉴。

(一)坚持高位统筹,深化社会治理机制创新

习近平总书记2017年2月6日在中央全面深化改革领导小组第三十二次会议上指出,党政主要负责同志是抓改革的关键,要把改革放在更加突出位置来抓,不仅亲自抓、带头干,还要勇于挑最重的担子、啃最硬的骨头,做到重要改革亲自部署、重大方案亲自把关、关键环节亲自协调、落实情况亲自督察,扑下身子,狠抓落实。为贯彻落实习近平总书记对城市精细化管理的重要指示,贯彻落实市委有关决策部署,浦东新区区委书记亲自抓城市管理精细化智能化工作,着眼浦东实际,亲自研究推进城运中心和"城市大脑"建设,在构建体系框架、打通部门壁垒、设计智能化应用场景、形成管理闭环等关键节点上统筹协调、强力推进,充分体现了抓改革谋改革推改革的强烈责任担当。在"一把手"的示范带领下,新区各职能部门积极探索、协同联动,形成了责任

层层传递、压力逐级传导的良好工作局面。

（二）坚持体系运作，推动管理力量高度集成

系统治理是习近平总书记反复强调的重要改革方法。浦东新区按照市委、市政府要求，坚持把系统集成作为区城运中心的基本任务，更加注重顶层设计、打好组合拳，不断加强各城市管理部门的协同合作、综合联动，提高"城市大脑"整体效能、放大神经中枢的系统性、整体性、协同性，实现了7×24小时、1210平方公里全时空、全地域监测的动态运行体系，有效推进了部门协同和联勤联动，实现社会治理问题的主动发现和快速处置，大幅度提高了城市管理能力和成效。

（三）坚持数据共享，促进信息资源高效利用

习近平总书记强调，要运用大数据提升国家治理现代化水平，以数据集中和共享为途径，推动技术融合、业务融合、数据融合，打通信息壁垒，加快公共服务领域数据集中和共享，形成社会治理强大合力。数据共享是"城市大脑"有效运行的基础，浦东新区坚持深化管理信息"全域共享、全域应用"，一是抓数据归集共享。以"共享为原则，不共享为例外"，找出堵点、列出清单、逐一攻克，实现了信息"全程跑通"。同时依托物联网、视联网等技术，建设了覆盖街镇、村居委的神经元系统，与区公安分局、建交委、规划资源局、应急管理局等部门合作，在治安、消防、交通、建设、生产等领域的物联感知设备实现了数据共享，实时监测相关城市运行体征指标。二是依托"城市大脑"实现数据高效利用。深化应用管理场景，并不断加强数据的挖掘、筛选、加工、整合、分析，让归集的数据"活"起来，主动发现城市管理问题，助推城市精细化管理能力提升。

（四）坚持流程优化，构建城市管理闭环链条

习近平总书记指出，要以信息化推进国家治理体系和治理能力现代化，分级分类推进新型智慧城市建设，更好用信息化手段感知社会态势、畅通沟通渠道、辅助科学决策。技术始终服务于管理，智能化应用必然带来政府管理方式的改变、管理流程的优化。浦东新区在加大智能化技术运用的同时，逐个应用场景开展了管理流程再造，针对不同领域、不同问题，推动相关管理部门之间的数据共享、联动处置、职能互补，构建事项智能发起、资源智能调度、过程智能监管、结果智能应用的工作链条，实现从"数据循环"到"管理闭环"的转变，不仅使得城市管理更加科学高效，而且助推了政府管理机制更新、治理能力现代化。

（五）坚持开放合作，助推智能治理迭代升级

党的十八大以来，习近平总书记顺应时代和实践发展的新要求，鲜明提出要坚定不移贯彻新发展理念。为了让城市大脑源源不断地学习并产生新思路、新想法，浦东新区搭建了共建开放平台，让各类社会力量参与进来，积极开展合作共赢战略协作，实现管理与技术深度融合。在技术支撑上，和众多人工智能企业开展合作，组织企业现场路演推介特色技术，加强与平台建设供需对接，始终保持技术先进性。在场景应用上，加强与外卖、共享单车等企业的合作，共同开发协同治理应用场景，加强政府和企业数据共享，有效压实企业主体责任、政府监管责任。在标准制定上，与上海交通大学、同济大学、中国浦东干部学院、中国电子技术标准化研究院等知名高校和机构合作，对浦东"城市大脑"建设的理念、路径和管理流程等开展深入研究，形成浦东标准，为全市全国提供借鉴。

参 考 文 献

[1] Ahern J.："From Fail-Safe to Safe-to-Fail：Sustainability and Resilience in the New Urban World"，Landscape and Urban Planning，100（4），2011，pp. 341-343.

[2] ALESSANDRO AURIGI，NANCY ODEDAAL（eds.）：Shaping Smart for Better Cities：Rethinking and Shaping Relationships between Urban Space and Digital Technologies. Academic Press，2021.

[3] ARUP：Smart Cities：Transforming the 21st century city via the creative use of technology，2010，p. 4. https：//www. arup. com/perspectives/publications/research/section/smart-cities.

[4] Bloomberg MR.，Oliver K，Asher T，Coffey CM：Sterne R. Road map for the digital city：achieving New York's digital future. City of New York. 2010，pp. 321-334.

[5] Cole Hendrigan：A future of polycentric cities. Palgrave Macmillan. 2020.

[6] Department for Digital：Culture，Media & Sport and The Rt Hon Karen Bradley MP：UK Digital Strategy. 2017. 3. 1. https：//www. gov. uk/government/publications/uk-digital-strategy.

[7]〔英〕德克·高林：《伦敦的城市规划和管理：最近的变化》，《国外城市规划》1997年第4期。

[8] Dunleavy P.，Margetts S & Tinkler J：New Public manage-

ment Is Dead-Long Live Digital-Era Governance. Journal of Public Administration Research and Theory, 2006, 16 (3), pp. 467-494.

[9] Josh O'Kane: Sideways: The City Google Couldn't Buy Random House of Canada, 2022.

[10] M. Batty, K. Axhausen, G. Fosca, A. Pozdnoukhov, A. Bazzani, M. Wachowicz, G. Ouzounis, and Y. Portugali: Smart cities of the future. The European Physical Journal Special Topics 2012 (2), pp. 481-518.

[11] MARY J. THORNBUSH, OLEG GOLUBCHIKOU: Sustainable Urbanism in Digital Transitions: From Low Cardon to Smart Sustainable Cities. Springer, 2020.

[12] Mayor of London: Annual Report and Statement of Accounts. 2017 (18). https://www.london.gov.uk/about-us/governance-and-spending/spending-money-wisely/annual-accounts-and-governance-statement.

[13] Mayor of London: Managing Risk and Enhancing Resilience, 2011.

[14] Mayor of London: Smart London Plan. Using the Creative Power of New Technologies to Serve London and Improve Londoner's Lives. 2013. https://www.london.gov.uk/sites/default/files/smart_london_plan.pdf.

[15] Mayor of London: Smarter London Together _ The Mayor's roadmap to transform London into the smartest city in the world. 2018. https://www.london.gov.uk/what-we-do/business-and-economy/supporting-londons-sectors/smart-london/smarter-london-together.

[16] OECD: Going Digital: Shaping Policies, Improving Lives, OECD

Publishing，Paris，2019. https：//doi. org/10. 1787/9789264312012-en.

[17] OECD：Measuring the Digital Transformation A Roadmap for The Future，OECD Publishing，Paris，2019. https：//doi. org/10. 1787/9789264311992-en.

[18] OECD. Data-driven Innovation：Big Data for Growth and Well-being，OECD Publishing，Paris，2015. https：//dx. doi. org/10. 1787/9789264229358-en.

[19] Rockefeller Foundation，ARUP：City Resilience Index：Understanding and Measuring City Resilience. 2013. http：//www. cityresilienceindex. com/.

[20] S. E. Bibri：The emerging data-driven Smart City and its innovative Applied solutions for sustainability：the cases of London and Barcelona. Energy Informatics 3：5. 2020，pp. 227-258.

[21] The London Plan 2004，Forward. https：//www. london. gov. uk/what-we-do/planning/london-plan/past-versions-and-alterations-london-plan/london-plan-2004.

[22] The London Plan 2011，Forward. https：//www. london. gov. uk/what-we-do/planning/london-plan/past-versions-and-alterations-london-plan/london-plan-2011.

[23] Tooran Alizadeh and Kurt Iveson：Digital cities. in D. Rogers et al.，（eds.），Understanding Urbanism. Palgrave Macmillan. 2020.

[24] VINCENT MOSCO：The Smart City in a Digital World. Emerald Publishing Limited，2019.

[25] ZAHEER ALLAM：Cities and the Digital Revolution：Aligning Technology and Humanity. Palgrave Macmillan，2020.

[26]〔德〕阿尔冯斯·波特霍夫、恩斯特·安德雷亚斯·哈特曼主编：《工业 4.0：开启未来工业的新模式、新策略和新思维》，机械工业出版社 2015 年版。

[27] 安筱鹏：《重构数字化转型的逻辑》，电子工业出版社 2020 年版。

[28] 安筱鹏：《数字化转型的关键词》，《信息化建设》2019 年第 6 期。

[29]〔英〕彼得·霍尔著，邹德慈、李浩、陈嫚莎译：《城市和区域规划》（第 4 版），中国建筑工业出版社 2008 年版。

[30]〔美〕布赖恩·贝利著，顾朝林译：《比较城市化——20 世纪的不同道路》，商务印书馆 2014 年版。

[31] 仇保兴主编：《中国智慧城市发展研究报告 2012—2013 年度》，中国建筑工业出版社 2013 年版。

[32] 楚天骄、陈辉煌、丁进锋等：《伦敦数字化转型中的韧性研究》，《全球城市研究》2022 年第 1 期。

[33] 楚天骄：《上海与伦敦智慧城市建设路径比较研究》，《世界地理研究》2021 年第 6 期。

[34] 楚天骄：《借鉴国际经验，建设面向未来的智慧城市——"十四五"期间上海智慧城市建设目标和思路研究》，《科学发展》2019 年第 9 期。

[35] 楚天骄：《伦敦智慧城市建设经验及其对上海的启示》，《世界地理研究》2019 年第 4 期。

[36]〔美〕大卫·罗杰斯著，胡望斌等译：《智慧转型——重新思考商业模式》，中国人民大学出版社 2017 年版。

[37] 丁声一、谢思淼、刘晓光：《英国〈数字经济战略（2015—

2018)〉述评及启示》,《电子政务》2016 年第 4 期。

[38] 高炜宇:《上海经济当前发展阶段和未来发展思路研判》,《上海经济研究》2010 年第 4 期。

[39] 顾丽梅、李欢欢、张扬:《城市数字化转型的挑战与优化路径研究——以上海市为例》,《西安交通大学学报（社会科学版）》2022 年第 3 期。

[40] 国务院发展研究中心创新发展研究部:《数字化转型：发展与政策》,中国发展出版社 2022 年版。

[41] 〔加拿大〕克里斯托弗·库塔纳著,魏迪英译:《伦敦为什么办奥运》,《社会观察》2012 年第 8 期。

[42] 李广乾:《如何理解数据是新型生产要素》,《中国外资》2022 年第 12 期。

[43] 李浩:《理解勒·柯布西耶——明日之城市译后》,《城市规划学刊》2009 年第 3 期。

[44] 李依浓、李洋:《数字化背景下的韧性城市建设——以德国达姆斯塔特为例》,《城市发展研究》2021 年第 7 期。

[45] 〔日〕林良嗣、铃木康弘著,陆化普、陆洋译:《城市弹性与地域重建：从传统知识和大数据两个方面探索国土设计》,清华大学出版社 2016 年版。

[46] 〔美〕刘易斯·芒福德著,宋俊岭、倪文彦译:《城市发展史——起源、演变和前景》,中国建筑工业出版社 2005 年版。

[47] 马小峰:《区块链技术原理与实践》,机械工业出版社 2020 年版。

[48] 马祖琦:《伦敦大都市管理体制研究评述》,《城市问题》2006 年第 8 期。

[49] 倪敏东：《奥运会轨道交通规划的影响因子分析——以北京和伦敦奥运会为例》，华中科技大学硕士学位论文，2010年。

[50] 赛迪工业和信息化研究院：《中国城市数字化转型白皮书》，2021年。

[51] 上海发展战略研究所课题组：《构建全球城市营商环境指标体系，持续提升上海城市功能》，《科学发展》2021年第2期。

[52] 上海市人民政府：《上海市全面推进城市数字化转型"十四五"规划》，2021年。

[53] 邵亦文、徐江：《城市韧性：基于国际文献综述的概念解析》，《国际城市规划》2015年第2期。

[54] 沈波：《上海全面推进城市数字化转型的总体思路与发展路径》，《科学发展》2022年第9期。

[55] 沈玉麟：《外国城市建设史》，中国建筑工业出版社1989年版。

[56] 世界经济论坛：《重塑中小城市的未来：数字化转型的框架与路径》，2022年5月，https：//www.weforum.org/docs/WEF_Shaping_the_Future_of_SMCs_A_Framework_for_Digital_Transformation_2022_CN.pdf.

[57] 世界银行集团：《让数据创造更好生活（2021年世界发展报告）》，https：//ducuments.worldbank.org/.

[58] 〔美〕斯塔夫里阿诺斯著，吴象婴等译：《全球通史——从史前史到21世纪》，北京大学出版社2009年版。

[59] 涂子沛：《大数据》，广西师范大学出版社2012年版。

[60] 王旭：《美国城市发展模式：从城市化到大都市区化》，清华大学出版社2006年版。

[61]〔英〕维克托·迈尔—舍恩伯格、肯尼思·库克耶著,盛杨燕、周涛译:《大数据时代:生活、工作与思维的大变革》,浙江人民出版社2013年版。

[62]肖林、王楠:《上海经济转型与战略路径》,《宏观经济管理》2012年第9期。

[63]亿欧智库和天眼查:《2021上海市数字经济发展研究报告》,2021年。

[64]余志乔、陆伟芳:《现代大伦敦的空气污染成因与治理》,《城市观察》2012年第6期。

[65]袁家军:《数字化改革概论》,浙江人民出版社2022年版。

[66]张京祥:《西方城市规划思想史纲》,东南大学出版社2005年版。

[67]张京祥等:《未来城市及其规划探索的"杭州样本"》,《城市规划》2020年第2期。

[68]赵瑞东、方创琳、刘海猛:《城市韧性研究进展与展望》,《地理科学进展》2020年第10期。

[69]赵燕轲:《中国城市全面数字化转型》,《数字经济》2021年第12期。

[70]郑磊:《城市数字化转型的内容、路径与方向》,《城市》2021年第4期。

[71]中国信通院:《2021年数据价值化与数据要素市场发展专题研究报告》,2021年,http://www.caict.ac.cn/kxyj/qwfb/ztbg/202105/t20210527_378042.htm.

[72]中国信息通信技术研究院:《城市数字化治理研究报告》,2020年9月。

［73］中国信息通信研究院：《中国数字经济发展白皮书（2020年）》，2020年，http：//www.caict.ac.cn/kxyj/qwfb/bps/202007/t20200702_285535.htm.

［74］中国信息通信研究院中国欧盟政策对话支持项目：《中欧智慧城市比较研究报告（2014年）》，商务印书馆2015年版。

［75］周园：《高韧性社会：应对不确定危机的八种能力》，中译出版社有限公司2021年版。

［76］周振华、洪民荣主编：《全球城市案例研究2022：城市数字化国际经验借鉴》，格致出版社2022年版。